Otto Bretzinger, Ulrich Ropertz

Mietkosten im Griff

Unser Service für Sie

Wenn neue Gesetze und Verordnungen in Kraft treten oder sich zum Beispiel Förderbedingungen oder Leistungen ändern, finden Sie die wichtigsten Fakten in unserem Aktualisierungsservice zusammengefasst. Mit dem Klick auf www.ratgeber-verbraucherzentrale.de/aktuell sind Sie dann ergänzend zu dieser Auflage des Buches auf dem neuesten Stand.

Diesen Service bieten wir so lange, bis eine Neuauflage des Ratgebers erscheint, in der die Aktualisierungen bereits eingearbeitet sind. Wir empfehlen, Entscheidungen stets auf Grundlage aktueller Auflagen zu treffen. Die lieferbaren aktuellen Titel finden Sie in unserem Shop: www.ratgeber-verbraucherzentrale.de

Otto Bretzinger, Ulrich Ropertz

Mietkosten im Griff

Nebenkosten, Mieterhöhung, Wohnungsmängel

verbraucherzentrale

Inhalt

5 Wie Sie bei Wohnungsmängeln die Miete mindern können

6 Was Sie bei einer Mieterhöhung tun können

7 Was Sie bei einer Modernisierungsmieterhöhung tun können

1 Was Sie schon vor Abschluss des Mietverhältnisses tun können

Auf die Zeitungsanzeige eines Immobilienmaklers hin bewirbt sich Hannah Völker um die ausgeschriebene Zweizimmerwohnung. Sie besichtigt die Wohnung und schließt mit der Vermieterin Anja Karlsson den Mietvertrag ab. Danach stellt ihr der Makler seine Provision in Rechnung, obwohl ihn die Vermieterin beauftragt hat. Muss Hannah Völker die Provision zahlen? Mehr dazu ab Seite 11.

IN DIESEM KAPITEL ERFAHREN SIE,

Wie Sie hohe Energiekosten vermeiden

Bei der Suche nach einer passenden Wohnung sollten Sie sich nicht zuletzt auch über die zu erwartenden Energiekosten informieren. Diese machen vor allem bei nicht sanierten Gebäuden einen immer größeren Teil der Wohnkosten aus.

Bei der Orientierung hilft der Energieausweis für Wohngebäude, der anhand verschiedener Kennziffern Aufschluss über die Energieeffizienz des Hauses gibt.

Darüber hinaus sollten Sie bei der Wohnungsbesichtigung auch auf weitere Details achten, die für den Energieverbrauch und die zu erwartenden Energiekosten von Bedeutung sind.

DAS IST WICHTIG: Achten Sie darauf, dass der Vermieter Sie nicht mit niedrigen Betriebskostenvorauszahlungen »lockt« und Ihnen eine preiswerte Wohnung vorspiegelt. Als Mieter können Sie nicht darauf vertrauen, dass die vereinbarten Vorauszahlungen ausreichen, um die abzurechnenden Kosten zu decken. Lassen Sie sich gegebenenfalls die Vorjahresabrechnungen zeigen. Beim örtlichen Mieterverein können Sie auch den Betriebskostenspiegel des Deutschen Mieterbundes einsehen und sich ein Bild über die realistische Höhe der Betriebskosten machen.

Der Energieausweis

Wer eine Wohnung vermieten möchte, braucht einen Energieausweis. Gesetzliche Grundlage ist das Gebäudeenergiegesetz. Das Dokument soll Mietinteressenten über die energetischen Kennwerte und die daraus resultierenden Treibhausgasemissionen des Gebäudes informieren. Den Energieausweis müssen Vermieter aber nur bei einem Nutzerwechsel vorlegen. Solange sie ihr Wohneigentum selbst nutzen oder nicht neu vermieten, brauchen sie keinen Energieausweis. Mieter in bestehenden Mietverhältnissen haben daher keinen Anspruch, den Energieausweis einzusehen.

Spätestens bei der Wohnungsbesichtigung muss Mietinteressenten der Energieausweis oder eine Kopie hiervon vorgelegt werden. Dieser Pflicht genügt der Vermieter, wenn er den Ausweis während der Besichtigung deutlich sichtbar aushängt oder auslegt. Findet keine Besichtigung statt, müssen Vermieter oder Wohnungsvermittler den Energieausweis oder eine Kopie hiervon spätestens dann unverzüglich vorlegen, wenn der potenzielle Mieter sie hierzu auffordert. Spätestens beim Abschluss des Mietvertrags muss der Vermieter das Original oder eine Kopie des Ausweises dem Mieter übergeben. Andernfalls begeht er eine Ordnungswidrigkeit und riskiert ein Bußgeld.

Wird vor der Vermietung einer Wohnung eine Immobilienanzeige geschaltet und liegt zu diesem Zeitpunkt ein Energieausweis vor, so hat der Vermieter oder der Immobilienmakler – je nachdem, wer die Veröffentlichung verantwortet – sicherzustellen, dass in dieser die folgenden Angaben aus dem Dokument verpflichtend enthalten sind:

- die Art des Energieausweises: Energiebedarfsausweis oder Energieverbrauchsausweis,
- der Endenergiebedarf oder der Endenergieverbrauch für das Gebäude,
- die wesentlichen Energieträger für die Heizung des Gebäudes,
- Baujahr und
- Energieeffizienzklasse.

Der Energieausweis dokumentiert den energetischen Ist-Zustand eines Gebäudes. Er enthält allgemeine Angaben zum Haus, zu den verwendeten Heizstoffen (zum Beispiel Gas, Holzpellets oder Strom) sowie die Energiekennwerte des Gebäudes. Neuere Ausweise für Wohngebäude führen darüber hinaus, ähnlich wie bei Elektrogeräten, eine Energieeffizienzklasse von A+ bis H auf.

DAS IST WICHTIG: Die Kosten für die Erstellung eines Energieausweises können einem Mieter nicht als Betriebskosten berechnet werden.

Es ist zwischen dem verbrauchsorientierten und dem bedarfsorientierten Energieausweis zu unterscheiden. Diesen Ausweisen liegen unterschiedliche Bewertungsverfahren zugrunde. Vereinfacht ausgedrückt unterscheiden sich die beiden Ausweisarten wie folgt:

- Beim **Bedarfsausweis** werden die Kennwerte für den Energiebedarf rechnerisch auf der Grundlage von Baujahr, Bauunterlagen (Gebäudetyp, Adresse, Anzahl der Wohnungen und Gesamtwohnfläche), den technischen Gebäude- und Heizungsdaten und unter standardisierten Rahmenbedingungen (Klimadaten, Nutzerverhalten, Raumtemperatur) bestimmt. Die berechneten Kennwerte sind unabhängig vom individuellen Heiz- und Wohnverhalten der Menschen, die in der Wohnung leben.
- Für den **Verbrauchsausweis** müssen ebenfalls die üblichen Gebäudedaten, vor allem aber die Verbrauchsdaten der letzten drei Jahre vorliegen. Hierzu gehören das Anfangs- und Enddatum der drei Abrechnungszeiträume. Längere Leerstände während dieser Zeit sollten berücksichtigt werden. Wichtig ist zudem, ob der Energieverbrauch für Warmwasser in den Verbrauchsdaten enthalten ist oder ob das Wasser dezentral, beispielsweise über elektrische Boiler oder Durchlauferhitzer, erwärmt wird. Aus den Heizkostenabrechnungen oder anderen geeigneten Verbrauchsmessungen werden die Kennwerte für den Energieverbrauch des gesamten Gebäudes ermittelt. Die Kennwerte sind abhängig vom individuellen Heiz- oder auch Lüftungsverhalten der dort Wohnenden und davon, wie oft sie anwesend sind. Leerstände im Gebäude oder die

Gesamtnutzfläche werden manchmal nicht richtig erfasst. Das kann die Ergebnisse verfälschen.

DAS IST WICHTIG: Grundsätzlich ist der Bedarfsausweis als sehr viel höherwertiger einzuschätzen als der Verbrauchsausweis, denn hier erfolgt eine objektive Berechnung des Energiebedarfs durch Fachleute. Der Verbrauchsausweis gibt den Energieverbrauch der letzten drei Jahre für Heizung und Warmwasser der Gebäudenutzer wieder. Er stellt also den tatsächlichen Energieverbrauch je Quadratmeter fest. Diese Form des Energieausweises steht daher in enger Abhängigkeit zum individuellen Nutzerverhalten. Über den eigentlichen Zustand des Gebäudes kann also ein sparsames und sehr energiebewusstes Nutzerverhalten hinwegtäuschen.

Bei der Erstellung eines Energieausweises müssen die gesetzlichen Vorgaben eingehalten werden. Vor allem, wenn ein Energieausweis von einem Onlineanbieter vorgelegt wird, sollten Mietinteressenten darauf achten, dass diese die Anforderungen an die Qualifikation des Ausweisausstellers erfüllen und mit realen Gebäudedaten gearbeitet wird. Sind die Angaben zum Energiebedarf oder -verbrauch grob fehlerhaft, kann dem Mieter Schadensersatz zustehen, wenn er die Wohnung auch wegen der günstigen Werte angemietet hat.

Bei der Wohnungsbesichtigung

Wer eine Wohnung mieten will, sollte sich im Hinblick auf zu erwartende Energiekosten nicht nur auf den Energieausweis verlassen. Sinnvoll ist es, bereits bei der Wohnungsbesichtigung auf bestimmte Details zu achten oder gezielt danach zu fragen.

Wichtig ist eine ausreichende Wärmedämmung der Außenwände, der Kellerdecke und (bei einem ausgebauten Dachgeschoss) auch der obersten Geschossdecke beziehungsweise des Dachstuhls. Die Fenster sollten isolierverglast, besser noch wärmeschutzverglast sein. Auch die Art der Heizung beziehungsweise der eingesetzte Brennstoff beeinflusst die Energiekosten maßgeblich.

Wird die Heizungsanlage mit fossilen Brennstoffen (Gas, Öl, Fernwärme) beheizt, müssen Sie mit steigenden Energiepreisen rechnen. Unabhängiger sind Sie, wenn erneuerbare Energieträger (zum Beispiel Holzpellets, Erdwärme, Solar, Fotovoltaik) zum Einsatz kommen. Mehr Heizenergie wird benötigt, wenn die Wohnung großflächig an Außenwände oder an unbeheizte Gebäudeteile grenzt. Besser ist immer eine von beheizten Räumen umgebene Wohnung.

Bei häufigem und hohem Warmwasserverbrauch ist die zentrale Erwärmung kostengünstiger. Bei niedrigem Warmwasserbedarf dagegen kann eine elektrische Erwärmung durch moderne, elektronisch geregelte Durchlauferhitzer die günstigere Variante sein.

Die Kosten einer Wohnungsvermittlung

Häufig werden es Mietinteressenten bei der Wohnungssuche mit einem Makler zu tun haben – entweder weil der Vermieter ihn eingeschaltet hat oder sie diesen selbst beauftragt haben. Nicht alle Unternehmen, die vorgeben, Wohnungen zu vermitteln, arbeiten seriös. Wie überall sind auch bei den Wohnungsvermittlern Geschäftemacher am Werk, die keine akzeptable Gegenleistung erbringen. »Makler« ist zudem keine geschützte Berufsbezeichnung. Im Prinzip kann sich jeder, der ein entsprechendes Türschild an seinem Büro anschraubt, so nennen.

Vorsicht ist insbesondere dann geboten, wenn der Vermittler vorab Geld verlangt. Und ganz wichtig: Seit 2015 gilt bei der Wohnungsvermittlung das sogenannte Bestellerprinzip, also wer bestellt, zahlt auch.

Wann Sie eine Maklerprovision zahlen müssen

Wenn bei der Wohnungsvermittlung ein Makler eingeschaltet ist, findet zu Ihrem Schutz das Wohnungsvermittlungsgesetz (WoVermRG) Anwendung. Dem Wohnungsvermittler steht nur dann Anspruch auf eine Vermittlungsgebühr von Ihnen als Wohnungssuchendem zu, wenn (§ 2 Abs. 1 WoVermRG)

- Sie den Makler beauftragt haben,
- der Makler ausschließlich aufgrund dieses Auftrags tätig wird,
- zwischen Ihnen und dem Makler in Textform ein **Maklervertrag** zustande gekommen ist und
- der Makler eine Wohnung beschafft, über die anschließend ein Mietvertrag zustande kommt.

Für Maklerverträge zur Wohnungsvermittlung gilt seit dem 1. Juni 2015 das sogenannte Bestellerprinzip: Wer den Makler bestellt, muss zahlen. Wird der Makler für Sie als Wohnungssuchenden tätig, so muss zunächst ein Vertrag in **Textform** geschlossen werden (zum Beispiel schriftlich oder per E-Mail). Daraufhin muss der Makler ausschließlich auf der Grundlage dieses Suchauftrags nach einer passenden Mietwohnung Ausschau halten.

Der Makler muss also nach Abschluss des Maklervertrags ein Vermietungsangebot einholen. Er muss entweder eine Wohnung nachweisen (in der Regel durch die Angabe des Namens und der Anschrift des Vermieters) oder eine Wohnung vermitteln, das heißt so auf den Vermieter einwirken, dass ein Vertragsabschluss zustande kommt (zum Beispiel durch Verhandlungen mit dem Vermieter). Die Maklerprovision ist also eine Erfolgsprovision; solange kein Mietvertrag zustande kommt, besteht auch kein Provisionsanspruch (§ 2 Abs. 1a WoVermRG). Konkret gilt Folgendes:

- Wer eine Wohnung sucht und sich dazu auf ein Inserat hin bei einem vom Vermieter beauftragten Makler meldet, muss keine Maklerprovision entrichten.
- Der Vermieter ist auch dann »Besteller«, wenn Sie zum Zweck der Wohnungssuche einen Vermittlungsvertrag geschlossen haben, und der Wohnungsvermittler ein Wohnungsangebot des Vermieters aus der Schublade zieht. Der Mieter muss auch keine Provision zahlen, wenn er beim Termin zur Wohnungsbesichtigung einen Maklervertrag unterschreibt. Denn für diese Wohnung hatte der Makler längst den Auftrag des Vermieters.
- Ein Makler hat eine Wohnung nicht nachgewiesen oder vermittelt, wenn der Mietinteressent die Wohnungsadresse schon vorher kannte (zum Beispiel, weil er vom Vormieter wusste, dass ein neuer Mieter gesucht wird).
- Provisionspflichtig werden Wohnungsinteressierte erst dann, wenn der Vermittler in deren Auftrag eine Anzeige schaltet und sich ein Vermieter daraufhin mit einer passenden Mietwohnung meldet und ein Mietvertrag zustande kommt. Keine Provisionspflicht besteht aber, wenn ein solcher Mietvertrag wegen eines Formmangels oder wegen Sittenwidrigkeit unwirksam ist oder der Mietvertrag wegen Irrtums oder arglistiger Täuschung angefochten wird.

§ **SO ENTSCHIEDEN DIE GERICHTE:** Die Vereinbarung eines Maklerlohns mit dem Wohnungssuchenden ist unwirksam, wenn der Makler bereits vor dem Vertragsabschluss mit dem Wohnungssuchenden vom Vermieter den Auftrag eingeholt hatte, dessen Wohnung anzubieten (AG Freiburg, Az. 5 C 1869/16).
Die vertragliche Leistung des Maklers ist dann erbracht, wenn ein entsprechender Mietvertrag zwischen den Vertragsparteien zustande gekommen ist. Wird der Mietvertrag nicht vollzogen (zum Beispiel, weil er nach kurzer Zeit gekündigt oder einvernehmlich aufgehoben wird), muss der Makler die Provision nicht zurückzahlen (BGH, Az. III ZR 45/05).

DAS IST WICHTIG: Unwirksam ist eine Vereinbarung, durch die Wohnungssuchende verpflichtet werden, eine vom Vermieter geschuldete Provision zu zahlen. Das gilt insbesondere für eine Vereinbarung zwischen dem Vermieter und dem Mieter beim Abschluss des Mietvertrags.

Wann Sie keine Maklerprovision zahlen müssen

Der Makler bekommt in keinem Fall eine Provision, wenn er eine Sozialwohnung ver-

mittelt oder nachgewiesen hat (§ 2 Abs. 3 WoVermRG). Entsprechendes gilt für eine Wohnung, die mit Aufwendungszuschüssen gefördert wurde. Ein Provisionsanspruch besteht auch nicht, wenn durch den Mietvertrag, den er vermittelt hat, ein Mietverhältnis über dieselben Wohnräume lediglich fortgesetzt, verlängert oder erneuert wird (§ 2 Abs. 2 Nr. 1 WoVermRG).

§ **SO ENTSCHIEDEN DIE GERICHTE:** Ein Verwalter darf auch dann keine Provision verlangen, wenn der Wohnungsvermittler Gehilfe des Verwalters ist (BGH, Az. I ZR 38/17) oder wenn ein Angestellter des Maklers die Verwaltung der Wohnung übernommen hat (BGH, Az. III ZR 5/03).
Der Verwalter einer Wohnungseigentumsanlage, also der Eigentümergemeinschaft, kann aber eine Provision für die Vermittlung oder den Nachweis der Gelegenheit zum Abschluss eines Wohnungsmietvertrags verlangen. Bedingung ist, dass er lediglich die gesamte Wohnanlage betreut (BGH, Az. III ZR 299/02). Wenn er zusätzlich Verwalter der vermittelten Eigentumswohnung ist, steht ihm kein Provisionsanspruch zu.

Ein Makler hat keinen Anspruch auf eine Vermittlungsprovision, wenn der Mietvertrag über Wohnräume abgeschlossen wird, deren Eigentümer, Verwalter, Mieter oder Vermieter der Makler ist (§ 2 Abs. 2 Nr. 2 WoVermRG). Problematisch ist in diesem Zusammenhang der Begriff des Verwalters; es gibt nämlich den Hausverwalter, den Verwalter einer Eigentumswohnung als Sondereigentum und den Verwalter einer Wohnungseigentumsanlage als Gemeinschaftseigentum. Sowohl ein Hausverwalter als auch die Verwaltung einer Eigentumswohnung als Sondereigentum kann für den Nachweis oder für die Vermittlung einer Wohnung keine Provision verlangen.

Einen Anspruch auf Vermittlungsprovision hat ein Makler auch dann nicht, wenn der Mietvertrag über eine Wohnung abgeschlossen wird, deren Eigentümer, Verwalter oder Vermieter eine juristische Person ist (zum Beispiel eine GmbH), an der der Wohnungsvermittler rechtlich oder wirtschaftlich beteiligt ist (§ 2 Abs. 2 Nr. 3 WoVermRG). Keinen Provisionsanspruch kann also der Geschäftsführer einer Maklergesellschaft geltend machen, wenn er gleichzeitig Eigentümer der Wohnung ist.

Wie hoch darf die Provision sein?

Makler dürfen vom Wohnungssuchenden grundsätzlich nur zwei Monatsmieten Provision (zuzüglich Mehrwertsteuer) verlangen. Monatsmiete ist die Nettokaltmiete. Nebenkosten, über die gesondert abgerechnet wird, bleiben bei der Berechnung der Monatsmiete unberücksichtigt (§ 3 Abs. 2 WoVermRG). Vermittelt der Makler eine überteuerte Wohnung (zum Beispiel bei einem Verstoß gegen die Mietpreisbremse; siehe dazu Seite 24), wird die Maklerprovision nicht nach der vom Vermieter geforderten, sondern nach der maximal zulässigen Miete berechnet.

Es ist dem Makler untersagt, Vorschüsse zu vereinbaren oder Vergütungen anderer Art (zum Beispiel Auslagenerstattungen oder Schreibgebühren) zu verlangen (§ 3 Abs. 3 Satz 1 WoVermRG).

§ **SO ENTSCHIEDEN DIE GERICHTE:** Servicegebühren, Übergabegebühren und Verwaltungspauschalen sind unzulässig. Diese Gebühren können zurückgefordert werden (BGH, Az. III ZR 153/09). Ebenfalls unzulässig sind Gebühren für durchgeführte Objektbesichtigungen (LG Stuttgart, Az. 38 O 73/15 KfH und 38 O 10/16 KfH).

Zulässig ist es, dass für nachgewiesene Auslagen des Maklers, die eine Monatsmiete übersteigen, eine Erstattungspflicht für den Fall einer erfolgreichen Wohnungsvermittlung vereinbart wird (§ 3 Abs. 3 Satz 2 WoVermRG).

Für den Fall, dass kein Mietvertrag zustande kommt, kann eine Erstattung der nachweisbar entstandenen Auslagen vereinbart werden. Hierzu zählen dann nur der konkrete Aufwand für den bestimmten Vermittlungsauftrag (zum Beispiel Porto, Telefongebühren, Reisekosten, Kosten für Inserate), nicht dagegen Gemeinkosten wie beispielsweise Büromiete oder Personalkosten (§ 3 Abs. 3 Satz 3 WoVermRG).

Wie Sie eine unzulässige oder überhöhte Provision zurückfordern

Wurde dem Makler ein ihm nicht zustehendes Entgelt bezahlt (zum Beispiel eine überhöhte Provision oder eine Provision, ohne dass ein Mietvertrag zustande gekommen ist) oder wurden ihm unzulässige Auslagen erstattet, können diese Zahlungen wieder zurückverlangt werden (§ 5 Abs. 1 WoVermRG). Der Anspruch auf Rückforderung der Provision verjährt in drei Jahren: Die Verjährungsfrist beginnt mit dem Schluss des Kalenderjahres zu laufen, in dem der Wohnungssuchende davon Kenntnis erlangt oder ohne grobe Fahrlässigkeit erlangt haben müsste, dass der Makler keinen Anspruch auf die Provision hat (§§ 195, 199 BGB).

Was sind Abstands-, was Ablösezahlungen?

Nicht selten ist bei der Anbahnung eines Mietverhältnisses von Abstands- und/oder Ablösezahlungen die Rede. Dabei handelt es sich um Zahlungen, die vom Mieter als Gegenleistung für das Freimachen der Wohnung durch den Vormieter beziehungsweise für die Übernahme von Einrichtungsgegenständen oder Inventarstücken entrichtet werden sollen.

Abstandszahlungen

Unter einer Abstandszahlung wird eine Zahlung des Nachmieters an den Vormieter mit dem Zweck verstanden, diesen zur Aufgabe der Wohnung zu bewegen (zum Beispiel in Form einer Auszugsprämie oder der Erstattung der Maklerprovision). Dabei handelt es sich um eine Art Vermittlungsentgelt, das nur deshalb gezahlt wird, weil der Vormieter auszieht, ohne dass der Wohnungssuchende eine Gegenleistung erhält. Eine solche Vereinbarung ist unwirksam (§ 4a Abs. 1 Satz 1 WoVermRG). Dabei ist gleichgültig, ob die Vereinbarung mit dem bisherigen Mieter, mit dem Vermieter oder einem sonstigen Dritten geschlossen wird.

Wirksam ist eine Abstandsvereinbarung, nach der dem bisherigen Mieter die nachweislichen Kosten für den Umzug erstattet werden (§ 4a Abs. 1 Satz 2 WoVermRG). Hierunter fallen nicht nur die reinen Umzugskosten (zum Beispiel Kosten für den Möbelspediteur), sondern auch alle umzugsbedingten Aufwendungen wie etwa Maklerkosten oder Kosten für die Renovierung der alten oder der neuen Wohnung.

Ablösevereinbarung

Bei einer Ablösevereinbarung handelt es sich um einen Vertrag zwischen dem Wohnungssuchenden und dem Vermieter oder dem Vormieter, durch den sich der Nachmieter verpflichtet, Möbel oder andere Einrichtungsgegenstände (zum Beispiel eine Einbauküche) in der Wohnung vom Vermieter oder vom Vormieter zu erwerben. Eine solche Vereinbarung kann sinnvoll sein, wenn zum Beispiel der Mieter die fast neue Küche des Vormieters übernehmen will. Eine Ablösevereinbarung ist zulässig und im Zweifel unter der aufschiebenden Bedingung geschlossen, dass der Mietvertrag zustande kommt (§ 4a Abs. 2 Satz 1 BGB). So ist der Wohnungssuchende rechtlich geschützt, weil er sich auf eine derartige Vereinbarung regelmäßig nur dann einlassen wird, um die betreffende Wohnung anmieten zu können.

Die Vereinbarung über das Entgelt ist unwirksam, soweit dieses in einem auffälligen Missverhältnis zum Wert der Einrichtung oder des Inventars steht (§ 4a Abs. 2 Satz 2 BGB).

§ **SO ENTSCHIEDEN DIE GERICHTE:** Von einem auffälligen Missverhältnis ist auszugehen, wenn der Kaufpreis mehr als 50 Prozent über dem tatsächlichen Wert liegt. Bis zu dieser Höhe bleibt der Vertrag wirksam (BGH, Az. VIII ZR 212/96).

Maßgebend ist in diesem Zusammenhang nicht der Zeitwert der Einrichtung, sondern deren Gebrauchswert, also der Wert, den die Einrichtung gerade in der Wohnung hat, ferner auf den speziellen Nutzen der Gegenstände für den Erwerber (OLG Düsseldorf, Az. 14 U 117/96).

Dieselben Grundsätze gelten auch dann, wenn sich der Wohnungssuchende vertraglich verpflichtet, Aufwendungen des Vormieters zur Verbesserung der Mietsache (zum Beispiel Kosten von Modernisierungsarbeiten) zu erstatten.

Meist nicht zulässig: Vertrags- und Bearbeitungsgebühren

Gelegentlich finden sich in Mietverträgen, die dem Mieter zur Unterzeichnung vorgelegt werden, Klauseln wie: »Vereinbarungsgemäß zahlt der Mieter bei Vertragsabschluss an den Vermieter eine einmalige Bearbeitungsgebühr in Höhe von ... Euro«.

§ **SO ENTSCHIEDEN DIE GERICHTE:** Eine solche Klausel zur Bearbeitungsgebühr ist grundsätzlich in einer Individualvereinbarung zulässig und wirksam, wenn sie sich in einem angemessenen Rahmen hält, nach überwiegender Meinung (zum Beispiel LG Hamburg, Az. 307 S 144/08) dagegen ist sie in einem Standardmietvertrag, auch Formularmietvertrag genannt, nicht zulässig.
Einige Gerichte (zum Beispiel AG Hamburg, Az. 37 B 298/98) halten Vertrags- und Bearbeitungsgebühren allerdings auch in einem Formularmietvertrag für zulässig. Unwirksam mangels Bestimmtheit ist in jedem Fall aber eine Vertragsklausel, die die Kosten nicht genau angibt, sondern die lediglich regelt, dass »Kosten und Abgaben, die mit dem Abschluss des Mietvertrags verbunden sind, zulasten des Mieters gehen« (OLG Celle, Az. 2 U 200/88).

Für seine gesetzlichen Verpflichtungen darf der Vermieter kein besonderes Entgelt verlangen. Die üblichen Verwaltungskosten für die Ausfertigung des Vertrages, Anlage der Mietsicherheit, Besichtigungstermin und anderes sind Bestandteil der eigentlichen Miete und bedürfen keiner gesonderten Zahlung durch den Mieter. Durch eine entsprechende Klausel im Formularmietvertrag wird der Mieter unangemessen benachteiligt. Auch über die Betriebskostenabrechnung sind diese Verwaltungskosten nicht umlagefähig, weil es sich dabei nach der Betriebskostenverordnung nicht um Betriebskosten handelt.

DAS IST WICHTIG: Eine unzulässige oder überhöhte Zahlung können Sie als Mieter zurückverlangen. Der Anspruch auf Rückforderung verjährt in drei Jahren: Die Verjährungsfrist beginnt mit dem Schluss des Kalenderjahres zu laufen, in dem Sie davon Kenntnis erlangt haben oder ohne grobe Fahrlässigkeit erlangt haben müssten, dass der Vermieter keinen Anspruch auf die Zahlung hat.

ZUSAMMENGEFASST – DAS IST WICHTIG:

Spätestens bei der Wohnungsbesichtigung muss der Vermieter dem Wohnungsinteressenten einen Energieausweis vorlegen. Ein Energieausweis ist sowohl für Neubauten als auch für bestehende Gebäude vorgeschrieben.

Achten Sie bereits bei der Wohnungsbesichtigung auf bestimmte Details wie zum Beispiel auf eine ausreichende Wärmedämmung, damit Sie die entstehenden Energiekosten einschätzen können.

Wenn Sie den Makler nicht beauftragt haben, müssen Sie auch nichts zahlen. Denn für Maklerverträge zur Wohnungsvermittlung gilt das sogenannte Bestellerprinzip: Nur wer den Makler bestellt, muss zahlen.

Sie müssen nicht mehr als zwei Monatsmieten Provision (ohne Nebenkosten) zahlen. Makler dürfen vom Wohnungssuchenden grundsätzlich nur zwei Monatsmieten Provision verlangen. Monatsmiete ist dabei die Nettokaltmiete. Nebenkosten, über die gesondert abgerechnet wird, bleiben bei der Berechnung der Monatsmiete unberücksichtigt.

Sie haben drei Jahre Zeit, fälschlich geleistete Zahlungen zurückzuverlangen. Wurde dem Makler ein ihm nicht zustehendes Entgelt bezahlt, können Sie die Zahlung wieder zurückfordern. Der Anspruch verjährt in drei Jahren.

Ein Vermieter oder ein Vormieter darf von einem wohnungssuchenden Mieter weder eine Auszugsprämie noch eine Abstandszahlung fordern. Eine entsprechende Vereinbarung ist unwirksam.

Überzogene Ablöseforderungen sind unwirksam. Zulässig ist der Abschluss einer Ablösevereinbarung zwischen dem Nachmieter und dem Vermieter oder dem Vormieter, durch die sich der Nachmieter verpflichtet, Möbel oder andere Einrichtungsgegenstände in der Wohnung vom Vermieter oder vom Vormieter zu erwerben. Eine solche Vereinbarung ist unwirksam, wenn das Entgelt in einem auffälligen Missverhältnis zum Wert der Einrichtung oder des Inventars steht.

Beim Abschluss eines Mietvertrags dürfen Ihnen regelmäßig keine Vertrags- und Bearbeitungsgebühren berechnet werden.

2 Wie hoch darf meine Miete sein?

Das Ehepaar Sonja und Michael Peters hat eine Altbauwohnung angemietet. Im Mietvertrag ist eine Nettomiete von 6,50 Euro pro Quadratmeter vereinbart. Ihr Vormieter hat nur eine Miete in Höhe der ortsüblichen Vergleichsmiete von 5,50 Euro pro Quadratmeter gezahlt. Bauliche Veränderungen in der Wohnung vor der Neuvermietung wurden vom Vermieter nicht vorgenommen. Müssen die beiden nun die erhöhte Miete zahlen? Mehr dazu auf Seite 24.

IN DIESEM KAPITEL ERFAHREN SIE,

Wann ist es Mietpreisüberhöhung?

Dem Vermieter ist es nach dem Wirtschaftsstrafgesetz (WiStG) untersagt, bei der Vermietung von Wohnraum eine unangemessen hohe Miete zu fordern, sich versprechen zu lassen oder anzunehmen.

Verboten ist es, eine Miete zu vereinbaren, die mehr als 20 Prozent über der ortsüblichen Vergleichsmiete liegt, wenn die Vereinbarung darauf beruht, dass das geringe Angebot an vergleichbaren Wohnungen ausgenutzt wird. Die Mietpreisüberhöhung wird mit einer Geldbuße bis zu 50.000 Euro geahndet, wenn sie den Wohnungsämtern angezeigt wird.

DAS IST WICHTIG: Fälle von Mietpreisüberhöhungen sind in der Praxis sehr selten. Der Nachweis, dass der Vermieter ein im gesamten Stadtgebiet existierendes geringes Angebot ausgenutzt hat, ist kaum zu erbringen. Erst recht wird dies nicht als Ordnungswidrigkeit verfolgt und eine Geldbuße verhängt. Denn der Mieter muss nachweisen, dass der Vermieter vorsätzlich oder leichtfertig gehandelt hat.

Die Miete ist unangemessen hoch

Unangemessen hoch sind Mieten, die infolge der Ausnutzung eines geringen Angebots an vergleichbaren Räumen die üblichen Entgelte um mehr als 20 Prozent übersteigen. »Übliche Entgelte« sind diejenigen, die in der Gemeinde oder in vergleichbaren Gemeinden für die Vermietung von Räumen vergleichbarer Art, Größe, Ausstattung, Beschaffenheit und Lage oder damit verbundene Nebenleistungen in den letzten vier Jahren vereinbart oder, von Erhöhungen der Betriebskosten abgesehen, geändert worden sind (§ 5 Abs. 2 Satz 1 WiStG). Der Maßstab, nach dem die sogenannte Wesentlichkeitsgrenze beurteilt wird, ist die ortsübliche Vergleichsmiete (siehe dazu auch Seite 24).

DAS IST WICHTIG: Eine Mietpreisüberhöhung ist nicht nur bei Abschluss des Mietvertrags unzulässig, sondern gilt grundsätzlich auch bei einer Mieterhöhung im Rahmen des laufenden Mietverhältnisses und einer Staffelmietvereinbarung. Letztlich kann also die Miete zu jedem Zeitpunkt des Mietverhältnisses überprüft werden, unabhängig davon, ob der Mietvertrag gerade abgeschlossen wurde, eine Mieterhöhung verlangt oder die Miete bereits seit Jahren vom Mieter in unveränderter Höhe gezahlt wird.

In Städten und Gemeinden, in denen es einen Mietspiegel gibt, kann die ortsübliche Miete aus dem Mietspiegel abgelesen werden. Der entsprechende Wert des Mietspiegels zuzüglich eines Zuschlags von 20 Prozent ergibt die Grenze, deren Überschreitung zu einer Mietpreisüberhöhung führt.

Ausnahmsweise kann es gerechtfertigt sein, eine Miete von mehr als 20 Prozent über der Vergleichsmiete zu verlangen, wenn die Miete zur Deckung der laufenden Aufwendungen des Vermieters erforderlich ist (§ 5 Abs. 2 Satz 2 WiStG). Zu den laufenden Aufwendungen gehören unter anderem die Verzinsung des Eigenkapitals oder die Kosten einer Modernisierung. In diesem Ausnahmefall darf die Miete dann zwar auch um mehr als 20 Prozent über der ortsüblichen Vergleichsmiete liegen, sie darf allerdings nicht in einem auffälligen Missverhältnis zu der Leistung des Vermieters stehen. Das bedeutet auch, dass die Miete nicht um mehr als 50 Prozent über der ortsüblichen Vergleichsmiete liegen darf.

Das geringe Angebot wird ausgenutzt

Ein geringes Angebot an Wohnraum bedeutet nicht, dass der Wohnungsmarkt mit freien Wohnungen »unterversorgt« sein muss. Vielmehr ist damit eine Situation gemeint, bei der das vorhandene Angebot an Wohnraum bei Abschluss des Mietvertrags die Nachfrage nur gering, das heißt um höchstens fünf Prozent übersteigt. Ein geringes Angebot besteht auch dann, wenn für eine bestimmte Gruppe (zum Beispiel für Wohngemeinschaften) ein Engpass auf dem Wohnungsmarkt besteht.

Bei der Frage, ob der Vermieter ein geringes Angebot an vergleichbaren Räumen ausgenutzt hat, kommt es stets auf das gesamte Stadtgebiet an, also nicht nur auf den Stadtteil, in dem sich auch die Mietwohnung befindet.

§ **SO ENTSCHIEDEN DIE GERICHTE:** Ein »geringes Angebot« ist deshalb nicht gegeben, wenn der Wohnungsmarkt für vergleichbare Wohnungen nur in dem betreffenden Stadtteil angespannt, im übrigen Stadtgebiet aber entspannt ist (BGH, Az. VIII ZR 44/04).

Ihr Rückforderungsrecht

Liegt die Miete über der 20-Prozent-Grenze, oder im Ausnahmefall über 50 Prozent der ortsüblichen Vergleichsmiete, und wurde vom Vermieter ein geringes Angebot an Wohnraum ausgenutzt, ist die Mietzinsvereinbarung insoweit nichtig, als die Miete die Wesentlichkeitsgrenze übersteigt. Sie als Mieter haben in diesem Fall einen Anspruch auf die **Senkung der Miete** auf die Höhe der Wesentlichkeitsgrenze, nicht aber auf Reduzierung der Miete auf das ortsübliche Niveau.

Ein Mieter kann den Betrag zurückfordern, der um mehr als 20 beziehungsweise 50 Prozent über der ortsüblichen Vergleichsmiete liegt. Der geschlossene Mietvertrag bleibt trotz Mietpreisüberhöhung bestehen. Der Rückforderungsanspruch verjährt nach drei Jahren.

DAS IST WICHTIG: Ein Rückforderungsanspruch steht einem Mieter auch gegen den Käufer zu, der in einen Mietvertrag mit überhöhter Miete eingetreten ist und deshalb zu viel Miete erhalten hat.

Wann ist es Mietwucher?

Mietwucher nennt man es, wenn der Vermieter die Zwangslage, die Unerfahrenheit, den Mangel an Urteilsvermögen oder die erhebliche Willensschwäche eines Mieters ausnutzt. Dies ist insbesondere der Fall, wenn er sich von ihm für die Vermietung von Wohnräumen oder damit verbundenen Nebenräumen Vermögensvorteile versprechen oder gewähren lässt, die in einem auffälligen Missverhältnis zu der Leistung stehen (§ 138 Abs. 2 BGB). Ein solches auffälliges Missverhältnis ist zum Beispiel, wenn die ortsübliche Vergleichsmiete um mehr als 50 Prozent überschritten wird. Mietwucher, in der Praxis eher ein Ausnahmefall, kann mit einer Freiheitsstrafe oder mit Geldstrafe bestraft werden.

Eine Wuchermiete führt automatisch zur Anpassung der vereinbarten Miete auf das Niveau der ortsüblichen Vergleichsmiete. In der Vergangenheit überbezahlte Beträge können Sie zurückfordern. Auf die Wirksamkeit Ihres Mietvertrags hat die Wuchermiete keine Auswirkungen.

Die Mietpreisbremse bei Wiedervermietung von Bestandswohnungen

Seit 1. Juni 2015 gilt eine Mietpreisbremse bei der Wiedervermietung von Wohnungen. Danach darf – bei der Wiedervermietung von Bestandswohnungen – die zulässige Miete in Gebieten mit angespanntem Wohnungsmarkt höchstens auf das Niveau der ortsüblichen Vergleichsmiete zuzüglich zehn Prozent angehoben werden (§ 556d Abs. 1 BGB).
Die Mietpreisbremse gilt aber nicht flächendeckend. Für welche Gebiete sie gelten soll, können die Bundesländer per Rechtsverordnung festlegen. Die Landesregierungen werden durch sie zunächst ermächtigt, Gebiete mit angespannten Wohnungsmärkten durch Rechtsverordnung für die Dauer von jeweils höchstens fünf Jahren zu bestimmen. In Gebieten mit angespannten Wohnungsmärkten ist die ausreichende Versorgung der Bevölkerung mit Mietwohnungen in einer Gemeinde oder einem Teil der Gemeinde zu angemessenen Bedingungen besonders gefährdet. Dies kann insbesondere dann der Fall sein, wenn die Mieten dort deutlich stärker steigen als im bundesweiten Durchschnitt, die durchschnittliche Mietbelastung der Haushalte den bundesweiten Durchschnitt deutlich übersteigt, die Wohnbevölkerung wächst, ohne dass durch Neubautätigkeit insoweit erforderlicher Wohnraum geschaffen wird, oder geringer Leerstand bei großer Nachfrage besteht (§ 556d Abs. 2 BGB). Viele Bundesländer haben von dieser Möglichkeit inzwischen Ge-

brauch gemacht und Städte definiert, in denen die Mietpreisbremse gilt oder eingeführt wird.

In Städten und Gemeinden mit einem Mietspiegel lässt sich die ortsübliche Miete aus diesem Mietspiegel entnehmen. Viele Großstädte haben sogenannte **qualifizierte Mietspiegel,** die nach wissenschaftlichen Grundsätzen erstellt worden sind. In den meisten Gemeinden, in denen die Mietpreisbremse gilt, wird es zumindest **einfache Mietspiegel** geben. Auch diese sind eine gute Grundlage zur Ermittlung der ortsüblichen Vergleichsmiete für die betreffende Wohnung. Wo es keinen Mietspiegel gibt, können gegebenenfalls Auskünfte der Mietervereine helfen.

Die höchstzulässige Miethöhe

Dem Grundsatz nach legt die Mietpreisbremse fest, dass der Vermieter bei der Wiedervermietung einer Wohnung als zulässige Miete höchstens die ortsübliche Vergleichsmiete plus zehn Prozent verlangen darf.

BEISPIEL: Laut Mietspiegel beträgt die ortsübliche Vergleichsmiete für die Wohnung 7,00 Euro pro Quadratmeter netto kalt. Nach einem Mieterwechsel kann der Vermieter die Miete auf höchstens 7,70 Euro pro Quadratmeter anheben.

Eine Ausnahme gilt, wenn der Vermieter vor der Neuvermietung eine Miete erzielte, die über der Grenze »ortsübliche Vergleichsmiete plus zehn Prozent« lag. In diesem Fall genießt der Vermieter grundsätzlich Bestandsschutz und kann weiterhin die vorherige Miete verlangen. Allerdings schreibt das Gesetz vor, dass Mieterhöhungen, die mit dem vorherigen Mieter innerhalb des letzten Jahres vor Beendigung des Mietverhältnisses vereinbart wurden, nicht mitzählen (§ 556e Abs. 1 BGB). Auch Mietminderungen bleiben bei der Ermittlung der Vormiete unberücksichtigt.

BEISPIEL: Die ortsübliche Vergleichsmiete beträgt 7,00 Euro pro Quadratmeter. Der Vermieter hat vom Vormieter bisher schon 8,20 Euro pro Quadratmeter verlangt. Vermietet er die Wohnung weiter, muss er die Miete nicht auf 7,70 Euro pro Quadratmeter (Vergleichsmiete + 10 Prozent) senken. Der Vermieter darf auch vom neuen Mieter 8,20 Euro pro Quadratmeter verlangen.

Eine weitere Ausnahme besteht bei Modernisierungen: Hat der Vermieter während des vorherigen Mietverhältnisses die Wohnung modernisiert, die mögliche Mieterhöhung aber nicht geltend gemacht, darf er die ortsübliche Vergleichsmiete für die nicht modernisierte Wohnung plus zehn Prozent verlangen. Dazu darf er den Modernisierungszuschlag von acht Prozent der Modernisierungskosten auf die Jahresmiete, wie er auch in einem laufenden Mietverhältnis vom Mieter gezahlt werden müsste, fordern (§ 556e Abs. 2 BGB). Dasselbe gilt, wenn der Vermieter zwischen der Beendigung des bisherigen und dem Abschluss des neuen Mietvertrags entsprechende bauliche Veränderungen vornimmt.

BEISPIEL: Mit dem Vormieter war eine Miete in Höhe der ortsüblichen Vergleichsmiete von 6,00 Euro pro Quadratmeter vereinbart. Nach dem Auszug des Mieters hat der Vermieter die Wohnung modernisiert. Die anteiligen Modernisierungskosten für die betreffende 70 Quadratmeter große Wohnung betragen 6.000 Euro. Der Modernisierungszuschlag beträgt 0,57 Euro pro Quadratmeter. Bei einer Wiedervermietung darf der Vermieter 7,17 Euro pro Quadratmeter verlangen (6,00 Euro/qm + 10 Prozent + 0,57 Euro/qm).

Wann gilt die Mietpreisbremse nicht?

Die Mietpreisbremse gilt nicht, wenn eine Wohnung erstmals nach dem 1. Oktober 2014 genutzt und vermietet wurde (§ 556 f Abs. 1 BGB). Auch nach einer umfassenden Sanierung gilt die Mietpreisbegrenzung für die unmittelbar anschließende Sanierung nicht (§ 556 f Abs. 2 BGB). Umfassend ist eine Sanierung regelmäßig dann, wenn die Räumlichkeiten unter wesentlichem Bauaufwand wieder zu Wohnzwecken nutzbar gemacht werden. Davon ist grundsätzlich auszugehen, wenn die Investition etwa ein Drittel des für eine vergleichbare Neubauwohnung erforderlichen Aufwands erreicht. Zusätzlich muss auch berücksichtigt werden, ob die Wohnung auch in mehreren wesentlichen Bereichen (insbesondere Sanitär, Heizung, Fenster, Fußboden, Elektroinstallationen beziehungsweise energetische Eigenschaften) verbessert wurde.

DAS IST WICHTIG: Beruft sich der Vermieter auf eine Ausnahme von der Mietpreisbegrenzung (zum Beispiel höhere Vormiete, durchgeführte Modernisierung, erstmalige Nutzung nach dem 1. Oktober 2014), muss er dies seinem Mieter vor Abschluss des Mietvertrags mitteilen.

Nur wenn die Auskunft in Textform erteilt wird, kann sich der Vermieter bei einer späteren Rüge des Mieters auf die Ausnahme berufen. Allerdings kann der Vermieter eine unterlassene Auskunft nachholen. Dann wird die höhere »Ausnahmemiete« erst zwei Jahre nach dem Monat der nachgeholten Auskunft fällig. Der Mieter hat sich in einem solchen Fall also mindestens für 24 Monate Miete erspart. Hat der Vermieter die Auskunft seinerzeit mündlich erbracht und kann er das beweisen, hat die in Textform nachgeholte Auskunft allerdings zur Folge, dass die höhere Miete schon ab dem Monat der nachgeholten Auskunft zu zahlen ist (§ 556g Abs. 1a BGB).

Mit der »einfachen Rüge« überhöhte Miete zurückverlangen

Der Mieter kann eine wegen der Mietpreisbremse nicht geschuldete Miete vom Vermieter nur zurückverlangen, wenn er einen Verstoß gegen die entsprechenden gesetzlichen Vorschriften in Textform gerügt hat. Rügt der

Mieter den Verstoß mehr als 30 Monate nach Beginn des Mietverhältnisses oder war das Mietverhältnis bei Zugang der Rüge bereits beendet, kann er nur die nach Zugang der Rüge fällig gewordene Miete zurückverlangen (§ 556g Abs. 2 BGB).

DAS IST WICHTIG: Seit 1. Januar 2019 genügt eine sogenannte einfache Rüge, um die zu viel gezahlte Miete zurückzuverlangen (zum Beispiel der Satz: »Ich rüge die Höhe der Miete«). Der Mieter muss also nicht mehr darlegen, warum die verlangte Miete seines Erachtens nach zu hoch ist.

Hat der Vermieter allerdings bei Vertragsschluss unaufgefordert eine Auskunft darüber erteilt, dass er sich auf eine Ausnahme von der Mietpreisbremse beruft (zum Beispiel, weil er die Wohnung modernisiert hat; siehe dazu Seite 25), muss die Rüge sich auf diese Auskunft beziehen. Der Mieter muss also erklären, dass er daran zweifelt, dass eine Ausnahme von der Mietpreisbegrenzung gilt (§ 556g Abs. 2 BGB).

SO MACHEN SIE ES RICHTIG: Rüge wegen Verstoßes gegen die Mietpreisbremse

Sehr geehrte/-r ____,
die von Ihnen am ____ an uns vermietete Wohnung befindet sich nach der Rechtsverordnung der Landesregierung in einem Gebiet mit angespanntem Wohnungsmarkt. Die Miete darf deshalb gemäß § 556d Abs. 1 BGB von bestimmten Ausnahmen abgesehen höchstens 10 Prozent über der ortsüblichen Vergleichsmiete liegen.
Wir haben für die Wohnung eine Miete von ____ Euro monatlich vereinbart; das sind ____ Euro/m². Auf der Grundlage des bei Vertragsabschluss geltenden Mietspiegels beträgt die ortsübliche Vergleichsmiete für die genannte Wohnung jedoch nur ____ Euro/m².
Damit übersteigt die vereinbarte Miete die Vormiete um mehr als 10 Prozent und verstößt gegen § 556d Abs. 1 BGB.
Hiermit verlangen wir für die Zeit vom Vertragsbeginn die zu viel gezahlte Miete zurück und fordern Sie auf, uns den überzahlten Betrag von ____ bis spätestens ____ auf das Konto ____ zu überweisen. Ab kommenden Monat werden wir die fällige Miete um den nichtigen Teil der vereinbarten Miete kürzen und mithin nur noch ____ Euro monatlich zuzüglich der Betriebs- und Heizkostenvorauszahlungen zahlen.

Unterschrift

Die Auskunftspflicht des Vermieters

Der Vermieter ist auf Verlangen des Mieters verpflichtet, Auskunft über diejenigen Tatsachen zu geben, die für die Zulässigkeit der vereinbarten Miete maßgeblich sind. Er muss dies allerdings nicht tun, wenn diese Tatsachen allgemein zugänglich sind und der Vermieter hierüber unschwer Auskunft geben kann (§ 556g Abs. 3 BGB).

Inhaltlich ist die Auskunftspflicht beschränkt auf Umstände, die dem Mieter nicht zugänglich sind. Ihm wiederum ist es nämlich zumutbar, zur Feststellung der zulässigen Miete zunächst allgemein zugängliche Quellen zu nutzen, insbesondere den örtlichen Mietspiegel. Die Auskunftspflicht erfasst also solche Umstände, die in der Sphäre des Vermieters liegen und die der Vermieter bereits kennt oder ohne Weiteres ermitteln kann (zum Beispiel die Baualtersklasse oder dem Mieter nicht zugängliche Ausstattungsmerkmale wie etwa die Beschaffenheit der zentralen Heizkessel, soweit diese für die Bildung der ortsüblichen Vergleichsmiete eine Rolle spielen).

Das Auskunftsverlangen des Mieters muss in Textform (zum Beispiel schriftlich oder per E-Mail) dargelegt werden, genauso wie die Erteilung der Auskunft durch den Vermieter (§ 556g Abs. 4 BGB).

Was ist eine Staffelmiete?

Bereits bei Abschluss des Mietvertrags können Vermieter und Mieter vereinbaren, in welchem Umfang die Miete künftig steigen darf. Ein solcher Staffelmietvertrag ist ein ganz normaler Mietvertrag mit der Besonderheit, dass die Miete innerhalb der im Vertrag festgelegten Zeiträume steigt. Damit stehen die Mietsteigerungen während der Laufzeit des Mietverhältnisses bereits bei Mietbeginn fest. Dies bietet sowohl für den Vermieter als auch für den Mieter Kalkulationssicherheit.

DAS IST WICHTIG: Nach Unterzeichnung des Mietvertrags kann eine Staffelmiete nur dann vereinbart werden, wenn der Mieter damit einverstanden ist. Gegen den Willen des Mieters kann also der Vermieter keine Staffelmietvereinbarung durchsetzen.

Voraussetzungen

Die Staffelmiete muss schriftlich vereinbart und von allen Vertragspartnern unterschrieben sein. Eine mündliche Vereinbarung oder eine Vereinbarung in Textform genügt nicht. Es muss entweder die jeweils zu zahlende monatliche Miete genannt oder die jeweilige Erhöhung in einem Geldbetrag angegeben werden (§ 557a Abs. 1 BGB). Unwirksam ist die Vereinbarung, dass die Miete jedes Jahr um einen bestimmten Prozentsatz steigt. Auch die Erhöhung der Miete in Form eines gestaffelten Quadratmeterpreises ist nicht ausrei-

HAUSORDNUNG
Wohnungs-Mietvertrag

chend. Eine Begrenzung der Anzahl der Mietstaffeln besteht gesetzlich nicht.

BEISPIEL:
Auszug aus einem Staffelmietvertrag
Die in § ___ vereinbarte Nettomiete erhöht sich
a) ab ___ auf ___ Euro monatlich,
b) ab ___ auf ___ Euro monatlich,
c) ab ___ auf ___ Euro monatlich,
d) ab ___ auf ___ Euro monatlich.

Die Miete muss jeweils für einen Zeitraum von mindestens einem Jahr unverändert bleiben (§ 557a Abs. 2 Satz 1 BGB). Ein Staffelmietvertrag, der eine Mieterhöhung in kürzeren Zeitabschnitten vorsieht, ist unwirksam. Längere Zeitabschnitte sind dagegen möglich.

Eine Staffelmietvereinbarung, die diesen Voraussetzungen nicht entspricht, ist insgesamt unwirksam. Zahlt der Mieter trotz nichtiger Vereinbarung die vorgesehenen Erhöhungen, kann er diese zurückfordern. Der Rückzahlungsanspruch verjährt in drei Jahren.

Ist eine Mieterhöhung in der Laufzeit einer Staffelmietvereinbarung möglich?

Haben Vermieter und Mieter eine Staffelmiete vereinbart, sind alle anderen Mieterhöhungen ausgeschlossen. Hat sich der Vermieter bei der Festlegung der Mietstaffeln verkalkuliert, kann er die Miete während der Laufzeit der Staffelmietvereinbarung nicht bis zur ortsüblichen Vergleichsmiete erhöhen (siehe dazu Seite 146). Ebenso ist auch eine Mieterhöhung wegen Modernisierung (siehe dazu 168) während dieser Zeit ausgeschlossen, selbst wenn der Vermieter (zum Beispiel wegen behördlicher Auflagen) modernisieren muss.

§ **SO ENTSCHIEDEN DIE GERICHTE:** Wenn eine Staffelmietvereinbarung abgeschlossen wurde und der Vermieter dennoch modernisiert, kann er die Mieterhöhung nach Ablauf der Staffelmiete nicht nachholen (LG Berlin, Az. 65 S 225/17).

Ist allerdings im Rahmen einer Staffelmiete eine Bruttokaltmiete mit Erhöhungsvorbehalt vereinbart, können Betriebskostensteigerungen an den Mieter weitergegeben werden. Um wie viel erhöht werden darf, ergibt sich aus den Steigerungen der Betriebskosten seit der letzten Staffelmieterhöhung.

Die für Mieterhöhungen bis zur ortsüblichen Vergleichsmiete geltende **Kappungsgrenze,** wonach die Miete um nicht mehr als 20 Prozent steigen darf (siehe dazu Seite 149), muss der Vermieter bei der Staffelmiete nicht beachten. Theoretisch kann also eine vereinbarte Ausgangsmiete von 400 Euro monatlich nach einem Jahr um 120 Euro auf 520 Euro im Monat erhöht werden, es darf allerdings keine Mietpreisüberhöhung vorliegen (siehe dazu Seite 22). Und der Vermieter muss auch die Vorschriften über die Mietpreisbegrenzung in Gebieten mit angespannten Wohnungsmärkten beachten (siehe dazu Seite 24), und zwar sowohl für die Miethöhe bei Mietbeginn als auch für die einzelnen Mietstaffeln (§ 557a Abs. 4 BGB). Daher darf die Ausgangsmiete in Gebieten mit Mietpreisbremse maximal zehn Prozent über der bei Vertragsschluss gültigen ortsüblichen Vergleichsmiete liegen. Für die Mietpreisbremse bei den einzelnen Mietstaffeln ist jeweils die ortsübliche Vergleichsmiete zu dem Zeitpunkt maßgeblich, ab dem die jeweilige Mietstaffel gelten soll.

DAS IST WICHTIG: Gerät eine Mietstaffel in den Bereich der Mietpreisüberhöhung oder verstößt sie gegen die Mietpreisbremse, wird dadurch nicht die gesamte Staffelmietvereinbarung unwirksam. In diesem Fall bezieht sich die Unwirksamkeit nur auf den jeweils überhöhten Betrag.

Bei einer wirksamen Staffelmietvereinbarung erhöht sich die Miete zum vereinbarten Zeitpunkt automatisch. Als Mieter müssen Sie also vom Vermieter nicht gesondert aufgefordert werden, die höhere Miete zu entrichten. Der Vermieter kann also ohne Weiteres die höhere Miete gerichtlich durchsetzen.

Mieterhöhung nach Auslaufen der Staffelmietvereinbarung

Nach Ende des Zeitraums, in dem eine Staffelmiete vereinbart wurde, gilt die zuletzt vom Mieter zu zahlende Miete weiter. Der Vermieter kann die Miete sowohl bis zur ortsüblichen Vergleichsmiete als auch wegen einer Wohnungsmodernisierung erhöhen.

Eine Mieterhöhung im Rahmen der ortsüblichen Vergleichsmiete kann der Vermieter nicht im unmittelbaren Anschluss nach Auslaufen der Staffelmietvereinbarung, sondern frühestens ein Jahr nach der letzten Mieterhöhung geltend machen (§ 558 Abs. 1 Satz 2 BGB). Eine Mieterhöhung wegen Modernisierung kann der Vermieter im Anschluss an die Fälligkeit der letzten Mietstaffel verlangen.

Was ist eine Indexmiete?

Anstelle einer Staffelmiete können Vermieter und Mieter im Mietvertrag auch vereinbaren, dass die Miete sich an der Entwicklung der Lebenshaltungskosten orientiert. In diesem Fall muss schriftlich vereinbart werden, dass die Miete durch den vom Statistischen Bundesamt ermittelten Preisindex für die Lebenshaltung aller privaten Haushalte in Deutschland bestimmt wird.

Formale Voraussetzungen

Die Indexmiete muss schriftlich vereinbart und von allen Vertragspartnern unterschrieben sein. Eine mündliche Vereinbarung oder eine Vereinbarung in Textform genügt nicht.

Die zulässige Höhe der Mietanpassung wird begrenzt durch die prozentuale Veränderung des Preisindexes. Bei Wohnraummietverträgen kann nur der Preisindex für die Lebenshaltung aller privaten Haushalte in

Deutschland vereinbart werden (§ 557b Abs. 1 BGB). Ein anderer Index (zum Beispiel Baukostenindex, regionale Verbraucherindizes oder Index für Zweipersonenhaushalte) darf für die Mieterhöhung nicht herangezogen werden. Nach der Vereinbarung muss eine Anpassung der Miete sowohl bei steigendem als auch bei fallendem Lebenshaltungskostenindex möglich sein.

DAS IST WICHTIG: Eine Indexmietvereinbarung, die den gesetzlichen Anforderungen nicht entspricht, ist insgesamt unwirksam. Zahlt der Mieter trotz nichtiger Vereinbarung die vorgesehenen Erhöhungen, kann er diese zurückfordern. Sein Rückzahlungsanspruch verjährt in drei Jahren.

Nach welcher Frist darf die Indexmiete erhöht werden?

Die bisherige Miete muss mindestens ein Jahr unverändert bleiben, bevor eine neue Anpassung erfolgen darf (§ 557b Abs. 2 Satz 1 BGB). Ausnahmsweise gilt die Jahressperrfrist nicht, wenn der Vermieter innerhalb des letzten Jahres Baumaßnahmen durchgeführt hat, die er nicht zu vertreten hat (zum Beispiel bauliche Veränderungen aufgrund gesetzlicher oder behördlicher Anordnungen).

Die Vereinbarung einer längeren Wartefrist ist ohne Weiteres zulässig. Eine kürzere Frist kann nur zugunsten des Mieters, also für Mietherabsetzungen, vereinbart werden (§ 557b Abs. 5 BGB).

Welche Mieterhöhungen sind zulässig?

Solange die Indexmiete gilt, sind – abgesehen von einvernehmlichen Änderungen der Miete – nur zwei weitere Arten von Mieterhöhungen zulässig (§ 557b Abs. 2 Satz 1 BGB):

- Uneingeschränkt zulässig ist eine Anpassung veränderter Betriebskosten während der Laufzeit der Indexmietvereinbarung. Der Vermieter ist also berechtigt, sowohl eine Betriebskostenpauschale als auch die Betriebskostenvorauszahlungen anzupassen.
- Eine Mieterhöhung nach Durchführung einer Modernisierung ist zulässig, wenn der Vermieter bauliche Maßnahmen aufgrund von Umständen durchgeführt hat, die er nicht zu vertreten hat (zum Beispiel bauliche Maßnahmen aufgrund behördlicher Auflagen). Kein Erhöhungsrecht hat der Vermieter dagegen, wenn er freiwillige bauliche Veränderungen durchführt.

DAS IST WICHTIG: Während der Laufzeit der Indexmietvereinbarung ist die Erhöhung der Miete zur Anpassung bis zur ortsüblichen Vergleichsmiete nicht zulässig. Ein solches Mieterhöhungsverlangen des Vermieters ist unwirksam.

Inhalt und Form der Mieterhöhungserklärung des Vermieters

Im Gegensatz zur Staffelmiete erhöht sich bei der Indexmiete die Miete nicht automatisch. Die Mieterhöhung muss vielmehr von der jeweiligen Mietvertragspartei in der gesetzlich vorgeschriebenen Weise geltend gemacht werden.

Die Erhöhung der Miete muss durch Erklärung in Textform erfolgen, also zum Beispiel schriftlich, per E-Mail oder Fax (§ 557b Abs. 3 Satz 1 BGB). Die mündliche Geltendmachung genugt den gesetzlichen Anforderungen nicht. In der Mieterhöhungserklärung müssen die eingetretene Änderung des Preisindexes sowie die jeweilige Miete oder die Erhöhung in einem Geldbetrag angegeben werden (§ 557b Abs. 3 Satz 2 BGB). Diese Angaben sind notwendig, aber auch ausreichend.

Erfüllt die Mieterhöhungserklärung des Vermieters die gesetzlichen Anforderungen nicht und ist sie deshalb nicht nachvollziehbar, wird sie nicht wirksam. In diesem Fall kann der Mieter entweder den Vermieter auf den Mangel hinweisen oder einfach weiterhin die alte Miete bezahlen. Rechenfehler dagegen machen die Erklärung unrichtig, aber nicht unwirksam. Der Mieter schuldet in diesem Fall nur die geänderte Miete in der richtigen Höhe.

DAS IST WICHTIG: Auch für die Indexmiete gelten hinsichtlich der Ausgangsmiete die gesetzlichen Regelungen über die Mietpreisbremse in Gebieten mit angespannten Wohnungsmärkten. Anders als bei der Staffelmiete gilt die Mietpreisbegrenzung aber nicht mehr bei nachfolgenden Mieterhöhungen mittels Anpassungen an den Index (§ 557b Abs. 4 BGB).

Wie wird die Mieterhöhung berechnet?

Grundlagen für die Mietänderung sind der Preisindex zum Zeitpunkt des Abschlusses des Mietvertrags beziehungsweise der letzten Mieterhöhung und der aktuelle Index. Die prozentuale Veränderung vom Indexstand lässt sich dann nach folgender Formel berechnen:

$$\text{Prozentuale Steigerung} = \left(\frac{\text{neuer Indexstand}}{\text{alter Indexstand}} \times 100\right) - 100$$

BEISPIEL: Bei Vertragsabschluss betrug die Miete 600 Euro monatlich; der Verbraucherpreisindex lag bei 105,1 Punkten. Liegt der neue Index bei 107,3 Punkten, kann der Vermieter die Miete um 2,09 Prozent erhöhen. Bei einer monatlichen Nettomiete von 600 Euro entspricht dies einer Erhöhung um 12,54 Euro auf nunmehr 612,54 Euro im Monat.

Ab wann muss die erhöhte Miete gezahlt werden?

Die geänderte Miete ist vom Mieter vom Beginn des auf die Erklärung folgenden übernächsten Monats an zu zahlen (§ 557b Abs. 3 Satz 3 BGB). Gibt der Vermieter also beispielsweise die wirksame Erklärung zur Mieterhöhung im April ab, kann er die höhere Miete ab Juni verlangen. Rückwirkend kann die Miete nicht erhöht werden, dies wäre nicht zulässig.

Vergleichsmiete – Wie kann die Mieterhöhung begrenzt werden?

Im laufenden Mietverhältnis hat der Vermieter zwar die Möglichkeit, die Miete bis auf die Durchschnittsmiete für vergleichbare Wohnungen anzuheben, im Gegenzug ist allerdings ein Mieter vor zu häufigen und zu drastischen Mieterhöhungen gesetzlich geschützt.

- Der Vermieter kann die Zustimmung zur Mieterhöhung erst verlangen, wenn die Miete vor dem Zeitpunkt, zu dem die Erhöhung eintreten soll, seit 15 Monaten unverändert war. Das Mieterhöhungsverlangen darf frühestens nach Ablauf eines Jahres seit der letzten Mieterhöhung zugehen. Mehr zu den Einzelheiten siehe Seite 149.
- Im laufenden Mietverhältnis darf der Vermieter die Miete nur so weit anheben, dass sie nicht über die ortsübliche Vergleichsmiete hinausgeht. Zudem darf die Miete innerhalb von drei Jahren höchstens um 20 Prozent steigen. In Städten und Gemeinden, in denen die ausreichende Versorgung der Bevölkerung mit Wohnungen zu angemessenen Bedingungen besonders gefährdet ist, gilt eine Kappungsgrenze von 15 Prozent. Die hierfür in Betracht kommenden Gebiete müssen von den Landesregierungen durch Rechtsverordnung bestimmt werden. Siehe dazu im Einzelnen Seite 149.

ZUSAMMENGEFASST – DAS IST WICHTIG

Der Vermieter muss Ihnen eine überhöhte Miete zurückzahlen: Eine Mietpreisüberhöhung liegt vor, wenn die vereinbarte Miete mehr als 20 Prozent über der ortsüblichen Vergleichsmiete liegt und die Vereinbarung darauf beruht, dass der Vermieter das geringe Angebot an Wohnraum ausnutzt.

Eine Mietpreisbremse gilt grundsätzlich bei der Neu- oder Wiedervermietung von Bestandswohnungen. Danach darf die zulässige Miete in Gebieten mit angespanntem Wohnungsmarkt höchstens auf das Niveau der ortsüblichen Vergleichsmiete plus zehn Prozent angehoben werden.

Ein Mieter kann vom Vermieter eine wegen der Mietpreisbegrenzung nicht geschuldete Miete zurückverlangen, indem er den Verstoß in Textform beanstandet. Der Anspruch verjährt in drei Jahren.

Es ist möglich, die Miete durch Vereinbarung zwischen Vermieter und Mieter von vornherein für die Zukunft festzulegen. Sie können in einer **Staffelmietvereinbarung** von vornherein festlegen, dass die Miete innerhalb der vertraglich festgelegten Zeiträume steigt. Durch einen sogenannten **Indexmietvertrag** lassen sich künftige Mieterhöhungen an die Entwicklung der Lebenshaltungskosten koppeln.

Während der Laufzeit einer Staffel- und Indexmietvereinbarung ist eine Mieterhöhung zur Anpassung bis zur ortsüblichen Vergleichsmiete unzulässig und unwirksam.

Sie müssen einer verfrühten Mieterhöhung nicht zustimmen: Im laufenden Mietverhältnis kann der Vermieter die Zustimmung des Mieters zur Mieterhöhung bis zur ortsüblichen Vergleichsmiete erst verlangen, wenn die Miete seit 15 Monaten unverändert ist. Das Mieterhöhungsverlangen darf dem Mieter frühestens ein Jahr nach der letzten Mieterhöhung zugehen. Zudem darf die Miete innerhalb von drei Jahren höchstens um 20 Prozent steigen.

3 Teure Vertragsklauseln

Alina Mayer und Sophia Steger haben eine Dreizimmerwohnung gemietet und diese in unrenoviertem Zustand übernommen. Laut Mietvertrag liegt die Durchführung der Schönheitsreparaturen bei den Mietern. Nach Beendigung des Mietverhältnisses werden sie vom Vermieter aufgefordert, die Schlussrenovierung durchzuführen. Sind sie wirklich dazu verpflichtet? Mehr dazu siehe Seite 54.

IN DIESEM KAPITEL ERFAHREN SIE,

Ist mein Mietvertrag ein Formularmietvertrag oder eine Individualvereinbarung?

Im Regelfall werden Mietverhältnisse auf der Grundlage von Formularmietverträgen abgeschlossen. Mietvertragliche Regelungen können allerdings auch als Individualvereinbarung getroffen werden. Das hat vor allem rechtliche Bedeutung hinsichtlich des Umfangs der Vertragsfreiheit, also dem Recht der Vertragsparteien, den Inhalt des Mietvertrags frei zu gestalten.

Der Formularmietvertrag

Bei vorgedruckten Mietvertragsformularen handelt es sich um sogenannte **Formularmietverträge.** Dabei wird der Inhalt des Vertrags nicht individuell ausgehandelt, sondern in Form von vorformulierten Texten (zum Beispiel vorgedruckte Vertragstexte von Verlagen, Haus- und Grundbesitzervereinen) einseitig, in der Regel vom Vermieter, gestellt. Rechtlich handelt es sich dabei um allgemeine Geschäftsbedingungen, also um für eine Vielzahl von Verträgen mit vorformulierten Vertragsbedingungen, die eine Partei (Verwender) der anderen Vertragspartei bei Abschluss des Vertrags stellt (§ 305 Abs. 1 Satz 1 BGB).

Stellt der Vermieter ein entsprechendes Vertragsformular, findet eine gesetzliche Inhaltskontrolle statt. Das heißt, die mietvertraglichen Regelungen müssen als allgemeine Geschäftsbedingungen den gesetzlichen Anforderungen genügen. Wenn die mietvertragliche Regelung den Mieter unangemessen benachteiligt, ist das natürlich nicht der Fall.

§ **SO ENTSCHIEDEN DIE GERICHTE:** Allgemeine Geschäftsbedingungen sind es auch dann, wenn in einem Vordruck von zwei Alternativen lediglich eine anzukreuzen beziehungsweise durchzustreichen ist, unselbstständige Ergänzungen in ein ergänzungsbedürftiges Formular eingetragen werden (BGH, Az. XII ZR 175/92) oder Leerräume durch vorgesehene Alternativen auszufüllen sind (BGH, Az. XI ZR 77/91).

DAS IST WICHTIG: Formularvertragliche Regelungen im Mietvertrag sind aber nicht nur dann unwirksam, wenn sie den Mieter unangemessen benachteiligen, sondern auch dann, wenn sie gegen zwingende gesetzliche Regelungen verstoßen. So ist etwa eine Vereinbarung unwirksam, die von den gesetzlichen Regelungen über die Mieterhöhung bis zur ortsüblichen Vergleichsmiete abweicht (§ 558 Abs. 6 BGB).

Mietvertragliche Regelungen in einem Formularmietvertrag sind unwirksam, wenn sie den Mieter entgegen den Geboten von Treu und Glauben unangemessen benachteiligen (§ 307 Abs. 1 Satz 1 BGB). Dies ist im Zweifel anzunehmen, wenn eine Bestimmung nicht mit den wesentlichen Grundgedanken der betreffenden gesetzlichen Regelung, von der abgewichen wurde, zu vereinbaren ist.

Regelungen im Formularmietvertrag sind auch unwirksam, wenn wesentliche Rechte oder Pflichten, die sich aus der Natur des Vertrags ergeben, so eingeschränkt werden, dass die Erreichung des Vertragszwecks gefährdet ist (§ 307 Abs. 2 BGB).

Ein Mieter wird dann durch eine mietvertragliche Regelung unangemessen benachteiligt, wenn sich die Regelung zugunsten des Vermieters zu weit von der gesetzlichen Regelung entfernt.

Der Vermieter setzt also durch die einseitige Vertragsgestaltung missbräuchlich eigene Interessen auf Kosten des Mieters durch, ohne dessen Belange hinreichend zu berücksichtigen und ihm einen angemessenen Ausgleich zuzugestehen. Durch einseitige Regelungen des Vermieters kommt also letztlich kein fairer Mietvertrag zustande.

BEISPIEL: Dem Vermieter obliegt es nach § 535 Abs. 1 Satz 2 BGB, die Mietsache in gebrauchsfähigem Zustand zu erhalten. Eine Klausel, durch die dem Mieter die Durchführung von Schönheitsreparaturen übertragen wird, benachteiligt diesen unangemessen, wenn die Fristen für die Durchführung von Schönheitsreparaturen zu kurz bemessen sind (siehe dazu auch Seite 49).

Sind allgemeine Geschäftsbedingungen ganz oder teilweise nicht Vertragsbestandteil geworden oder unwirksam, so bleibt der Vertrag im Übrigen wirksam. In diesem Fall richtet sich der Vertrag nach den gesetzlichen Vorschriften (§ 306 Abs. 1 und 2 BGB), die in der Regel für den Mieter günstiger sind.

BEISPIEL: Eine unwirksame Regelung im Mietvertrag über die Übertragung von Schönheitsreparaturen auf den Mieter hat zur Folge, dass der Mieter überhaupt keine Schönheitsreparaturen durchführen muss und die Instandhaltung und Instandsetzung der Wohnung allein dem Vermieter obliegt.

Die Individualvereinbarung

Im Gegensatz zum **Formularmietvertrag** enthält eine **Individualvereinbarung zwischen Vermieter und Mieter** frei ausgehandelte Vertragsinhalte, bei denen beide Partner eine gleichrangige Verhandlungsposition haben. Während eine Formularklausel im Mietvertrag bereits dann unwirksam ist, wenn sie den Mieter nach Treu und Glauben unangemessen benachteiligt, ist eine individuell ausgehandelte mietvertragliche Regelung erst dann nichtig, wenn sie gegen zwingende gesetzliche Regelungen verstößt oder sittenwidrig ist.

Eine Individualvereinbarung setzt voraus, dass der Vermieter zu Verhandlungen über den Inhalt des Mietvertrags bereit ist und dies auch dem Mieter unzweideutig erklärt. Der Vermieter muss den Inhalt des Mietvertrags zur Disposition stellen und dem Mieter die Möglichkeit einräumen, den Inhalt der Vertragsbedingungen zu beeinflussen. Grundsätzlich ist davon auszugehen, dass der Vermieter eine konkrete Vereinbarung mit dem Mieter nur dann ausgehandelt hat, wenn

- mit dem Mieter die beabsichtigte Regelung zunächst erörtert wurde,
- der Mieter dabei über Inhalt und Tragweite der Regelung ausführlich belehrt worden ist und
- der Mieter sich ausdrücklich mit der mietvertraglichen Bestimmung einverstanden erklärt hat.

Insgesamt werden an eine Individualvereinbarung hohe Anforderungen gestellt. Sie kommt beispielsweise nicht bereits dadurch zustande, dass der Vermieter dem Mieter im Mietvertrag mehrere Alternativen zum Ankreuzen vorschlägt oder er sich in einem Zusatzformular bestätigen lässt, dass er die Regelungen dem Mieter »erläutert« oder diese »besonders besprochen« hat.

Zwar unterliegen mietvertragliche Vereinbarungen, die von den Vertragsparteien frei ausgehandelt werden, nicht der Inhaltskontrolle wie ein Formularmietvertrag. Die Vertragsfreiheit ist gleichwohl in vielen Fällen gesetzlich eingeschränkt: Denn dem Vermieter ist es verboten, zuungunsten des Mieters vom Gesetz abweichende Regelungen zu treffen.

In diesen Fällen gelten immer die zwingenden gesetzlichen Regelungen des Mietrechts. Unwirksam sind beispielsweise zum Nachteil des Mieters abweichende Vereinbarungen über die Begrenzung und Anlage von Mietsicherheiten (§ 551 Abs. 4 BGB) oder für Mietererhöhungen bis zur ortsüblichen Vergleichsmiete (§ 558 Abs. 6 BGB).

§ **SO ENTSCHIEDEN DIE GERICHTE:** Benutzt ein Vermieter mehrfach den selbst entworfenen hand- oder maschinenschriftlichen Mietvertrag oder fügt er dem Formularvertrag einen solchen als Zusatzvertrag hinzu, gelten seine Vertragsbedingungen als allgemeine Geschäftsbedingungen und er selbst als Verwender, wobei es nicht auf die Wortgleichheit, sondern lediglich auf die Inhaltsgleichheit der Verwendungen ankommt (BGH, Az. VII ZR 129/90).

Welche Instandhaltungs- und Instandsetzungspflichten hat ein Vermieter?

Der Vermieter muss die Wohnung während der Mietzeit in einem zum vertragsgemäßen Gebrauch geeigneten Zustand erhalten (§ 535 Abs. 1 Satz 2 BGB). Diese Erhaltungspflicht des Vermieters betrifft die Verpflichtung, die Mietsache instand zu halten und während der Vertragsdauer auftretende Mängel zu beseitigen.

Was ist eine Instandhaltungspflicht?

Der Vermieter hat die Kosten der Instandhaltung der Wohnung zu tragen. Instandhaltungskosten sind die Kosten, die während der Nutzungsdauer zur Erhaltung des bestimmungsmäßigen Gebrauchs aufgewendet werden müssen, um die durch Abnutzung, Alterung und Witterungseinwirkung entstehenden baulichen oder sonstigen Mängel ordnungsgemäß zu beseitigen. Zur **Instandhaltung** gehören beispielsweise die Wartung der Heizungsanlage, die Erneuerung von Thermostatventilen und brüchiger Wasserleitungen, die Aufrechterhaltung der Stromversorgung, der Austausch alter und undichter, morscher Fenster, die Beseitigung von Rohrverstopfungen oder der Ersatz gesundheitsgefährdender Trinkwasserleitungen.

Was ist eine Instandsetzungspflicht?

Im Zusammenhang mit seiner Instandsetzungspflicht obliegt es dem Vermieter, die während des Mietverhältnisses auftretenden Mängel zu beseitigen und defekte Teile und Einrichtungen zu erneuern. Zur **Instandsetzung** gehören beispielsweise die Reparatur eines schadhaften Dachs, die Fassadenerneuerung, wenn der Zustand die Wohnungen durch eindringendes Wasser beeinträchtigt, die Beseitigung von Rissen in der Glasscheibe, die Beseitigung eines Heizungsausfalls oder die Sanierung des Bades.

DAS IST WICHTIG: In begrenztem Umfang können dem Mieter durch den Mietvertrag allerdings die Kosten für sogenannte Kleinreparaturen auferlegt werden. Ferner kann dem Mieter unter bestimmten Voraussetzungen die Durchführung von Schönheitsreparaturen übertragen werden.

Wann muss sich ein Mieter bei Bagatellschäden an den Kosten beteiligen?

Die im Rahmen der Erhaltung der Mietsache anfallenden Arbeiten muss der Vermieter auf seine Kosten durchführen. Das gilt im Zusammenhang mit der Instandsetzungspflicht auch für kleinere Mängel; wenn also der Wasserhahn tropft, ist es Sache des Vermieters, auf seine Kosten einen Handwerker zu bestellen und eine neue Dichtung einlegen zu lassen. Allerdings kann im Mietvertrag vereinbart werden, dass der Mieter die Kosten für Kleinreparaturen trägt. Unter **Kleinreparaturen** versteht man die Beseitigung von Bagatellschäden. Das sind solche Schäden an der Mietsache, die sich mit einem verhältnismäßig geringen Aufwand an finanziellen Mitteln beseitigen lassen. Wenn im Mietvertrag nichts geregelt ist, muss der Vermieter auch solche Kleinreparaturen auf seine Kosten durchführen. Die Frage ist also: Unter welchen Voraussetzungen darf er die Kosten für Kleinreparaturen auf den Mieter abwälzen?

DAS IST WICHTIG: Der Vermieter kann unter bestimmten Voraussetzungen nur die Kosten, nicht aber die Vornahme der Kleinreparaturen selbst auf den Mieter abwälzen. Auch im Falle einer Kostenübernahme durch den Mieter bleibt der Vermieter also verpflichtet, den Schaden selbst oder durch Handwerker beheben zu lassen.

Wann gilt eine wirksame »Kleinreparaturklausel«?

Eine Kleinreparaturklausel in einem Formularmietvertrag, nach der dem Mieter in einem bestimmten Umfang die Kosten für Bagatellschäden auferlegt werden, ist unwirksam, wenn sie den Mieter unangemessen benachteiligt. Deshalb ist eine solche Klausel im Mietvertrag nur zulässig und wirksam, wenn

- sie gegenständlich beschränkt ist und
- eine doppelte Kostenbegrenzung enthält: einmal hinsichtlich der Höhe der Kosten für einzelne Reparaturen und daneben eine Obergrenze hinsichtlich der Gesamtreparaturkosten im Jahr.

BEISPIEL: Vom Mieter zu zahlende Kleinreparaturen dürfen sich nur auf solche Teile der Mietwohnung beziehen, die seinem direkten und häufigen Zugriff ausgesetzt sind. Das sind Installationsgegenstände wie Wasserhähne, Steckdosen und Lichtschalter (nicht aber die Installationen selbst), Heiz- und Kocheinrichtungen wie zum Beispiel Öfen, Badeöfen, Thermen und Herde, Fenster- und Türverschlüsse wie zum Beispiel Türgriffe und Türschlösser, elektrische Türöffner (nicht Fenster und Türangeln, zerbrochene Fenster- oder Türscheiben) sowie Verschlussvorrichtungen von Fensterläden wie zum Beispiel Riegel für Klappläden, Rollladensicherungen (nicht jedoch Reparaturen an Rollläden oder an Rollladenkästen).

§ SO ENTSCHIEDEN DIE GERICHTE: Als zulässig erachtet wird allgemein eine Klausel, wonach der Mieter 100 Euro pro Kleinreparatur selbst tragen muss (AG Braunschweig, Az. 1116 C 196/05). Das Amtsgericht Würzburg (Az. 13 C 670/10) hielt einen Höchstbetrag bis zu 110 Euro und das Amtsgericht Berlin-Schöneberg (Az. 106 C 46/17) einen Betrag bis zu 120 Euro noch für angemessen.

Im Mietvertrag muss ein Höchstbetrag für einzelne Reparaturen festgelegt sein. Umstritten ist die Höhe der mietvertraglich festzulegenden Kostengrenze. Gerichte beurteilen den angemessenen Höchstbetrag unterschiedlich.

DAS IST WICHTIG: Ein Mieter darf nur dann für Bagatellschäden finanziell herangezogen werden, wenn die einzelne Rechnung nicht höher als die im Mietvertrag vereinbarte Obergrenze ist. Liegt der Rechnungsbetrag nur einen Cent darüber, handelt es sich nicht mehr um eine Kleinreparatur. Übersteigt die Rechnung den festgelegten Betrag, muss der Vermieter die Kosten in vollem Umfang tragen. Eine Kostenbeteiligung des Mieters in Höhe der mietvertraglich vereinbarten Obergrenze ist nicht zulässig.

In der Mietvertragsklausel muss außerdem eine Obergrenze enthalten sein für alle Kleinreparaturen innerhalb eines Jahres. Der Mieter muss danach in einem Jahr maximal sechs bis acht Prozent der Jahresmiete zahlen. Alles, was darüber liegt, ist nicht zulässig und macht die Klausel unwirksam. Gelegentlich wird in Formularmietverträgen als **Jahresobergrenze** auch ein fester Betrag (zum Beispiel 200 Euro) festgelegt. Dabei gilt ein Höchstbetrag von einer Monatsmiete als nicht mehr angemessen (AG Hannover, Az. 564 C 16 208/07).

BEISPIEL: Wer beispielsweise 500 Euro Miete pro Monat zahlt, muss pro Jahr mit einer maximalen Belastung von 480 Euro für Kleinreparaturen rechnen. Hat also der Mieter bereits vier Einzelreparaturen von jeweils 100 Euro gezahlt, muss er die fünfte Reparatur über 100 Euro nicht bezahlen, weil die Jahreshöchstgrenze überschritten wäre.

Welche Klauseln im Mietvertrag sind unwirksam?

Klauseln im Mietvertrag, die die obigen Voraussetzungen für die wirksame Übertragung der Kosten von Kleinreparaturen nicht berücksichtigen, sind unwirksam. Der Vermieter muss die betreffenden Kosten in den folgenden Fällen allein tragen:

- Nicht wirksam ist eine Bestimmung im Mietvertrag, in der pauschal geregelt ist, dass Sie als Mieter Kleinreparaturen übernehmen müssen. Ohne betragsmäßige Begrenzung je Einzelreparatur mit gleichzeitiger Festlegung einer Jahresobergrenze für mehrere Reparaturen ist die Klausel im Mietvertrag unwirksam.
- Ebenfalls unwirksam ist eine sogenannte Beteiligungsklausel, nach der Sie sich als Mieter anteilig auch an größeren Reparaturen oder gar an der Neuanschaffung von Geräten beteiligen müssen.
- Durch den Mietvertrag können Sie auch nicht wirksam verpflichtet werden, selbst zu reparieren oder einen Handwerker zu beauftragen. Die Kleinreparaturklausel im Mietvertrag darf nur die Zahlungspflicht betreffen.

SO MACHEN SIE ES RICHTIG: Ablehnung des Aufwendungsersatzes für Kleinreparaturen

Sehr geehrte/-r ,
mit Schreiben vom stellen Sie für die Reparatur der/des [Gegenstand der Reparatur] Euro in Rechnung. Der von Ihnen geltend gemachte Anspruch ist allerdings nicht begründet.
Zwar berufen Sie sich auf die im Mietvertrag vereinbarte Kleinreparaturklausel, diese Klausel genügt allerdings nicht den von den Gerichten gestellten Anforderungen. [kurze Begründung, warum die Klausel im Mietvertrag unwirksam ist. Z. B.: So dürfen Sie mir Kleinreparaturen nur für solche Teile der Mietwohnung in Rechnung stellen, die meinem direkten und häufigen Zugriff ausgesetzt sind. Das ist hier allerdings nicht der Fall; oder: Die Rechnung übersteigt den im Mietvertrag vereinbarten Höchstbetrag. Deshalb haben Sie die Reparaturkosten in voller Höhe zu übernehmen.] Deshalb ist die Klausel im Mietvertrag unwirksam.
Bitte haben Sie Verständnis dafür, dass ich unter diesen Umständen nicht bereit bin, die in Rechnung gestellte Reparatur zu übernehmen.
Mit freundlichen Grüßen

Unterschrift

§ SO ENTSCHIEDEN DIE GERICHTE: »Vornahmeklauseln«, nach denen der Mieter nicht nur die Kosten der Kleinreparaturen zu tragen hat, sondern diese auch selbst durchzuführen beziehungsweise selbst einen Handwerker zu beauftragen hat, sind nicht nur formularmäßig, sondern auch individualvertraglich unwirksam (BGH, Az. VIII ZR 129/91).

Dürfen Schönheitsreparaturen auf den Mieter übertragen werden?

Über nichts wird zwischen Vermietern und Mietern so häufig gestritten wie über die Frage, wer Schönheitsreparaturen durchzuführen hat. Nach dem Gesetz ist eigentlich der Vermieter in der Pflicht; ihm obliegt es, für die Instandhaltung der Wohnung Sorge zu tragen (§ 535 Abs. 1 Satz 2 BGB). Diese Pflicht wird von den Vermietern jedoch regelmäßig auf die Mieter übertragen.

In der Praxis enthalten die Mietverträge häufig unwirksame Klauseln, weil die Gerichte an die Wirksamkeit solcher Klauseln in Formularmietverträgen strenge Anforderungen stellen, um einer unangemessenen Benachteiligung des Mieters entgegenzuwirken. Insgesamt geht es hier um viel Geld. Und es geht für viele Mieter nicht nur darum, eine vom Vermieter geforderte Renovierung zu verweigern, sondern auch darum, Geld, das trotz nichtiger Klauseln in die Renovierung der Wohnung gesteckt wurde, vom Vermieter wieder zurückzuholen.

Was sind Schönheitsreparaturen – und was nicht?

Unter Schönheitsreparaturen versteht man die üblichen, turnusgemäß wiederkehrenden Renovierungsarbeiten, soweit die Veränderung durch einen normalen vertragsgemäßen Gebrauch der Mietsache eingetreten ist. Es geht darum, solche Abnutzungserscheinungen zu beseitigen, die den optischen Eindruck der Mieträume beeinträchtigen und in der Regel durch normales Abwohnen herbeigeführt werden. Es geht also immer um die Beseitigung von Gebrauchsspuren, die bei der Nutzung der Wohnung zwangsläufig entstehen.

Zu den Schönheitsreparaturen zählen

- Tapezieren und Streichen von Wänden und Decken,
- Streichen der Fußböden und Sockelleisten,
- Streichen der Heizkörper und der Heizungsrohre,
- Streichen der Innentüren und der Außentür von innen,
- Streichen der Fenster und Außentüren von innen.

Zu den Schönheitsreparaturen gehört demnach alles, was beim normalen Wohnen abgenutzt wird und mit Farbe, Tapete und etwas Gips erneuert werden kann.

Nicht zu den Schönheitsreparaturen gehören folglich insbesondere

- der Austausch eines wegen des vertragsgemäßen Verbrauchs verschlissenen Teppichbodens,
- Maurer-, Installateur- und Glaserarbeiten,
- Reparatur von Türschlössern, Heizkörpern, Gas- oder Stromleitungen,
- der Anstrich der Fenster und der Wohnungstür von außen,
- Erstanstriche wie zum Beispiel bei neuen Heizkörpern oder Fenstern,
- Anstriche im Treppenhaus oder in Gemeinschaftsräumen (Schönheitsreparaturen schulden Sie nur im Inneren Ihrer Wohnung),
- Streichen von Terrassen und Balkonen,
- das Abschleifen und Versiegeln von Holzfußböden und Parkettböden,
- notwendige Anstriche der Außenfenster und des Balkons,
- die Beseitigung typischer Abnutzungserscheinungen einer Badewanne,
- die Reinigung der mitvermieteten Teppichböden,
- Instandsetzung der Fensterverkittung,
- das Streichen von Einbaumöbeln,
- Malerarbeiten, die nach Modernisierungs- oder Instandsetzungsarbeiten erforderlich werden.

§ **SO ENTSCHIEDEN DIE GERICHTE:** Die Beseitigung von Rissen an der Wohnzimmerdecke wird nicht von der Schönheitsreparaturklausel umfasst und muss daher nicht vom Mieter durchgeführt werden (LG Berlin, Az. 67 S 20/17). Regelt eine Schönheitsreparaturklausel, dass der Wohnungsmieter für das »Streichen der Innentüren, der Fenster und Außentüren von innen« verpflichtet ist, so ist unklar, ob dies auch das Streichen der Fenster von außen mit einschließt, was unzulässig wäre. Diese Unklarheit geht gemäß § 305c Abs. 2 BGB zulasten des Vermieters, sodass die Abwälzung der Schönheitsreparaturen insgesamt unwirksam ist (AG Hamburg, Az. 49 C 493/19). So muss kein Mieter im Rahmen seiner Schönheitsreparaturpflicht schwarz verfärbte Fliesenfugen im Badezimmer erneuern. Denn die schwärzliche Verfärbung der Fugen entspricht der normalen Abnutzung (AG Köln, Az. 221 C 156/94). Nicht von den Schönheitsreparaturen erfasst werden auch Schäden, die auf normaler Abnutzung beruhen, wie beispielsweise kleinere Emailleabsplitterungen bei einer älteren Badewanne (LG Köln, Az. 6 S 55/96).

DAS IST WICHTIG: Wenn der Mieter Dübel anbringt, liegt das generell im Rahmen des vertragsmäßigen Gebrauchs und verpflichtet nicht zur Schönheitsreparatur beziehungsweise Endrenovierung, sofern diese Verpflichtung im Mietvertrag nicht ausdrücklich festgeschrieben ist. Nur wenn übermäßig viele Dübellöcher vorhanden sind, müssen diese vom Mieter beim Auszug beseitigt werden.

Muss ein Mieter Schönheitsreparaturen durchführen?

Wenn der Mietvertrag keine Regelung zu den Schönheitsreparaturen enthält, muss der Vermieter sie auf seine Kosten ausführen. Das dürfte allerdings die Ausnahme sein. Der Vermieter kann nämlich im Mietvertrag die Durchführung von Schönheitsreparaturen auf den Mieter übertragen.

DAS IST WICHTIG: Der Mieter kann zu Schönheitsreparaturen nur in den zum Wohnbereich gehörenden Räumen, also innerhalb der Wohnung verpflichtet werden. Renovierungen im Keller, Speicher, Treppenhaus oder Hausflur muss immer der Vermieter durchführen.

Schönheitsreparaturen können nur durch eine ausdrückliche und eindeutige Vereinbarung auf den Mieter übertragen werden. Eine entsprechende Regelung ist auch in einem Formularmietvertrag zulässig.

§ **SO ENTSCHIEDEN DIE GERICHTE:** Die Formulierung »Schönheitsreparaturen werden vom Mieter getragen« ist ausreichend, um dem Mieter die Renovierungspflicht aufzuerlegen (OLG Karlsruhe, Az. 9 RE-Miet 2/91).
Nicht ausreichend für die Übertragung von Schönheitsreparaturen ist es, wenn der Mieter im Mietvertrag verpflichtet wird, die Wohnung »besenrein« zurückzugeben; in diesem Fall muss der Mieter lediglich grobe Verschmutzungen beseitigen (BGH, Az. VIII ZR 124/05). Das gilt auch für die Klausel »Der Mieter hat die Räumlichkeiten ordnungsgemäß und schonend zu behandeln«; hier wird lediglich auf die allgemeine Obhutspflicht des Mieters hingewiesen.

Wann sind Schönheitsreparaturen durchzuführen?

Unabhängig davon, dass sich die Frage, ob und in welchem Rahmen ein Mieter Schönheitsreparaturen durchführen muss, regelmäßig erst beim Auszug aus der Wohnung stellt, schuldet der Mieter Schönheitsreparaturen auch im laufenden Mietverhältnis. Wird also im Mietvertrag wirksam verlangt, dass Schönheitsreparaturen vorgenommen werden, kann der Vermieter dies auch während der Mietzeit vom Mieter verlangen.

Wann genau Schönheitsreparaturen fällig sind, richtet sich grundsätzlich nach dem Grad der Abnutzung der Wohnung. Sobald nach objektiver Betrachtung ein Renovierungsbedarf besteht, kann der Vermieter vom Mieter fordern, die Arbeiten durchzuführen. Als Orientierung, ob eine Renovierung notwendig ist, können nach Räumen gestaffelte Fristen dienen (siehe dazu Seite 49). Sind diese Fristen abgelaufen, ist zu vermuten, dass Schönheitsreparaturen notwendig sind. Diese Fristen gelten als Erfahrungssatz auch dann, wenn sie nicht im Mietvertrag wiedergegeben sind. Längere Fristen als die genannten können vertraglich vereinbart werden, kürzere Fristen benachteiligen Mieter unangemessen mit der Folge, dass die Renovierungspflicht des Mieters insgesamt entfällt.

➔ **DAS IST WICHTIG:** Die Gerichte haben für den Mieter unangemessen nachteilige Regelungen serienweise für unwirksam erklärt. Hauptgrund: Der Vermieter darf keine Renovierung verlangen, wenn sie nicht notwendig ist.

Wirksame und unwirksame Renovierungsklauseln

Klauseln in Formularmietverträgen sind üblicherweise allgemeine Geschäftsbedingungen. Diese sind nur wirksam, wenn sie den Mieter nicht unangemessen benachteiligen. Auf eine unwirksame Regelung im Mietvertrag kann sich der Vermieter nicht berufen, und zwar auch dann nicht, wenn sie vom Mieter akzeptiert wurde.

Unwirksam sind alle Klauseln, nach denen eine Renovierung unabhängig vom Zustand der Wohnung verlangt werden kann. Und auch starre Fristenregelungen, nach denen Mieter stets nach Ablauf einer bestimmten Zeit renovieren müssen, sind unwirksam. Die Folge einer unwirksamen Klausel: Statt selbst renovieren zu müssen, kann der Mieter seinen Renovierungsbedarf einfach beim Vermieter anmelden.

DAS IST WICHTIG: Der Vermieter darf nicht einseitig den Mietvertrag ändern, wenn eine unwirksame Renovierungsklausel vereinbart wurde.

Anfangs- und Endrenovierung

Unzulässig sind sogenannte Anfangs- und Endrenovierungsklauseln, nach denen ein Mieter zusätzlich zu den laufenden Schönheitsreparaturen auch noch die Anfangs- und Endrenovierung übernehmen muss.

Bei einer unrenoviert übergebenen Wohnung

Eine Klausel im Formularmietvertrag, die dem Mieter einer unrenoviert übergebenen Wohnung die Schönheitsreparaturen ohne angemessenen Ausgleich auferlegt, ist unwirksam (BGH, Az. VIII ZR 185/14 und VIII ZR 242/13). Eine solche Klausel würde einen Mieter dazu verpflichten, sämtliche Gebrauchsspuren des Vormieters zu beseitigen. Dies führt dazu, dass der Mieter die Wohnung vorzeitig renovieren oder gegebenenfalls in einem besseren Zustand zurückgeben müsste, als er sie selbst vom Vermieter erhalten hat. Für die Abgrenzung, also ob eine Wohnung bei der Überlassung an den Mieter renoviert oder unrenoviert ist, kommt es auf die vorhandenen Gebrauchsspuren an: Sind sie so unerheblich, dass die Mieträume im Zeitpunkt der Überlassung den Gesamteindruck einer renovierten Wohnung vermitteln, gilt die Wohnung als renoviert. Dies ist jeweils im Einzelfall zu beurteilen.

§ **SO ENTSCHIEDEN DIE GERICHTE:** Unwirksam ist beispielsweise die Verpflichtung des Mieters zur Anfangsrenovierung (zum Beispiel durch die Klausel: Die erstmaligen Renovierungsarbeiten sind innerhalb von drei Monaten nach Vertragsbeginn durchzuführen), weil damit ein Mieter mit Abnutzungen des Vormieters belastet und so unangemessen benachteiligt wird (OLG Hamburg, Az. 4 U 201/90). Unwirksam ist auch eine Formularklausel, die Mieter unabhängig vom Ablauf bestimmter Fristen zur Endrenovierung der Räume verpflichtet (OLG Hamm, Az. RE-Miet 4/80). Das gilt auch für eine formularvertragliche Vereinbarung, wonach ein Mieter neben den laufenden Schönheitsreparaturen beim Auszug verpflichtet ist, alle von ihm angebrachten oder vom Vormieter übernommenen Tapeten zu beseitigen (BGH, Az. VIII ZR 109/05).

Der Fristenplan

Es ist zulässig, einem Mieter im Rahmen eines Formularmietvertrags die Durchführung von Schönheitsreparaturen im Rahmen eines Fristenplans zu übertragen.

Darin wird festgelegt, innerhalb welcher Fristen der Mieter bestimmte Schönheitsreparaturen ausführen muss. Die festgelegten Fristen müssen sich im üblichen und angemessenen Rahmen bewegen. Je nachdem, wie die Abnutzung der Räume aussieht, sind auch unterschiedliche Mindestfristen festzulegen.

§ **SO ENTSCHIEDEN DIE GERICHTE:** Als Orientierung, ob eine Renovierung notwendig ist, dienen nach Räumen gestaffelte Fristen (die in Klammern genannten Renovierungsfristen gelten für vor 2008 geschlossene Mietverträge laut BGH, Az. VIII ZR 143/06):

- Küchen, Bäder und Duschen: alle drei Jahre,
- Wohn- und Schlafräume, Flure, Dielen und Toiletten: alle fünf Jahre,
- Nebenräume: alle sieben Jahre.

Der BGH hat bislang **noch nicht entschieden**, ob er die **Verlängerung** der **Fristen** für **erforderlich** hält und die Frage noch offen gelassen. Der Entscheidung ist jedoch zu entnehmen, dass das Gericht eine **Änderung** seiner **Rechtsprechung keinesfalls ausschließt.**

DAS IST WICHTIG: Zu kurze Fristen haben zur Folge, dass die gesamten Regelungen zu den Schönheitsreparaturen nicht wirksam sein können. Dann muss der Mieter überhaupt nicht renovieren.

3

§ **SO ENTSCHIEDEN DIE GERICHTE:** Unwirksam ist eine Klausel im Mietvertrag, nach der die Schönheitsreparaturen nach einem starren Fristenplan durchzuführen sind (BGH, Az. VIII 178/05).
Starre Fristen sind Fristen, die einen Mieter ohne Rücksicht auf den tatsächlichen Zustand der Wohnung dazu verpflichten, Renovierungen vorzunehmen. Dagegen darf ein Mieter zu Schönheitsreparaturen nur insoweit verpflichtet werden, als nach dem Abnutzungszustand unter Berücksichtigung des Fristenplans hierfür ein Bedürfnis besteht (BGH, Az. VIII ZR 230/03).

In der mietvertraglichen Regelung muss deutlich zum Ausdruck kommen, dass die genannten Fristen flexibel sind und eine Anpassung der Renovierungsintervalle an den tatsächlichen Bedarf möglich ist. Zulässig sind also Klauseln, die die Gültigkeit des Fristenplans einschränken (zum Beispiel mit Formulierungen wie »üblicherweise«, »grundsätzlich« oder »in der Regel«).

Die »Bedarfsregelung«

In älteren Mietverträgen finden sich sogenannte Bedarfsregelungen. Diese Klauseln sehen keine starren Fristen oder Termine für die Durchführung von Schönheitsreparaturen durch den Mieter vor. Die Verpflichtung ergibt sich vielmehr erst bei »Bedarf« oder »Notwendigkeit«.

BEISPIEL: Unwirksam ist folgende Fristenregelung: »Der Mieter ist verpflichtet, die Ausführung von Schönheitsreparaturen in Küchen, Baderäumen und Duschen in einem Zeitraum von drei Jahren, in Wohn- und Schlafräumen, Fluren, Dielen und Toiletten in einem solchen von fünf Jahren und in anderen Nebenräumen von sieben Jahren durchzuführen, soweit nicht nach dem Grad der Abnutzung eine frühere Ausführung erforderlich ist.« Der Mieter muss zwar unter Umständen früher Schönheitsreparaturen durchführen. Er ist aber nicht berechtigt, vom Fristenplan abweichende Schönheitsreparaturen durchzuführen, wenn diese nach dem Grad der Abnutzung nicht erforderlich sind.

§ **SO ENTSCHIEDEN DIE GERICHTE:** Die Vereinbarung bedeutet, dass der Mieter die Schönheitsreparaturen in den Zeitabständen vorzunehmen hat, innerhalb derer nach allgemeiner Erfahrung die vermieteten Räume durch vertragsmäßigen Gebrauch renovierungsbedürftig werden (BayObLG, Az. RE-Miet 1/96).

Bedarfsklauseln wie zum Beispiel »notwendig werdende Schönheitsreparaturen hat der Mieter durchzuführen« sind zulässig und stellen keine unangemessene Benachteiligung des Mieters dar.

Wenn allerdings die Mieträume bei Beginn des Mietverhältnisses unrenoviert an den Mieter übergeben wurden und dieser dadurch zu einer Anfangsrenovierung verpflichtet wird, führt die Bedarfsregelung zu einer unangemessenen Benachteiligung des Mieters.

§ **SO ENTSCHIEDEN DIE GERICHTE:** Eine unangemessene Benachteiligung liegt vor, wenn bereits bei Vertragsbeginn objektiv ein Renovierungsbedarf vorliegt und der Mieter somit bei Einzug bereits die Durchführung der Schönheitsreparaturen schuldet (OLG Stuttgart, Az. 8 RE-Miet 2/88).

Die Quoten- oder Abgeltungsklausel

Viele Mietverträge enthalten eine sogenannte Quoten- oder Abgeltungsklausel. Danach hat der Mieter die Kosten für Schönheitsreparaturen zu erstatten, wenn bei Beendigung des Mietverhältnisses die Schönheitsreparaturen nach den vereinbarten Fristen noch nicht fällig sind.

BEISPIEL: Liegen die Schönheitsreparaturen länger als ein Jahr zurück, so zahlt der Mieter bei Auszug 20 Prozent der Renovierungskosten.

§ **SO ENTSCHIEDEN DIE GERICHTE:** Quotenklauseln im Mietvertrag stellen eine unangemessene Benachteiligung des Mieters dar und sind unwirksam, weil der auf den Mieter entfallende Kostenanteil nicht verlässlich ermittelt werden kann und beim Abschluss des Mietvertrags für ihn nicht klar und verständlich ist, welche Belastung gegebenenfalls auf ihn zukommt (BGH, Az. VIII ZR 242/13). Das gilt unabhängig von der Frage, ob die Wohnung bei Beginn des Mietverhältnisses renoviert oder unrenoviert war.

Die Fachhandwerkerklausel

Ist der Mieter durch eine wirksame Klausel im Mietvertrag verpflichtet, Schönheitsreparaturen durchzuführen, dann muss er diese fachgerecht durchführen. Er schuldet eine Renovierung »mittlerer Art und Güte« (BGH, Az. VIII ARZ 1/88).

Kleinere Mängel muss der Vermieter also hinnehmen. Die Renovierung muss aber insgesamt ordentlich sein. So dürfen zum Beispiel Lackanstriche keine »Tropfnasen« aufweisen, Tapeten müssen fest sitzen und auf Stoß geklebt und Anstriche müssen deckend sein. Hat ein Mieter nicht ordnungsgemäß renoviert, kann der Vermieter von ihm Schadensersatz verlangen. Jeder Mieter darf selbst renovieren.

3

§ **SO ENTSCHIEDEN DIE GERICHTE:** Eine Klausel in einem Formularmietvertrag, nach der Schönheitsreparaturen von einem »Fachbetrieb« oder »Fachmann« durchzuführen sind, ist unwirksam, weil sie den Mieter unangemessen benachteiligt (OLG Stuttgart, Az. 8 Re-Miet 2/92).

Eine unangemessene Benachteiligung durch die Fachhandwerkerklausel betrifft aber nur die Inanspruchnahme von Fachleuten. Die Pflicht des Mieters, Schönheitsreparaturen vorzunehmen, bleibt dagegen bestehen.

Die Farbwahlklausel

Eine Klausel in einem Formularmietvertrag, nach der der Mieter generell, also auch während der Mietzeit, zur Dekoration in vorgegebenen Farbtönen verpflichtet ist, ist unwirksam.

So hat der Bundesgerichtshof (Az. VIII ZR 224/07) entschieden, dass die Klausel »Schönheitsreparaturen sind in neutralen, deckenden, hellen Farben und Tapeten auszuführen« den Mieter unangemessen benachteiligt und deshalb unwirksam ist. Auch Klauseln, die den Mieter verpflichten, die Wohnung **»weiß gestrichen«** zurückzugeben, sind unwirksam (BGH, Az. VIII ZR 198/10).

Kann der Mieter während des Mietverhältnisses die Wohnung weitestgehend nach seinen Farbvorstellungen gestalten, muss er sie bei Mietende so zurückgeben, dass sie »von möglichst vielen Mietinteressenten akzeptiert wird«. Das beinhaltet auch, dass die Farben »neutral« sind und zu vielen Einrichtungsarten passen (BGH, Az. VIII ZR 224/07).

BEISPIEL: Nicht als »neutrale« Farben sind ein »zartes Lindgrün« und ein »Hellblau« anzusehen (BGH, Az. VIII ZR 224/07).

Bei Vorgaben zur Ausführungsart

Auch Vorgaben zur Art der Ausführung von Schönheitsreparaturen sind unwirksam. Steht im Formularmietvertrag, dass ein Mieter nur mit Zustimmung des Vermieters von der bisherigen Ausführungsart abweichen darf, ist das unwirksam, weil der Mieter unangemessen benachteiligt wird (BGH, Az. VIII ZR 199/06). Unwirksam ist auch eine Klausel, nach der die Zustimmung des Vermieters nur bei einer erheblichen Abweichung einzuholen ist (BGH, Az. VIII ZR 237/11).

Muss beim Auszug renoviert werden?

Ein Mieter ist nur dann bei Beendigung des Mietverhältnisses zur Schlussrenovierung der Wohnung verpflichtet,

- wenn er zur Durchführung von Schönheitsreparaturen wirksam verpflichtet wurde und
- soweit die Wohnräume ihrem konkreten Zustand nach renovierungsbedürftig sind.

Ein Renovierungsbedarf wird im Regelfall nur dann bestehen, wenn die Fristen seit Wohnungsübergabe oder der letzten Renovierung bei Mietende abgelaufen sind. Dann muss der Mieter die fälligen Renovierungsarbeiten nachholen, es sei denn, dass zwischen dem Vermieter und dem Mieter ausdrücklich vereinbart ist, dass er die Wohnung unrenoviert zurückgeben darf.

Unwirksam ist deshalb eine Klausel im Formularmietvertrag, die den Mieter zur Schlussrenovierung verpflichtet, die zuletzt vorgenommenen Schönheitsreparaturen während der Mietzeit aber völlig unberücksichtigt lässt.

§ **SO ENTSCHIEDEN DIE GERICHTE:** Eine Klausel im Formularmietvertrag, die dem Mieter einer unrenoviert übergebenen Wohnung die Schönheitsreparaturen ohne angemessenen Ausgleich auferlegt, ist unwirksam (BGH, Az. VIII ZR 185/14 und VIII ZR 242/13).
Eine solche Klausel verpflichtet den Mieter zur Beseitigung sämtlicher Gebrauchsspuren des Vormieters und kann dazu führen, dass ein Mieter bei einer kurzen Mietzeit die Wohnung gegebenenfalls in einem besseren Zustand zurückgeben muss, als er sie selbst vom Vermieter erhalten hat.

Muss der Mieter beim Auszug renovieren, schuldet er fachmännische Arbeit in »mittlerer Art und Güte« (BGH, Az. VIII ARZ 1/88).

DAS IST WICHTIG: Hat ein Mieter Schönheitsreparaturen durchgeführt, ohne dazu verpflichtet zu sein, kann er vom Vermieter Wertersatz fordern. Dieser bemisst sich üblicherweise nach dem, was der Mieter billigerweise, neben einem Einsatz an freier Zeit, als Kosten für das notwendige Material sowie als Vergütung für die Arbeitsleistung seiner Helfer aus dem Verwandten- und Bekanntenkreis aufgewendet hat oder hätte aufwenden müssen (BGH, Az. VIII ZR 302/07).

Der Mieter darf allerdings selbst renovieren. Eine Klausel in einem Formularmietvertrag, nach der Schönheitsreparaturen von einem »Fachbetrieb« oder »Fachmann« durchzuführen sind, ist unwirksam, weil sie den Mieter unangemessen benachteiligt (OLG Stuttgart, Az. 8 Re-Miet 2/92). Die Unwirksamkeit der Klausel betrifft aber nur die Einschaltung von Fachleuten, die Pflicht des Mieters zur Vornahme von Schönheitsreparaturen bleibt dagegen bestehen.

DAS IST WICHTIG: Renoviert der Mieter beim Auszug selbst, dürfen seine Arbeiten nicht vom allgemeinen Qualitätsstandard abweichen. Das ist beispielsweise der Fall, wenn Anstriche nicht deckend ausgeführt, Heizkörper und Heizungsrohre nicht mit temperaturbeständigen Lacken lackiert oder schwere Tapeten auf ungeeignetem Putzuntergrund aufgebracht werden.

Grundsätzlich darf ein Mieter alle Tapeten, Farben und Lacke verwenden, die im Fachhandel erhältlich sind. Einschränkungen bestehen dahin gehend, dass die Substanz der Mieträume durch die verwendeten Materialien nicht beeinträchtigt werden darf. So können beispielsweise eine Raufasertapete in einem Feuchtraum wie dem Bad oder eine Styroporverkleidung aus Brandschutzgründen unzulässig sein.

SO MACHEN SIE ES RICHTIG:
Ablehnung der Schlussrenovierung

Sehr geehrte/-r ,
mit Schreiben vom haben Sie mich aufgefordert, beim Auszug aus der Wohnung die vertraglich vereinbarte Schlussrenovierung auszuführen. Sie verweisen auf die im Mietvertrag getroffene Festlegung, dass ich im Falle des Auszugs in jedem Fall Schönheitsreparaturen durchzuführen habe. Die im Mietvertrag vereinbarte Klausel ist allerdings unwirksam, weil [Begründung der Unwirksamkeit, zum Beispiel weil mietvertraglich ein »starrer« Fristenplan vereinbart ist].
Ich bin deshalb nicht bereit, die von Ihnen geforderte Schlussrenovierung der Wohnung vorzunehmen.
Mit freundlichen Grüßen

Unterschrift

Während ein Mieter während des Mietverhältnisses seine Wohnung weitestgehend nach seinen Farbvorstellungen gestalten darf, muss er die Wohnung bei Mietende so zurückgeben, dass sie von möglichst vielen Mietinteressenten akzeptiert wird. Das beinhaltet zum Beispiel auch, dass die Farben »neutral« sind und zu vielen Einrichtungsarten passen (BGH, Az. VIII ZR 224/07). Nicht zulässig ist eine exzentrische Farbwahl. Hellblau marmoriert ist allerdings nicht exzentrisch (LG Lübeck, Az. 14 S 221/00).

Ein »zartes Lindgrün« oder ein »Hellblau« sind keine neutralen Farben (BGH, Az. VIII ZR 224/07). Die vom Mieter vorgenommene Gestaltung des Raums mit einer intensiv gestalteten altrosafarbenen Mustertapete mit zusätzlich unterschiedlich auf den Fotografien glänzend erscheinender Oberfläche entspricht nicht einer zurückhaltenden, dem allgemeinen Geschmack entsprechenden Gestaltung (LG Berlin, Az. 65 S 224/06). Grundsätzlich ist allerdings die Farbgestaltung Sache des Mieters.

Was ist eine Mietsicherheit?

In der Regel will sich ein Vermieter für den Fall absichern wollen, dass der Mieter seine vertraglichen Verpflichtungen nicht ordnungsgemäß oder nicht vollständig erfüllt. Deshalb wird er im Regelfall vom Mieter eine Sicherheitsleistung für seine künftigen Ansprüche aus dem Mietverhältnis und dessen Abwicklung verlangen.

Keine Mietsicherheit ohne Vereinbarung

Ein Mieter ist gesetzlich nicht verpflichtet, eine Mietsicherheit zu leisten. Wenn der Vermieter also eine solche erhalten will, muss er dies ausdrücklich mit dem Mieter vereinbaren. Die Vereinbarung wird regelmäßig bei Beginn des Mietverhältnisses im Mietvertrag getroffen. Zwar kann eine Kautionsvereinbarung auch noch nach Abschluss des Mietvertrags erfolgen, in diesem Fall kann aber der Vermieter den Mieter nicht zwingen, nachträglich eine Mietsicherheit zu leisten. Der Mieter kann also eine entsprechende Forderung des Vermieters ablehnen.

Wenn über die Art und Weise, wie die Mietsicherheit vom Mieter zu erbringen ist, im Mietvertrag nichts geregelt ist, kann der Mieter wählen. Regelmäßig wird aber im Mietvertrag eine sogenannte Barkaution vereinbart. Allerdings kann auch eine andere Form von Mietsicherheit vereinbart werden, insbesondere das verpfändete Sparkonto, das Sparbuch mit Sperrvermerk, das gemeinsame Sparbuch oder die Bürgschaft.

Barkaution

Die gebräuchlichste Art der Mietsicherheit ist die Barkaution. Sie sichert dem Vermieter die schnellstmögliche Verfügbarkeit, weil er jederzeit auf das Geld zugreifen kann, sobald der Mieter seinen Zahlungsverpflichtungen nicht nachkommt.

Wurde im Mietvertrag eine Barkaution als Sicherheitsleistung vereinbart, muss der Mieter dem Vermieter den Kautionsbetrag übergeben oder überweisen. Der Vermieter muss dann das Geld von seinem Vermögen getrennt bei einem Kreditinstitut zu dem für Spareinlagen mit dreimonatiger Kündigungsfrist üblichen Zinssatz anlegen (§ 551 Abs. 3 Satz 1 BGB). Er muss den Kautionsbetrag also auf einem treuhänderischen Ander- oder Sonderkonto verwahren. Vermieter und Mieter können aber eine andere Anlageform vereinbaren (§ 551 Abs. 3 Satz 2 BGB).

DAS IST WICHTIG: Bei einer Überweisung sollte der Mieter die Kaution getrennt von anderen Zahlungen leisten und den Verwendungszweck ausdrücklich als Kaution bezeichnen, um die Zahlung im Zweifel nachweisen zu können. Er sollte darauf achten, dass das Geld im Fall einer Insolvenz des Vermieters sicher vor dem Zugriff Dritter ist. Hierfür muss der Vermieter ein Treuhandkonto anlegen, auf das seine Gläubiger auch bei einer Zwangsvollstreckung nicht zugreifen können.

Das Konto sollte korrekt mit »Mietkaution« bezeichnet sein. Die Bezeichnung »Mieter XY« oder »Mietkonto« genügt nicht, um das Konto als Kautionskonto kenntlich zu machen. Der Mieter hat Anspruch auf den Nachweis, wo sich sein Geld befindet.

Der Vermieter sollte aufgefordert werden, den Nachweis zu führen, bei welcher Bank und unter welcher Kontonummer und -bezeichnung die Kaution angelegt ist. Es muss sich um ein entsprechendes gekennzeichnetes Sonderkonto (Mietkautionskonto) handeln. Verweigert der Vermieter die Auskunft, darf der Mieter die Miete bis zur Höhe der gezahlten Kaution zurückbehalten.

§ **SO ENTSCHIEDEN DIE GERICHTE:** Eine Klausel im Mietvertrag, nach der der Mieter für das Anlegen oder Auflösen des Sparbuchs oder für die Verwahrung der Kaution eine Kostenpauschale zu entrichten hat, ist unwirksam (LG München I, Az. 7 O 18843–96).

Der Mieter darf die Kaution in drei gleichen Monatsraten zahlen. Die erste Rate ist erst zu Beginn des Mietverhältnisses fällig. Die weiteren Teilzahlungen werden zusammen mit den unmittelbar folgenden Mietzahlungen fällig (§ 551 Abs. 2 BGB).

Unwirksam ist eine Vereinbarung im Mietvertrag, nach der die Kaution nicht in Raten gezahlt werden darf. Steht im Mietvertrag, dass der Mieter die Kaution »bei Abschluss des Mietvertrags in voller Höhe zu zahlen hat«, ist die Kautionsvereinbarung nur hinsichtlich des Ausschlusses des Ratenzahlungsrechts unwirksam. Im Übrigen bleibt die Kautionsvereinbarung wirksam, sodass der Mieter die Barkaution in drei Raten zahlen darf (BGH, Az. VIII ZR 344/02).

Welche anderen Formen der Mietsicherheit gibt es?

Die Mietsicherheit bis zur Höhe von drei Monatsmieten kann auch in der Form vereinbart werden, dass der Mieter Geld auf ein auf seinen Namen lautendes Sparkonto einzahlt und das Guthaben an den Vermieter verpfändet. **Das verpfändete Sparkonto** hat für den Mieter den Vorteil, dass er bei der Bank einen Freistellungsauftrag erteilen kann und für die anfallenden Zinsen keine (oder weniger) Kapitalertragssteuer zahlen muss.

DAS IST WICHTIG: Zusätzlich zur Verpfändungserklärung sollte der Mieter eine Informationspflicht der Bank für den Fall vereinbaren, dass der Vermieter über die Mietsicherheit verfügen will. In Betracht kommt beispielsweise folgende Klausel: »Verlangt der Vermieter die Auszahlung des Guthabens, wird die Bank/Sparkasse den Verpfänder hiervon unterrichten. Die Auszahlung erfolgt gegen Vorlage des Sparbuchs unter Beachtung der Kündigungsfrist, aber nicht vor Ablauf von vier Wochen nach Versand der Mitteilung an den Verpfänder.«

Händigt der Mieter dem Vermieter ein Sparbuch aus, das er ohne Weiteres als Mietsicherheit eingerichtet und auf das er den Kautionsbetrag eingezahlt hat, kann der Vermieter jederzeit Geld abheben, ohne dass der Mieter davon erfährt. Beim **Mietersparbuch mit Sperrvermerk** darf keine der Parteien ohne Mitwirkung der anderen über das Guthaben verfügen. Gegebenenfalls muss der Vermieter die Zustimmung des Mieters einklagen.

Als Mietsicherheit empfehlenswert ist auch ein Sparbuch, über das Vermieter und Mieter gemeinsam verfügen können. So kann der Vermieter nicht ohne Mitwirkung des Mieters an das Geld.

Als Mietsicherheit kann auch eine **Bürgschaft** vereinbart werden. Als Bürgen kommen üblicherweise Banken, Verwandte oder Arbeitgeber in Betracht. Durch die Übernahme der Bürgschaft verpflichtet sich der Bürge, für Forderungen des Vermieters einzustehen. Die Haftung des Bürgen ist begrenzt auf drei Monatsmieten. Die Bürgschaftserklärung muss schriftlich abgegeben werden.

Wenn als Mietsicherheit eine Bürgschaft bestellt wird, wird der Vermieter regelmäßig eine sogenannte selbstschuldnerische Bürgschaft verlangen. In diesem Fall verzichtet der Bürge auf die Einrede der Vorausklage. Das hat für den Vermieter den Vorteil, dass er sofort den Bürgen in Anspruch nehmen kann und nicht erst gegen den Mieter als Hauptschuldner vorgehen muss.

Eine Alternative zur Barkaution ist die Mietkautionsversicherung. Dabei handelt es sich um eine Mietkautionsbürgschaft, bei der anstelle einer Bank eine Versicherung die Mietkaution stellt. Der Mieter muss also kein Bargeld oder Sparbuch mehr hinterlegen, sondern kann seine Ersparnisse für neue Möbel oder die Renovierung der Wohnung nutzen. Bürge ist eine Versicherung, von der der Vermieter im Schadensfall die vereinbarte Kautionssumme ausgezahlt bekommt. Der Bürge, egal ob Bank oder Versicherung, holt sich dann das Geld vom Mieter wieder zurück.

Wie hoch darf die Mietsicherheit sein?

Ist mietvertraglich vereinbart, dass der Mieter eine Sicherleistung erbringen muss, darf der Vermieter eine Mietsicherheit in Höhe von höchstens drei Monatsmieten verlangen (§ 551 Abs. 1 BGB). Unter der Monatsmiete ist die Nettokaltmiete zu verstehen. Die als Pauschale oder als Vorauszahlung ausgewiesenen Betriebskosten zählen also nicht mit. Bei der Berechnung der zulässigen Höhe der Mietsicherheit wird die zum Zeitpunkt der Vereinbarung der Sicherheit (regelmäßig beim Abschluss des Mietvertrags) vereinbarte Miete zugrunde gelegt.

BEISPIEL: Beträgt die Nettomiete 600 Euro und die Miete mit Betriebskosten 800 Euro, darf die Mietkaution nicht höher sein als 1.800 Euro.

Eine Ausnahme gilt, wenn die Wohnung zum Zeitpunkt der Vereinbarung der Mietsicherheit einen nicht behebbaren Mangel aufweist. In diesem Fall ist für die Berechnung der Höchstgrenze die geminderte Miete maßgebend.

Der Betrag von drei Monatsmieten darf nicht überschritten werden. Anderenfalls bleibt die Vereinbarung nur in Höhe von drei Monatsmieten wirksam; den überbezahlten Betrag kann der Mieter zurückfordern.

Die Zinserträge aus dem Kautionskonto stehen dem Mieter zu (§ 551 Abs. 3 Sätze 3 und 4 BGB). Sie erhöhen die Mietsicherheit des Vermieters. Der Mieter kann keine jährliche Auszahlung der Zinsen verlangen. Erst nach der Beendigung des Mietverhältnisses kann der Mieter über die Zinserträge verfügen.

Was passiert bei einem Eigentümerwechsel?

Beim Verkauf eines Hauses oder einer Wohnung tritt der neue Eigentümer als Vermieter auch in die Rechte und Pflichten eines schon bestehenden Mietverhältnisses ein (Kauf bricht nicht Miete). Das gilt auch für die Rechte und Pflichten im Zusammenhang mit einer vom Mieter geleisteten Sicherheit (§ 566a Satz 1 BGB), und zwar unabhängig von der Form der Sicherheit. Der neue Eigentümer kann also vom Mieter die im Mietvertrag vereinbarte Kaution nicht verlangen, wenn der Mieter sie bereits an den alten Vermieter geleistet hat. Andererseits kann sie der Mieter anlässlich des Haus- oder Wohnungsverkaufs nicht zurückverlangen, denn dies ist erst nach Beendigung des Mietverhältnisses möglich.

DAS IST WICHTIG: Für die Rückzahlung der Kaution haftet der alte Eigentümer, wenn es dem Mieter nicht gelingt, die Kaution nach Beendigung des Mietverhältnisses vom neuen Eigentümer zurückzuerlangen (zum Beispiel wegen Insolvenz des Erwerbers). Allerdings muss der Mieter zuerst versuchen, die Kaution vom neuen Eigentümer zu erhalten (§ 566a

Satz 2 BGB). Ist das nicht möglich, muss der alte Eigentümer dem Mieter den Kautionsbetrag einschließlich angefallener Zinsen auszahlen.

Nach Beendigung des Mietverhältnisses kann der Mieter die Sicherheit auf jeden Fall vom Erwerber zurückverlangen. Das gilt auch dann, wenn der Erwerber die Kaution vom alten Vermieter gar nicht erhalten hat. Und auf den Erwerber der vermieteten Wohnung geht die Verpflichtung zur Rückzahlung der Mietsicherheit an den Mieter kraft Gesetzes auch dann über, wenn der insolvent gewordene Voreigentümer die vom Mieter erhaltene Mietsicherheit nicht getrennt von seinem sonstigen Vermögen angelegt hatte (BGH, Az. XII ZR 13/10).

Wann darf der Vermieter auf die Kaution zurückgreifen?

Soweit im Mietvertrag nichts anderes geregelt ist, sichert die Mietkaution alle Forderungen des Vermieters gegen den Mieter aus dem Mietverhältnis und seiner Beendigung, insbesondere

- Mietrückstände,
- Betriebskostenvorschüsse und -nachzahlungen,
- Schadensersatzansprüche wegen Beschädigung der Mietsache oder wegen sonstiger Vertragsverletzungen,
- Ansprüche auf Durchführung von Schönheitsreparaturen und Schadensersatzansprüche wegen Unterlassung solcher Arbeiten,
- Nutzungsentschädigung wegen verspäteter Räumung.

Ob der Vermieter die Kaution während des Mietverhältnisses in Anspruch nehmen kann, beurteilt sich nach der bestehenden Vereinbarung:

- Wurde im Mietvertrag eine Beschränkung vereinbart, nach der der Vermieter während des bestehenden Mietverhältnisses nicht auf die Kaution zurückgreifen darf, kann er sich vor Beendigung des Mietverhältnisses nicht aus der Kaution bedienen. Der Vermieter muss seine Ansprüche dann auf anderem Weg geltend machen und gegebenenfalls klagen.
- Ist im Mietvertrag keine Beschränkung vereinbart, kann sich der Vermieter bei rechtskräftig festgestellten oder unstreitigen Forderungen aus der Kaution bedienen. In diesem Fall muss der Mieter auf Verlangen des Vermieters die Kaution wieder auffüllen, und zwar bis zu der Höhe, die vor der Entnahme durch den Vermieter bestand. Bis dahin aufgelaufene Zinsen müssen ebenfalls wieder ausgeglichen werden.

DAS IST WICHTIG: Der Vermieter darf sich vor Beendigung des Mietverhältnisses nur wegen unstreitiger oder rechtskräftig festgestellter Ansprüche aus der Kaution bedienen. Nach Beendigung des Mietverhältnisses auch wegen streitiger Forderungen.

Wie wird die Mietkaution nach Beendigung des Mietverhältnisses abgerechnet?

Die Rückzahlung der Mietkaution wird nicht automatisch mit der Beendigung des Mietverhältnisses und der vollständigen Räumung der Wohnung fällig. Vielmehr darf sich der Vermieter eine vertretbare Zeit nehmen, um etwaige Gegenansprüche zu prüfen. Deshalb darf der Mieter die Rückgabe der Wohnungsschlüssel an den Vermieter nicht von der sofortigen Rückzahlung der Kaution abhängig machen.

Der Vermieter darf bis zur vollständigen Beseitigung etwa vorhandener Schäden oder Mietrückstände die Kaution einbehalten. Er darf die Kaution für eine angemessene Frist zurückhalten, um zu entscheiden, ob und in welcher Weise er sie zur Deckung seiner Ansprüche gegen den Mieter verwenden möchte. Und unter den Sicherungszweck der Mietkaution fallen auch bei der Wohnungsaufgabe nicht beseitigte Schäden oder eine nicht durchgeführte Endrenovierung. Auch mögliche Ansprüche aus einer Betriebskostenabrechnung fallen unter die Sicherungsfunktion der Kaution.

Kann zum Zeitpunkt der Fälligkeit des Kautionsrückzahlungsanspruchs noch keine Abrechnung über die Betriebskosten erstellt werden, weil entweder das Abrechnungsjahr noch nicht abgelaufen ist oder die entsprechenden Belege noch nicht vorliegen, darf der Vermieter einen angemessenen Teil der Mietkaution einbehalten (BGH, Az. VIII ZR 71/05). Die Höhe des Einbehalts darf allerdings vom Vermieter nicht willkürlich festgesetzt werden; er ist also im Regelfall unter Zugrundelegung der durchschnittlichen Nachforderungen der letzten drei Jahre zu ermitteln.

Für die Abrechnung der Kaution bestehen keine starren Fristen. Der Vermieter darf die Kautionsabrechnung nicht treuwidrig verzögern und die Kaution nicht länger in Anspruch nehmen als nötig, um seine berechtigten Ansprüche festzustellen. Musste der Mieter bisher weder Heiz- noch Betriebskosten nachzahlen und kommen auch keine Schadensersatzansprüche in Betracht, muss die Kaution sofort zurückgezahlt werden (OLG Düsseldorf, Az. I-10 U 46/03).

Das abzurechnende Kautionskonto umfasst neben dem Kautionsbetrag alle darauf angefallenen Zinsen und Zinseszinsen. In der Kautionsabrechnung sind sämtliche Forderungen des Vermieters aus dem Mietverhältnis und dessen Beendigung zu berücksichtigen. Die Abzugsposten (etwa ein Einbehalt für die ausstehende Betriebs- und Heizkostenabrechnung, Nutzungsentschädigung wegen verspäteter Räumung oder Schadensersatz wegen nicht durchgeführter Schönheitsreparaturen) muss der Vermieter aufschlüsseln und auch belegen.

SO MACHEN SIE ES RICHTIG:
Abrechnung der Mietkaution

Sehr geehrte/-r ____,
am ____ endete das Mietverhältnis über ____ [Bezeichnung der Wohnung].
Die Wohnung habe ich Ihnen ordnungsgemäß übergeben, was Sie im Übergabeprotokoll vom ____ ausdrücklich bestätigt haben.
Zwischenzeitlich hatten Sie ausreichend Zeit zu prüfen, ob die Inanspruchnahme meiner Mietsicherheit wegen etwaiger Ihnen zustehender Ansprüche erforderlich ist. Bis heute haben Sie keine Ansprüche geltend gemacht, jedoch auch nicht die Kaution zurückgewährt. Ich fordere Sie deshalb auf, mir die Mietkaution in Höhe von ____ Euro nebst Zinsen bis spätestens zum ____ zurückzuzahlen.
Bitte überweisen Sie den fälligen Betrag bis zum ____ auf mein Konto ____. Andernfalls wäre ich gezwungen, meinen Anspruch gerichtlich durchzusetzen.
Mit freundlichen Grüßen

Unterschrift

ZUSAMMENGEFASST – DAS IST WICHTIG

Der Vermieter ist grundsätzlich dazu verpflichtet, die Mietsache auf eigene Kosten instand zu halten und bei Schäden oder Mängeln instand zu setzen. Diese Pflichten unterliegen nicht der Verjährung.

Die Kosten für sogenannte Kleinreparaturen können einem Mieter in begrenztem Umfang im Mietvertrag auferlegt werden. Ferner kann dem Mieter unter bestimmten Voraussetzungen die Durchführung von Schönheitsreparaturen übertragen werden.

Durch eine Klausel im Mietvertrag kann der Vermieter Kosten für Kleinreparaturen auf den Mieter abwälzen: Die Reparatur muss sich aber auf solche Teile der Mietsache beziehen, die dem direkten und häufigen Zugriff des Mieters unterliegen, und die Klausel muss eine doppelte Kostenbegrenzung enthalten.

Eine Kleinreparaturklausel darf Sie als Mieter nur dazu verpflichten, die Kosten zu tragen. Die Reparatur selbst muss der Vermieter in Auftrag geben.

Ihre Kaution darf nur in seltenen Fällen angefasst werden. Eine Mietsicherheit hat grundsätzlich eine Sicherungsfunktion. Der Vermieter darf sich deshalb nur wegen unstreitiger oder rechtskräftig festgestellter Ansprüche aus einer Kaution bedienen.

Bei unwirksamen Klauseln zur Schönheitsreparatur müssen Sie nichts tun: Eine Klausel im Mietvertrag, durch die der Mieter verpflichtet wird, Schönheitsreparaturen unabhängig vom Zustand der Wohnung durchzuführen, ist unwirksam. Entsprechendes gilt für starre Fristenregelungen, nach denen der Mieter stets nach Ablauf einer bestimmten Zeit renovieren muss.

Prüfen Sie genau, ob Sie bei Auszug renovieren müssen! Ein Mieter ist nur dann bei Beendigung des Mietverhältnisses zur Renovierung der Wohnung verpflichtet, wenn er überhaupt zur Durchführung von Schönheitsreparaturen wirksam verpflichtet wurde und soweit die Wohnräume ihrem konkreten Zustand nach renovierungsbedürftig sind.

4 Mietnebenkosten – die zweite Miete

Mieter müssen nach dem zuletzt im Dezember 2020 veröffentlichten Betriebskostenspiegel des Deutschen Mieterbundes durchschnittlich 2,17 Euro pro Quadratmeter und Monat für Betriebskosten zahlen. Für alle denkbaren Betriebskostenarten zusammengerechnet kann diese sogenannte zweite Miete bis zu 3 Euro pro Quadratmeter und Monat betragen. Für eine 80 Quadratmeter große Wohnung sind das knapp 3.000 Euro im Jahr. Und: Für das Jahr 2021 werden bei Heizöl bis zu 44 Prozent höhere Heizkosten prognostiziert als noch im Jahr 2020. Für 2022 droht ein noch extremerer Anstieg.

IN DIESEM KAPITEL ERFAHREN SIE:

Was sind Mietnebenkosten oder Betriebskosten?

Zusätzlich zur eigentlichen Miete (Grundmiete, Nettomiete oder Nettokaltmiete) müssen Mieter in aller Regel noch **Betriebskosten** – oft auch Mietnebenkosten genannt – zahlen. Dazu gehören auch die Heizkosten und die Warmwasserkosten.

Nach der gesetzlichen Definition der Betriebskostenverordnung sind Betriebskosten die Kosten, die dem Eigentümer durch das Eigentum am Grundstück oder durch den bestimmungsgemäßen Gebrauch des Gebäudes, der Nebengebäude, Anlagen, Einrichtungen oder des Grundstücks laufend entstehen.

DAS IST WICHTIG: Nur Kosten, die in regelmäßigen Abständen immer wieder, zum Beispiel monatlich oder jährlich anfallen, können Betriebskosten sein. Einmalkosten sind nie Betriebskosten.

Neben dieser abstrakten Betriebskostendefinition enthält die Betriebskostenverordnung aber auch eine konkrete Auflistung aller nur denkbaren Kostenarten, die als Betriebskosten gelten.

Was sind »kalte«, was »warme« Betriebskosten?

Namentlich genannt werden in der Betriebskostenverordnung 19 Kostenarten. Drei Kostenarten betreffen Heizkosten und Warmwasserkosten, auch **»warme« Betriebskosten** genannt.

16 Kostenarten sind die **»kalten« Betriebskosten**. Das sind die laufenden öffentlichen Lasten des Grundstücks, in erster Linie die Grundsteuer. Dazu kommen die Kosten der Wasserversorgung und der Entwässerung (Abwasser), die Kosten des Betriebs eines Aufzugs, die Kosten der Straßenreinigung und Müllbeseitigung, der Gebäudereinigung und der Ungezieferbekämpfung, der Gartenpflege, der Beleuchtung, der Schornsteinreinigung, der Sach- und Haftpflichtversicherung, für den Hauswart, für den Betrieb der Gemeinschafts-Antennenanlage oder der mit einem Breitbandkabelnetz verbundenen privaten Verteilanlage, die Kosten des Betriebs der Einrichtung für die Wäschepflege und sonstige Betriebskosten.

Die Position **»sonstige Betriebskosten«** hat etwas von einer Wundertüte. Alle Kosten, die unter der obigen Betriebskostendefinition eingeordnet werden können, aber nicht zu den in der Verordnung namentlich aufgeführten Kosten gehören, können sonstige Betriebskosten sein.

DAS IST WICHTIG: Verwaltungs- oder Instandsetzungskosten (Reparaturkosten) sind keine Betriebskosten, auch keine sonstigen. Das bestimmt die Betriebskostenverordnung ausdrücklich.

Gesetz und vertragliche Regelung

Streng genommen haben Mieter mit den Betriebskosten überhaupt nichts zu tun. Nach § 535 Bürgerliches Gesetzbuch (BGB) ist Miete die vereinbarte Gegenleistung der Mieter für die Überlassung und den Erhalt der Wohnung in vertragsgemäßem Zustand durch den Vermieter. Kosten, die durch den Gebrauch der Wohnung entstehen, wie zum Beispiel Betriebskosten, muss der Vermieter tragen. Aber: Diese gesetzliche Regelung ist nicht zwingend. § 556 BGB erlaubt ausdrücklich, dass durch Vereinbarung im Mietvertrag hiervon abgewichen werden kann. Die Folge ist, dass praktisch alle Mietverträge Regelungen enthalten, wonach Mieter zusätzlich zur Miete noch Betriebskosten zahlen müssen. Dabei können nur Kostenarten, die in der Betriebskostenverordnung aufgeführt sind, im Mietvertrag als umlegbare Betriebskosten vereinbart werden.

Was ist eine Bruttomiete, was eine Nettomiete?

Enthält der Mietvertrag – egal, ob schriftlich oder mündlich – ausnahmsweise keine ausdrückliche Regelung zu Betriebs- oder Nebenkosten, ist eine **Bruttomiete** (auch Pauschal- oder Inklusivmiete genannt) vereinbart. Dann müssen Mieter keine Betriebskosten zusätzlich zur Miete zahlen. Aber keine Regel ohne Ausnahme: Müssen die Heiz- und Warmwasserkosten aufgrund der Vorgaben der Heizkostenverordnung verbrauchsabhängig abgerechnet werden (siehe Seite 103), kommen diese Kosten immer zur eigentlichen Miete noch hinzu. Dann spricht man von einer **Bruttokaltmiete** oder Teilinklusivmiete. Um eine Teilinklusivmiete handelt es sich auch, wenn Mieter und Vermieter vereinbaren, dass beispielsweise die Grundsteuer oder die Hausversicherungen in der vereinbarten Miete enthalten sind und nur die anderen nach der Betriebskostenverordnung denkbaren Kostenarten zusätzlich bezahlt werden müssen.

Ist eine Bruttomiete vereinbart, sind die Betriebskosten in der Miete enthalten. Steigen die Kosten für Versicherungen, Hauswart, Müllbeseitigung usw., kann der Vermieter diese Kostensteigerung nicht einfach an die Mieter weiterreichen. Er hat nur die Möglichkeit, die Miete selbst zu erhöhen.

Der Regelfall ist aber, dass Mieter und Vermieter eine sogenannte **Nettomiete** vereinbaren, also dass zusätzlich zur Miete Betriebskosten gezahlt werden müssen. Werden im Mietvertrag alle denkbaren Betriebskosten einzeln aufgeführt, dann ist klar, dass der Mieter neben der Miete zusätzlich alle Betriebskostenarten zahlen soll – aber natürlich nur, soweit diese Kosten auch tatsächlich entstanden sind. Gibt es in dem Mietshaus keinen Aufzug und keinen Hausmeister, fallen keine entsprechenden Kosten an, die auf den Mieter umgelegt werden könnten.

Auch wenn im Mietvertrag nur steht, dass der Mieter Betriebskosten gemäß Betriebskostenverordnung oder gemäß der II. Berechnungsverordnung (Vorgängerregelung) zahlt, ist dies eine wirksame Vereinbarung. Der Mieter muss alle anfallenden Betriebskosten zahlen. Die Begründung der Rechtsprechung ist, ein durchschnittlicher Mieter wisse, was auf ihn zukommt, wenn er eine Vereinbarung zur Zahlung von Betriebskosten gemäß der Betriebskostenverordnung schließt. Deshalb müssten die verschiedenen Betriebskostenarten nicht mehr einzeln im Mietvertrag aufgeführt werden. Und kurze Zeit später entschied der Bundesgerichtshof, es reiche die Mietvertragsvereinbarung aus: »Der Mieter trägt die Betriebskosten.«

§ **SO ENTSCHIEDEN DIE GERICHTE:** Zur Abwälzung aller Betriebskosten auf die Mieter des Hauses reicht eine formularmäßige Mietvertragsvereinbarung aus, wonach die Mieter die Betriebskosten zu tragen haben. Eine konkrete Auflistung der Betriebskosten ist nicht erforderlich, auch nicht die ausdrückliche Bezugnahme auf die Betriebskostenverordnung (BGH, Az. VIII ZR 137/15).

Allerdings gibt es auch hier eine Ausnahme: Der lapidare Hinweis: »Mieter trägt die Betriebskosten«, reicht nicht aus, wenn sonstige Betriebskosten vereinbart werden sollen. Bei dieser Betriebskostenposition muss im Mietvertrag eindeutig und unmissverständlich festgelegt werden, welche konkreten Kosten der Vermieter als sonstige Betriebskosten umlegen will.

BEISPIEL: Der Vermieter will Feuerlöschergebühren als Betriebskosten umlegen. Dann müssen diese Gebühren laufend entstehen, sonst sind sie keine Betriebskosten. Und die Feuerlöschergebühren müssen im Mietvertrag ausdrücklich als sonstige Betriebskosten genannt werden.

Sind im Mietvertrag nur einzelne konkrete Betriebskostenarten genannt, zum Beispiel Grundsteuer, Wasser, Abwasser und Heizkosten, dann sind nur diese Kosten umlegbar. Alle anderen hier nicht genannten Kosten können nicht auf die Mieter abgewälzt werden. Das Gleiche gilt, wenn im Mietvertrag der Betriebskostenkatalog komplett abgedruckt ist mit der Möglichkeit, einzelne Kostenarten anzukreuzen. Kosten, die nicht angekreuzt sind, müssen Mieter nicht zahlen.

Haben die Vertragsparteien nur vereinbart, dass die Heizkosten zusätzlich zur Miete gezahlt werden müssen, hat der Vermieter selbst alle anderen »kalten« Betriebskosten zu tragen.

Vorauszahlung – oder Pauschale?

Im Mietvertrag wird nicht nur geregelt, ob und, wenn ja, welche Betriebskosten Mieter zu zahlen haben, sondern auch, wie zu zahlen ist.

Üblich sind monatliche Zahlungen an den Vermieter, normalerweise als Vorauszahlung, möglich aber auch als Pauschale.

Bei **Betriebskostenpauschalen** sind alle Kosten mit den monatlichen Zahlungen abgegolten. Es gibt keine jährliche Betriebskostenabrechnung. Das Risiko steigender Kosten und damit zu niedriger Pauschalen trägt der Vermieter. Da eine Betriebskostenpauschale – wenn überhaupt – nur unter schwierigen Voraussetzungen erhöht (oder theoretisch gesenkt) werden kann, spielen die Pauschalen in der Praxis kaum eine Rolle. Hinzu kommt, dass Heizkosten und Warmwasserkosten nach den Vorgaben der Heizkostenverordnung verbrauchsabhängig abgerechnet werden müssen. Eine Pauschale ist hier nicht zulässig.

DAS IST WICHTIG: Prüfen Sie den genauen Wortlaut Ihres Mietvertrags. Welche Betriebskosten müssen Sie tatsächlich zahlen? Sind monatliche Vorauszahlungen vereinbart? Auch wenn im Vertrag von »abzurechnender Pauschale«, »Vorauspauschale« oder »Abschlagszahlung« die Rede ist, sind monatliche Vorauszahlungen gemeint, über die einmal im Jahr abgerechnet werden muss.

In aller Regel werden somit im Mietvertrag **monatliche Vorauszahlungen** vereinbart, praktisch sind das Abschlagszahlungen. Einmal im Jahr muss der Vermieter dann über die Betriebskosten abrechnen. Dabei werden die für die vereinbarten Betriebskosten tatsächlich angefallenen Kosten den monatlichen Vorauszahlungen des Mieters gegenübergestellt und verrechnet. Je nachdem, wie dieses Saldo ausfällt, kann der Vermieter Nachforderungen stellen oder er muss den Überschuss an den Mieter zurückzahlen.

§ **SO ENTSCHIEDEN DIE GERICHTE:** Liegen keine besonderen Umstände vor, begeht der Vermieter keine Pflichtverletzung beim Vertragsabschluss, wenn er mit dem Mieter Vorauszahlungen vereinbart, die die Höhe der später anfallenden, tatsächlichen Kosten nicht nur geringfügig, sondern auch deutlich unterschreiten (BGH, Az. VIII ZR 195/03).

Meistens ist im Mietvertrag ein einheitlicher Vorauszahlungsbetrag vereinbart. Möglich sind aber auch getrennte Vorauszahlungsbeträge, einmal für die kalten Betriebskosten und dann für die Heiz- und Warmwasserkosten.

Wer bestimmt die Höhe der Vorauszahlungen?

Beim Abschluss des Mietvertrags und der Vereinbarung der Betriebskosten wird auch die Höhe der monatlichen Vorauszahlungen festgelegt. Nach dem Gesetz dürfen Betriebskosten nur in angemessener Höhe vereinbart werden (§ 556 Abs. 2 BGB). Angemessen bedeutet, die zu erwartenden Betriebskosten und die Vorauszahlungsbeträge müssen in einer vernünftigen Relation stehen. Diese Vorgabe schützt Mieter vor zu hohen Vorauszahlungen, nicht aber vor zu niedrigen. Immer wieder kommt es vor, dass Vermieter beim

Abschluss eines neuen Mietvertrags die Betriebskostenvorauszahlungen zu niedrig ansetzen, um Mietern eine relativ günstige »Gesamtmietbelastung« vorzugaukeln. Für Mieter kommt das böse Erwachen dann meistens erst mit den Betriebskostenabrechnungen, wenn hohe Nachforderungen fällig werden.

Aber: Rechtlich darf der Vermieter nicht-kostendeckende Vorauszahlungen vereinbaren. Er kann sogar ganz auf monatliche Vorauszahlungen verzichten und den Gesamtbetrag auf einen Schlag mit der Betriebskostenabrechnung geltend machen.

DAS IST WICHTIG: Wer auf Nummer sicher gehen will, kann den Vermieter auffordern, schriftlich zu bestätigen beziehungsweise zuzusichern, dass die vereinbarten Vorauszahlungsbeträge so kalkuliert sind, dass sie ausreichen. Kommt es dann trotzdem zu hohen Nachzahlungen, können Mieter unter Umständen Schadensersatz fordern. Fragen Sie Ihren örtlichen Mieterverein. Weigert sich der Vermieter, Auskunft zu geben oder zu unterschreiben, ist auf jeden Fall Vorsicht geboten.

Für Mieter bedeutet das, dass sie sich vor ihrer Unterschrift unter den Mietvertrag über die durchschnittliche Höhe der in Deutschland beziehungsweise in ihrem Bundesland gezahlten Betriebskosten informieren müssen. Laut Betriebskostenspiegel des Deutschen Mieterbundes ist von etwa 2,20 Euro pro Quadratmeter und Monat auszugehen. Weitere Informationsquellen sind der Heizspiegel, der Energieausweis oder die letzte Betriebskostenabrechnung und es können auch Vormieter oder Nachbarn gefragt werden.

Wie Sie Vorauszahlungen erhöhen oder senken können

Die einmal im Mietvertrag vereinbarten Vorauszahlungen können sich im Laufe der Mietzeit schnell verändern. Grundlage für eine Erhöhung beziehungsweise Absenkung der monatlichen Vorauszahlungen ist immer die formell ordnungsgemäße und inhaltlich richtige Betriebskostenabrechnung des Vermieters (BGH, Az. VIII ZR 246/11). Jede Vertragspartei kann auf Basis der Abrechnung den Vorauszahlungsbetrag verändern. Der Vermieter kann die Erhöhung der Vorauszahlungen beispielsweise um 50 Euro fordern, wenn die Abrechnung zu einem Nachforderungsbetrag in Höhe von 600 Euro geführt hat. Umgekehrt kann der Mieter eine Absenkung der monatlichen Vorauszahlungen um 50 Euro fordern, wenn die Betriebskostenabrechnung für ihn ein Guthaben in Höhe von 600 Euro ausgewiesen hat.

DAS IST WICHTIG: Die Betriebskostenvorauszahlungen werden nicht automatisch an das Abrechnungsergebnis angepasst. Werden Mieter oder Vermieter nicht aktiv und fordern keine entsprechenden Änderungen, bleibt alles beim Alten.

Was ist, wenn neue Betriebskosten hinzukommen?

Während des laufenden Mietverhältnisses darf der Vermieter neu entstehende Betriebskosten abrechnen, wenn diese Kostenarten im Mietvertrag vereinbart sind und der Mietvertrag einen Erhöhungsvorbehalt, eine sogenannte Mehrbelastungsklausel, enthält (BGH, Az. VIII ZR 80/06). Wird eine neue Betriebskostenart nicht im Mietvertrag aufgeführt, ist die vertragliche Vereinbarung dahin gehend auszulegen, dass neue Betriebskosten, die im Zuge einer duldungspflichten Modernisierung entstehen, ebenfalls umgelegt werden können (LG Berlin, Az. 67 S 335/20). Dies können zum Beispiel Kosten für den Betrieb eines Aufzugs nach dessen Einbau im Rahmen einer Modernisierung oder die Kosten für die Sicht- und Funktionsprüfung bei neu eingebauten Rauchwarnmeldern sein (LG München I, Az. 31 S 6429/20; LG Hagen, Az. 1 S 198/15).

Muss ich nicht vereinbarte oder »vergessene« Betriebskosten zahlen?

Hat der Vermieter beim Vertragsabschluss nicht alle umlagefähigen Kosten als Betriebskosten vereinbart, zum Beispiel die Position »Versicherungen« oder »Hausmeister« nicht angekreuzt, kann er diese vertragliche Regelung nicht einfach nachträglich korrigieren, das heißt einseitig ändern. Das geht wie immer bei vertraglichen Absprachen nur im Einvernehmen mit dem Vertragspartner. Das bedeutet, der Mieter muss ausdrücklich zustimmen, dass die vergessenen Positionen in den Mietvertrag aufgenommen werden.

Hat der Vermieter dagegen alle Betriebskosten im Mietvertrag als umlagefähig vereinbart und dann in der nachfolgenden Betriebskostenabrechnung beispielsweise die Versicherungen und/oder den Hausmeister vergessen, kann er das einseitig für die Zukunft bei der nächsten Abrechnung korrigieren und ab dann die Kosten für den Hausmeister und die Versicherungen abrechnen.

Gibt es stillschweigende Vereinbarungen oder Veränderungen?

Es gibt schriftliche oder mündliche Vereinbarungen, stillschweigende Vereinbarungen sind dagegen sehr selten. Hat der Vermieter jahrelang trotz wirksamer Umlagevereinbarung überhaupt nicht oder einzelne Kostenpositionen nicht abgerechnet, kann ihm nicht einfach unterstellt werden, er wollte hierdurch stillschweigend den Mietvertrag ändern.

Auch wenn ein Mieter über Jahrzehnte die vom Vermieter abgerechnete Grundsteuer und Versicherungsbeiträge bezahlt hat, obwohl er hierzu vertraglich nicht verpflichtet war, kann sich der Vermieter nicht auf eine stillschweigende Absprache berufen. Zum einen kann schon nicht davon ausgegangen werden, dass der Vermieter den Mietvertrag ändern will, wenn er vertraglich nicht vereinbarte Kosten abrechnet. Erst recht kann aus der Zahlung dieser Kosten aber nicht geschlossen werden, dass der Mieter den Vertrag ändern wollte. Der Mieter zahlt, weil er glaubt, verpflichtet zu sein, weil er von der Richtigkeit der Abrechnung ausgeht.

§ **SO ENTSCHIEDEN DIE GERICHTE:** Auch wenn der Vermieter 20 Jahre lang nicht über die monatlichen Vorauszahlungen abgerechnet hat, verliert er sein Recht, eine Abrechnung zu erstellen, nicht. Er kann für die Zukunft über die Vorauszahlungen abrechnen (BGH, Az. VIII ZR 14/06).

Kalte Betriebskostenarten im Überblick

Welche Betriebskostenarten bei entsprechender mietvertraglicher Vereinbarung auf Sie als Mieter zukommen können, bestimmt die Betriebskostenverordnung. Die kalten Betriebskosten sind:

Grundsteuer

In der Betriebskostenverordnung heißt es, »die laufenden öffentlichen Lasten des Grundstücks, hierzu gehört namentlich die Grundsteuer«. Andere öffentliche Lasten des Grundstücks spielen in der Praxis keine Rolle, denkbar wären noch Deichabgaben oder Beiträge zur Gewässerunterhaltung.

Die Grundsteuer ist eine Steuer auf das Eigentum am Grundstück und der Bebauung. Im Jahr 2020 ist nach jahrelangem Streit eine Grundsteuerreform in Kraft getreten. Allerdings bleibt es dabei, dass die von den Kommunen erhobene Grundsteuer auf die Mieter des Hauses als Betriebskosten abgewälzt werden kann.

Im bundesweiten Durchschnitt zahlen Mieter nach dem Betriebskostenspiegel des Deutschen Mieterbundes rund 20 Cent pro Quadratmeter und Monat für die Grundsteuer. Allerdings schwanken diese Kosten extrem. Dafür sorgen nicht zuletzt unterschiedliche »Hebesätze«, die von den einzelnen Kommunen festgelegt werden.

Besonderheiten und Fehlerquellen

Auch wenn im Gebäude neben den Wohnungen noch gewerbliche Flächen als Büros oder Geschäftsräume genutzt werden, kann die Grundsteuer nach einem einheitlichen Umlageverfahren auf Gewerbe- und Wohnungsmieter verteilt werden. Eine sogenannte Vorerfassung der Grundsteuer für Gewerbe ist nicht erforderlich (BGH, AZ: VIII ZR 79/16).

In Wohnungseigentumsanlagen gibt es ebenfalls eine Besonderheit. Hier ergeht ein eigenständiger Grundsteuerbescheid für jede Eigentumswohnung und nicht ein einheitlicher Bescheid für das gesamte Grundstück oder Haus. Bei einer vermieteten Eigentumswohnung kann der im Grundsteuerbescheid ausgewiesene Betrag direkt auf den Wohnungsmieter umgelegt werden. Selbst dann, wenn in dessen Mietvertrag ein anderer Verteilerschlüssel (siehe Seite 87) vereinbart ist (BGH, Az. VIII ZR 255/12).

DAS IST WICHTIG: Bei der Grundsteuer kann es passieren, dass eine Gemeinde die Steuer rückwirkend geltend macht oder erhöht. Denkbare Fälle sind zum Beispiel Neufestsetzungen nach der Grundsteuerreform oder nach umfassenden Modernisierungen des Gebäudes oder auch bei einem Neubau. Hier ergeht der Grundsteuerbescheid oft erst nach geraumer Zeit. Der Vermieter kann dann auch eine rückwirkende Kostenbelastung an die Mieter weitergeben. Er hat hierfür drei Monate Zeit (BGH, Az. VIII ZR 220/05).

Wasserversorgung

Zu den Wasserkosten gehören die Kosten des Wasserverbrauchs, die Grundgebühren, die Kosten der Anmietung oder anderer Arten der Gebrauchsüberlassung von Wasserzählern sowie die Kosten ihrer Verwendung einschließlich der Kosten der Eichung und die Kosten der Berechnung und Aufteilung, die Kosten der Wartung von Wassermengenreglern, die Kosten des Betriebs einer hauseigenen Wasserversorgungsanlage (selten) und einer Wasseraufbereitungsanlage einschließlich der Aufbereitungsstoffe.

Bezahlt werden muss hier in erster Linie das verbrauchte Kaltwasser, das von einem Hauptzähler erfasst worden ist, und unter Umständen kommen die Kosten einer Grundgebühr für diesen Hauptzähler hinzu.

Dazu kommen Wartungskosten für eventuell vorhandene Wassermengenregler, die an Duschköpfen und Wasserhähnen installiert werden und den Wasserverbrauch senken sollen. Auch die laufenden Kosten einer Wasseraufbereitungsanlage, die der Verbesserung der Wasserqualität dient, zum Beispiel den Kalkanteil des Wassers verringert, fallen unter diese Betriebskostenposition.

DAS IST WICHTIG: Die Wasserkosten können – wie auch die übrigen Betriebskosten – nach einem festen, im Mietvertrag vereinbarten Maßstab auf die Mieterhaushalte verteilt werden. Der Aufteilungsmaßstab Wohnfläche ist rechtmäßig. Eine Aufteilung nach Personenzahl ist nur bei entsprechender vertraglicher Absprache zulässig.

Die Wasserkosten können auch verbrauchsabhängig abgerechnet werden. Hierzu müssen in allen Wohnungen des Hauses beziehungsweise an allen Wassersträngen Wasserzähler angebracht werden. Alle Kosten der Verbrauchserfassung und Verbrauchsaufteilung, angefangen bei der Miete beziehungsweise dem Leasing der Wasserzähler, bis zu den Kosten der Eichung (alle sechs Jahre), gehören zu den Kosten der Wasserversorgung. Die Wasserkosten müssen nach den Vorgaben der Landesbauordnungen in Neubauten nach Verbrauch ermittelt werden. Für den Wohnungsbestand sind die Vorgaben unterschiedlich, häufig wird die nachträgliche Ausrüstung mit Wasserzählern gefordert, wenn im Haus die Wasserinstallation erneuert oder wesentlich geändert wird.

§ **SO ENTSCHIEDEN DIE GERICHTE:** Werden die Wasserkosten trotz vorhandener Wasserzähler oder entgegen einer vertraglichen Vereinbarung nach einem festen Maßstab abgerechnet, kann ein Mieter den auf ihn entfallenden Kostenanteil um 15 Prozent kürzen (BGH, Az. VIII ZR 218/11).

Besonderheiten und Fehlerquellen

Gewerbliche Mieter, wie Gaststätten, Friseure, Gärtnereien, Wäschereien oder Metzgereien, benötigen mehr Wasser als Wohnungsmieter. Wenn Gewerbemieter einen Mehrverbrauch von über 10 Prozent haben, müssen die Wasserkosten getrennt nach Gewerbe- und Wohnungsmieter abgerechnet werden. Ähnlich, wenn es Mieter mit Sonderverbräuchen im Haus gibt. Darf nur der Erdgeschossmieter den Garten nutzen und muss er ihn entsprechend bewässern, sind diese Verbräuche gesondert zu erfassen, wenn sie mehr als 10 Prozent ausmachen.

Werden die Wasserkosten verbrauchsabhängig abgerechnet, ist die Anzeige des Hauptwasserzählers entscheidend. Diese Kosten, die der Vermieter mit dem Versorgungsunternehmen abrechnet, werden anteilig nach dem Verhältnis der Anzeigenwerte der Wohnungszähler auf die Mieter verteilt. Kommt es allerdings zu hohen Differenzen von mehr als 20 Prozent zwischen Haupt- und allen Wohnungszählern im Haus, muss nach den Wohnungszählern abgerechnet werden.

DAS IST WICHTIG: Extrem hohe Verbräuche oder ein sprunghafter Anstieg gegenüber dem Vorjahr muss der Vermieter erklären. Er muss ausschließen, dass ein Wasserrohrbruch, defekter Hauptzähler, Ablesefehler oder eine undichte Toilettenspülung Ursache für den hohen Verbrauch sind. Mieter müssen derartige Mehrkosten nicht zahlen.

Entwässerung

Neben den Wasserkosten gehören auch die Gebühren für die Haus- und Grundstücksentwässerung, also die Abwasserkosten, zu den Betriebskosten. Alternativ sind das die Kosten des Betriebs einer entsprechenden nicht öffentlichen Anlage und unter Umständen die Kosten des Betriebs einer Entwässerungspumpe.

Die Höhe der Abwasserkosten richtet sich nach dem Gesamtwasserverbrauch im Haus. Wasser- und Abwasserkosten liegen nach Erhebungen des Deutschen Mieterbundes durchschnittlich bei 35 Cent pro Quadratmeter und Monat.

Neben den Abwasser-, Entwässerungs-, Siel- oder Kanalgebühren können vor Ort von der Kommune auch Kosten für Niederschlagswasser, Oberflächenentwässerung oder Regenwasserkanäle erhoben werden. Das sind dann umlegbare Kosten der Grundstücksentwässerung.

Besonderheiten und Fehlerquellen

Keine Kosten der Entwässerung sind Kanalanschlussgebühren, Abwasserbeiträge für die Erneuerung, Erweiterung oder Verbesserung des Kanalnetzes und die Kosten für die Beseitigung einer Abflussverstopfung.

Betrieb des Personen- oder Lastenaufzugs

Zu den Aufzugskosten gehören die Kosten des Betriebsstroms, der Beaufsichtigung, Bedienung, Überwachung und Pflege der Anlage, die Kosten der regelmäßigen Prüfung ihrer Betriebsbereitschaft und Betriebssicherheit, einschließlich der Einstellung durch eine Fachkraft, und die Kosten für die Reinigung der Anlage (außerhalb der Fahrkabine).

> § **SO ENTSCHIEDEN DIE GERICHTE:** Der Mieter der Erdgeschosswohnung kann von der Umlage der Aufzugskosten vertraglich ausgeschlossen werden. Fehlt aber eine solche Regelung im Mietvertrag, muss auch er sich an den Kosten beteiligen (BGH, Az. VIII ZR 103/06).

Rund 20 Cent pro Quadratmeter und Monat müssen für den Aufzug, das heißt letztlich für Strom und Wartung, gezahlt werden. Typische Wartungsarbeiten sind die Inspektion, die Überprüfung, das Einstellen und Abschmieren. Auch Kosten der Hauptprüfung durch den TÜV und laufende Kosten der Notrufanlage sind Aufzugskosten.

Besonderheiten und Fehlerquellen

Die Aufzugskosten können sogar auf den Erdgeschossmieter umgelegt werden, wenn der weder Keller noch Speicher anfahren kann. Auch Mieter in sogenannten Zwischengeschossen, zum Beispiel im zweiten Geschoss, müssen zahlen, selbst wenn der Aufzug nur im ersten und dritten Geschoss hält. Dagegen müssen Mieter in einem Seitenflügel des Hauses nicht zahlen, wenn der Seitenflügel über den Aufzug nicht erreichbar ist.

Reparaturkosten sind nie Betriebskosten. Das gilt auch für den Aufzug. Wartungskosten dagegen gehören hier zu den umlegbaren Kosten. Problematisch sind in der Praxis sogenannte Vollwartungsverträge, die auch Reparaturarbeiten umfassen. Hier muss der Vermieter einen Reparaturkostenanteil aus den Kosten für den Vollwartungsvertrag herausrechnen. Nach Ansicht der Gerichte sind in diesen Fällen zwischen 20 und 50 Prozent der Kosten nicht umlegbar.

Straßenreinigung

Gemeint sind hier die für die öffentliche Straßenreinigung an die Kommune zu entrichtenden Gebühren und die Kosten entsprechender nicht öffentlicher Maßnahmen. Mieter müssen für diese Position etwa 4 Cent pro Quadratmeter und Monat einkalkulieren. Die Straßenreinigungskosten betreffen nicht nur die Straße, sondern auch das Fegen und Kehren der Bürgersteige. Ist nach der Satzung der Kommune der Anlieger, also Eigentümer für das Sauberhalten verantwortlich, kann er hierfür anfallende Kosten als Straßenreinigungskosten auch auf die Mieter des Hauses abwälzen.

Besonderheiten und Fehlerquellen

Auch die Kosten des Winterdienstes fallen unter die Position Straßenreinigung. Übernimmt der Vermieter selbst das Schneefegen und Streuen, kann er angemessene Kosten für seine Eigenleistung abrechnen. Führt der Hausmeister diese Arbeiten aus, gehören die Personalkosten für den Winterdienst aber in die Position Hauswartkosten (siehe Seite 80). Beauftragt der Vermieter eine Drittfirma mit dem Winterdienst, sind die Kosten hierfür umlagefähige Betriebskosten. Ist vereinbart, dass der Erdgeschossmieter gegen ein Entgelt oder eine geringere Miete Schnee fegt und streut, sind auch das umlagefähige Betriebskosten.

Aber: Sind laut Mietvertrag die Mieter des Hauses abwechselnd zum Winterdienst verpflichtet, fallen hierfür dann auch keine Betriebskosten an.

Müllbeseitigung

Das sind in erster Linie die Kosten beziehungsweise Gebühren der Müllabfuhr, unter Umständen die Kosten des Betriebs von Müllkompressoren, Müllschluckern und Müllabsauganlagen. Wie bei allen Kommunalgebühren schwanken auch hier die Kosten stark. Durchschnittlich 17 bis 20 Cent pro Quadratmeter und Monat sind für diese Betriebskostenart anzusetzen.

§ **SO ENTSCHIEDEN DIE GERICHTE:** Regelmäßig entstehende Kosten für Sperrmüll und Entrümpelung sind Kosten der Müllbeseitigung und damit Betriebskosten. Das gilt nicht für Sperrmüll, der auf Bestellung eines einzelnen Mieters abgefahren wird, oder für notwendige Entrümpelungskosten einer Wohnung, die dem bisherigen Mieter als Verursacher zugerechnet werden können. Ist der Verursacher aber nicht feststellbar, gehören auch Kosten zur Beseitigung von Müll von Gemeinschaftsflächen zu den umlagefähigen Betriebskosten (BGH, Az. VIII ZR 137/09).

Werden die Kosten der Müllbeseitigung nicht nach Personenzahl oder Wohnfläche, sondern verbrauchs- beziehungsweise verursacherabhängig abgerechnet, gehören auch die laufenden Kosten des Betriebs von Müllmengenerfassungsanlagen einschließlich der Kosten der Berechnung und Aufteilung zu den umlegbaren Kosten. Stehen Behälter und Container für Glas, Papier, Biomüll oder recyclebare

Wertstoffe zur Mülltrennung zur Verfügung, sind die entsprechenden Entsorgungskosten ebenfalls umlegbare Betriebskosten.

Zu den Kosten der Müllbeseitigung können auch die Kosten eines Müllmanagements gehören (LG Berlin, Az. 67 S 355/20). Hierbei beauftragt der Vermieter ein Drittunternehmen mit der regelmäßigen Kontrolle der Wertstoffbehälter auf falsch sortierte Bestandteile und mit der Beratung der Mieter im Hinblick auf die korrekte Abfalltrennung. Dabei geht es um die Verringerung des Restmülls durch Aussortierung von Wertstoffen, die umgeladen werden, und um Verdichtung des Restmüllvolumens.

DAS IST WICHTIG: Beim Müllmanagement geht es um Kostenreduzierung. Die Kosten des Müllmanagements dürfen deshalb nicht höher als die hierdurch eingesparten Kosten sein. Unter dem Strich dürfen keine zusätzlichen Kosten entstehen. Dies verstößt dann gegen das sogenannte Wirtschaftlichkeitsgebot.

Besonderheiten und Fehlerquellen

Werden Müllcontainer oder -behälter gemietet oder geleast, spart der Vermieter Kosten für den Kauf von Behältern. Derartige Anschaffungskosten – egal, ob Kauf, Leasing oder Miete – sind keine umlagefähigen Betriebskosten. Anders nur, wenn die Mietkosten Teil der städtischen Gebühren sind.

Wird im Zuge von Bau-, Sanierungs- oder Modernisierungsmaßnahmen ein Container für den Bauschutt aufgestellt, sind die Kosten hierfür keine Kosten der Müllbeseitigung. Das gilt auch beispielsweise für einen Container für Gartenabfall. Die Kosten hierfür sind unter Umständen Gartenpflegekosten (siehe Seite 76).

§ **SO ENTSCHIEDEN DIE GERICHTE:** Überzählige Müllcontainer muss der Vermieter abschaffen, er muss deren Größe und Anzahl am Bedarf des Hauses und seiner Bewohner unter Berücksichtigung der Vorgaben der Kommune ausrichten (OLG Naumburg, Az.: 9 U 81/02).

Gebäudereinigung

Die Kosten für die Säuberung der von den Bewohnern gemeinsam genutzten Gebäudeteile, wie Zugänge, Flure, Treppen, Keller, Bodenräume, Waschküchen oder Aufzüge, betragen rund 20 Cent pro Quadratmeter und Monat. Nicht zu diesen Gebäudereinigungskosten gehören die Fassaden- und Dachrinnenreinigung oder die Reinigung von Dächern, Vordächern oder Lichtschächten.

Kosten für die Gebäudereinigung sind in erster Linie Personalkosten, das heißt Lohn, Lohnnebenkosten, Weihnachtsgeld und Beiträge zur Berufsgenossenschaft für eine angestellte Reinigungskraft. Beauftragt der Vermieter eine Reinigungsfirma, sind deren in Rechnung gestellte Kosten umlegbar. Hier ist besonders auf den Grundsatz der Wirtschaftlichkeit zu achten. Übernimmt der Vermieter die Reinigungsarbeiten selbst, kann er dies als Eigenleistung in Rechnung stellen. Als Maßstab sind die Kosten einer Drittfirma heranzuziehen – ohne Mehrwertsteuer.

Ist im Mietvertrag vereinbart, dass die Mieter des Hauses für die Gebäudereinigung verantwortlich sind, fallen keine Betriebskosten an. Will der Vermieter später von dieser Regelung abweichen und die Arbeiten von einer Reinigungskraft erledigen lassen, muss er eine neue Vertragsvereinbarung schließen. Das bedeutet, die Mieter müssen der Änderung des Mietvertrags ausdrücklich zustimmen. Das gilt auch, wenn einzelne Mieter nicht oder nur schlecht putzen. Hier kann der Vermieter eine Reinigungskraft aber nur für den »Putzmuffel« engagieren und von diesem nach einer Abmahnung auch die Kosten als Schadensersatz einfordern.

Besonderheiten und Fehlerquellen

Neben den Lohnkosten sind auch die Kosten für die laufend verbrauchten Reinigungsmittel umlegbar, nicht aber die Kosten für die Anschaffung von Reinigungsgeräten, wie Besen, Schrubber, Putzlappen, Eimer oder Bohnermaschine.

§ **SO ENTSCHIEDEN DIE GERICHTE:** Unwirtschaftlich ist es, wenn der Vermieter dreimal in der Woche das Treppenhaus reinigt oder reinigen lässt (LG Hamburg, Az. 316 S 15/00). Einmal in der Woche reicht normalerweise aus.

Kosten, die wegen besonderer Verschmutzung entstehen, zum Beispiel aufgrund von Baumaßnahmen im Haus oder für die Beseitigung von Graffiti, sind keine umlegbaren Gebäudereinigungskosten.

Ungezieferbekämpfung

Wenn überhaupt Kosten für die Ungezieferbekämpfung anfallen, dann sind das laufende Kosten für Schädlingsbekämpfungsmittel, wie ein Insektenspray, oder für eine prophylaktische Schädlingsbekämpfung.

Einmalige Kosten der Ungezieferbekämpfung sind keine umlegbaren Betriebskosten. Die Beseitigung eines Wespen- oder Bienennests, die Bekämpfung eines Ameisen- oder Kakerlakenbefalls, Gegenmaßnahmen bei einer auftretenden Ratten- oder Mäuseplage, Maßnahmen gegen die Belästigung durch Tauben sind »Mängelbeseitigungen« und Sache des Vermieters.

Gartenpflege

Kosten der Gartenpflege schlagen nach Einschätzung des Deutschen Mieterbundes durchschnittlich mit 10 bis 12 Cent pro Quadratmeter und Monat zu Buche. Dazu gehören die Kosten der Pflege gärtnerisch angelegter Flächen einschließlich der Erneuerung von Pflanzen und Gehölzen, der Pflege von Spielplätzen einschließlich der Erneuerung von Sand und der Pflege von Plätzen, Zugängen und Zufahrten, die dem nicht öffentlichen

Verkehr dienen. Wie schon beim Winterdienst (siehe Seite 74) oder bei der Gebäudereinigung (siehe Seite 75) kann der Vermieter die Arbeiten selbst erledigen und Kosten für diese Eigenleistung ansetzen. Er kann die Arbeiten einem angestellten Gärtner oder einer Drittfirma übertragen und die Kosten auf die Mieter umlegen.

Wird der Hausmeister tätig, können die Kosten nur über die Position Hauswart abgerechnet werden, nicht als Gartenpflegekosten. Und sind laut Mietvertrag die Mieter für die Gartenpflege verantwortlich – häufig bei Ein- oder Zweifamilienhäusern beziehungsweise Erdgeschosswohnungen – fallen keine Betriebskosten an.

Steht nur dem Vermieter oder nur einer Mietpartei das alleinige Recht zur Gartennutzung oder Nutzung einer anderen Grünfläche zu, dürfen die Kosten der Gartenpflege nicht als Betriebskosten auf alle Mieter des Hauses verteilt werden.

§ **SO ENTSCHIEDEN DIE GERICHTE:** Gartenpflegekosten können auf die Mieter des Hauses umgelegt werden. Eine gepflegte Gartenfläche verschönert ein Wohnanwesen insgesamt und verbessert die Wohn- und Lebensqualität. Das kommt auch Mietern zugute, die den Garten nicht nutzen oder nutzen können (BGH, Az. VIII ZR 135/03).

Zahlen müssen alle Mieter, wenn ihnen die Nutzung des Gartens, der Außenanlagen und Grünflächen möglich ist. Aber selbst dann, wenn niemand den Garten nutzen und betreten darf, müssen Mieter für die gepflegte Außenanlage ihres Hauses, für den »Blick ins Grüne«, zahlen.

Wenn es sich bei der Grünanlage aber um eine öffentlich zugängliche Gemeinschaftsfläche der Wohnanlage handelt und »jedermann« – egal, ob Mieter oder nicht – die Grünanlage nutzen kann, dann verliert die Fläche den erforderlichen Bezug zur Mietsache, die Pflegekosten sind keine Betriebskosten.

§ **SO ENTSCHIEDEN DIE GERICHTE:** Ist eine Garten- oder Parkfläche dazu bestimmt, von jedermann genutzt zu werden, so können die Kosten für die Pflege der Grünfläche nicht auf die Mieter der Wohnanlage umgelegt werden (BGH, Az. VIII ZR 33/15). Ein förmlicher Widmungsakt ist nicht erforderlich. Entscheidend ist, ob die Flächen tatsächlich und nach dem äußeren Erscheinungsbild auch mit Wissen und Wollen des Eigentümers der Öffentlichkeit im gleichen Maße wie den Mietern zugänglich sind (LG Berlin, Az. 65 S 132/19).

Typische umlagefähige Garten- und Außenanlagepflegekosten beziehungsweise -arbeiten sind: Pflege und Zurückschneiden von Sträuchern, Stauden, Hecken und anderen Pflanzen, Schneiden und Ausästen von Bäumen, Baumkronenschnitt, Entfernen von Pflanzen und Gehölzen, Einsäen von Blumen, Bodenauflockerungen, Umgraben der Beete, Düngen, Mulchen, Rasenpflege, wie Mähen und Vertikutieren, Beseitigung der Gartenabfälle und des Pflanzenschnitts einschließlich Containerkosten, Spreng- und Gießwasser, Erneuerung von Pflanzen, soweit die bisherigen Pflanzen durch Alterung oder Witterungseinflüsse eingegangen sind, und laufende Kosten für Maschinen, wie Benzin und Schmierstoffe.

Auch die Pflege von Spielplätzen gehört zu den Gartenpflegekosten und muss von allen Mietern, auch von Mietern ohne Kinder, bezahlt werden. Zu den entsprechenden Arbeiten gehören die regelmäßige Kontrolle der Spielgeräte auf Defekte und Verkehrssicherheit, das Schmieren und Ölen der Spielgeräte, Reinigungsarbeiten, insbesondere des Spielsandes und dessen Erneuerung.

§ **SO ENTSCHIEDEN DIE GERICHTE:** Die Kosten der Fällung eines morschen, nicht mehr standsicheren Baums gehört grundsätzlich zu den umlagefähigen Gartenpflegekosten. Es sind auch laufende Kosten. Gartenpflegekosten können in längeren, nicht sicher vorbestimmten Zeitintervallen auftreten (BGH, Az. VIII ZR 107/20).

Besonderheiten und Fehlerquellen

Die Anschaffungskosten für Gartenpflegegeräte sind keine Betriebskosten. Auch die Kosten für eine erstmalige Anlage oder eine komplette Um- und Neugestaltung sind keine umlagefähigen Gartenpflegekosten.

Beleuchtung

Gemeint sind die Stromkosten für die Außenbeleuchtung und die Beleuchtung der von den Bewohnern gemeinsam genutzten Gebäudeteile, wie Zugänge, Flure, Treppen, Keller, Bodenräume und Waschküchen. Durchschnittlich entfallen etwa 5 Cent pro Quadratmeter und Monat auf diese Position.

Besonderheiten und Fehlerquellen

Umlagefähig sind nur die Stromkosten für die Beleuchtung, nicht aber Stromkosten für die Klingel- oder die Heizungsanlage, erst recht nicht die Anschaffungs- oder Austauschkosten der Leuchtmittel.

§ **SO ENTSCHIEDEN DIE GERICHTE:** Die Kosten für die Beleuchtung von Tiefgaragen dürfen nur auf die Mieter eines Garagenplatzes umgelegt werden (BGH, Az. VIII ZR 286/10).

Schornsteinreinigung

Die umlegbaren Kosten, die im Durchschnitt nur 3 bis 4 Cent pro Quadratmeter und Monat ausmachen, betreffen die Kehrgebühren des Schornsteinfegers beziehungsweise die

Kosten eines anderen Unternehmens, das der Vermieter mit diesen Arbeiten beauftragt hat. Gemeint sind die Kehrgebühren für Etagenheizungen oder Einzelfeuerstätten (Öfen). Soweit Kehrgebühren für eine Zentralheizung anfallen, gehören sie zu den Heizkosten. Das gilt auch für die Kosten einer Immissionsschutzmessung.

Sach- und Haftpflichtversicherung

Kosten der Versicherung des Gebäudes gegen Feuer, Sturm- und Wasser- sowie sonstige Elementarschäden, Kosten der Glasversicherung und der Haftpflichtversicherung für das Gebäude, den Öltank und den Aufzug können rund 21 Cent pro Quadratmeter und Monat ausmachen.

DAS IST WICHTIG: Nicht als Betriebskosten umlegbar sind Versicherungen, mit denen der Vermieter sein persönliches Risiko abdecken will: Hausratversicherung, private Haftpflichtversicherung, Rechtsschutzversicherung oder eine Mietausfallversicherung. Die Wohngebäudeversicherung bietet in der Regel auch Schutz gegen einen durch entsprechende Schadensereignisse verursachten Mietausfall. Nach einer Entscheidung des Bundesgerichtshofs (BGH, Az. VIII ZR 38/17) umfassen die umlagefähigen Kosten für eine Gebäudeversicherung dann auch den mitversicherten Mietausfall.

Wohngebäudeversicherungen decken mögliche Schäden am Gebäude selbst ab. In den meisten Fällen wird hier die Feuer-, Leitungswasser- und Sturmversicherung kombiniert. Elementarschäden sind nicht unbedingt über die Gebäudeversicherung abgedeckt. Der Vermieter kann sich gegen die Folgen von Naturereignissen, wie Überschwemmung, Hochwasser, Erdsenkung, Erdrutsch, Lawine und Vulkanausbruch, zusätzlich versichern.

Letztlich können auch die Haftpflichtversicherungen auf den Mieter umgelegt werden, die den Vermieter vor Schadensersatzansprüchen Dritter schützen.

§ **SO ENTSCHIEDEN DIE GERICHTE:** Die Kosten der Sach- und Haftpflichtversicherungen dürfen in der Betriebskostenabrechnung in einer Summe ausgewiesen werden. Der Vermieter muss nicht nach den einzelnen Versicherungsarten aufschlüsseln, wie Gebäudeversicherung, Glasversicherung, Haftpflichtversicherung für Haus und Aufzug (BGH, Az. VIII ZR 346/08).

Besonderheiten und Fehlerquellen

Mieter können von den abgeschlossenen Versicherungen profitieren. Verursachen sie einen Feuer- oder Leitungswasserschaden oder einen Unfall bei Glatteis, weil sie nicht gestreut haben, dann tritt dafür die Gebäude- oder Haftpflichtversicherung des Vermieters ein. Mieter können nur bei Vorsatz und grober Fahrlässigkeit in Regress genommen werden.

Steigen die Prämien für die Leitungswasserversicherung, weil es im alten, nicht sanierten Gebäude ständig zu Rohrbrüchen kommt, dürfen die höheren Prämien nicht über die Betriebskosten abgerechnet werden.

Neben den in der Betriebskostenverordnung genannten Versicherungen kommen als Betriebskosten auch noch in Betracht: Schwamm- und Hausbockversicherung oder Versicherungen für die Starkstromleitung des Aufzugs oder gegen Rückstauschäden durch Abwasser.

Hauswart

Neben der Vergütung gehören die Sozialbeiträge und alle geldwerten Leistungen, die der Eigentümer dem Hauswart für seine Arbeit zahlt, dazu. Je nach Größe der Abrechnungseinheit und Tätigkeitsbereich des Hausmeisters muss mit durchschnittlich 15 bis 30 Cent pro Quadratmeter und Monat gerechnet werden. Aber Lohn und Gehalt des Hauswarts sind nicht umlagefähig, soweit die Hauswartarbeiten Instandhaltungen, Instandsetzungen, Erneuerungen, Schönheitsreparaturen oder die Hausverwaltung betreffen.

Als Betriebskosten umlegbare Hauswartkosten gelten Arbeiten, die praktisch-technischer Natur sind, wie zum Beispiel Gebäudereinigung, Straßenreinigung, Gartenpflege, Bedienung, Überwachung und Pflege der Zentralheizung, Winterdienst, Überwachung der Hausordnung, Überprüfung der Beleuchtung, Überwachung der allgemeinen Verkehrssicherheit, Kontrollgänge, die der Feststellung von Mängeln dienen.

DAS IST WICHTIG: Soweit der Hausmeister für die Gebäudereinigung, die Gartenpflege oder den Winterdienst verantwortlich ist, dürfen unter den entsprechenden Betriebskostenpositionen keine Personal- oder Lohnkosten entstehen.

In der Praxis ist die Aufteilung zwischen echten Hauswarttätigkeiten und nicht umlegbaren Instandsetzungs- oder Verwaltungsarbeiten schwierig, zumal der Hauswart in aller Regel »Mädchen für alles« ist. Das bedeutet, von den eigentlichen Hauswartkosten müssen immer noch mehr oder weniger hohe Abzüge für tatsächlich durchgeführte Verwaltungs- und Instandsetzungsarbeiten vorgenommen werden. »Abzugsposten« sind: Reparaturarbeiten, Not- oder Kleinreparaturen, Wohnungsabnahmen, Mängelfeststellungen nach Auszug des Mieters, Einweisung des Mieters beim Einzug, Entgegennahme und Weiterleitung von Reklamationen und Mängelanzeigen, Kontrolle von Fremdfirmen und Handwerkern, Ansprechpartner der Mieter in Notfällen.

Der Vermieter kann auch selbst Hauswartaufgaben übernehmen und für sich einen angemessenen Lohn abrechnen. Beauftragt er einen Hausmeisterservice mit der Durchführung der Arbeiten, kann er deren abgerechnete Kosten auf die Mieter umlegen. Aber gleichgültig, wer die Hauswarttätigkeit ausübt, als

Betriebskosten abgerechnet werden dürfen nur die »echten« Hauswarttätigkeiten.

§ **SO ENTSCHIEDEN DIE GERICHTE:** Eine vom Vermieter an den Hausmeister gezahlte Notdienstpauschale, mit der dessen Notdienstbereitschaft bei Störungsfällen wie Stromausfall, Heizungsausfall oder Wasserrohrbruch außerhalb der üblichen Geschäftszeiten gezahlt wird, gehört nicht zu den Betriebskosten, sondern zu den Verwaltungskosten, die der Vermieter selbst tragen muss (BGH, Az. VIII ZR 62/19).

Besonderheiten und Fehlerquellen

Die Aufsplittung zwischen umlegbaren und nicht umlegbaren Hauswartkosten muss immer überprüft werden.

§ **SO ENTSCHIEDEN DIE GERICHTE:** Die Kosten für einen Pförtner, Doorman oder Concierge sind keine Hauswartkosten, können aber bei entsprechender vertraglicher Vereinbarung als »sonstige« Betriebskosten umgelegt werden (BGH, Az. VIII ZR 78/04).

Entscheidend ist letztlich, wie viel Zeit der Hauswart für die umlegbaren Tätigkeiten aufwendet. Kosten für Arbeitsmittel und Geräte, wie Leiter, Rasenmäher und Werkzeug, oder Kosten für Arbeitskleidung sind keine umlagefähigen Hauswartkosten.

Gemeinschaftsantenne und Kabelfernsehen

Für Antenne und Kabelfernsehen dürfen circa 12 Cent pro Quadratmeter und Monat umgelegt werden.

Gemeinschaftsantenne

Hierzu gehören die Kosten des Betriebsstroms und die Kosten der regelmäßigen Prüfung der Betriebsbereitschaft einschließlich der Einstellung durch eine Fachkraft oder das Nutzungsentgelt für eine nicht zu dem Gebäude gehörende Antennenanlage. Auch die Kosten einer Parabolantenne für den Satellitenempfang, das heißt die Kosten für die laufende Inspektion und Justierung der Anlage, gehören dazu.

§ **SO ENTSCHIEDEN DIE GERICHTE:** Urheberrechtsgebühren fallen nach einer klarstellenden Entscheidung in Wohngebäuden nicht an (BGH, Az. I ZR 228/14).

Besonderheiten und Fehlerquellen

Kosten für Reparaturen und Erneuerungen an der Antennenanlage sind nicht umlagefähig. Mieter in Wohnungen, die keinen Anschluss an die Gemeinschaftsantenne besitzen, müssen aus der Kostenverteilung herausgenommen werden. Mieter mit Anschluss können dagegen nicht argumentieren, sie hätten kein Fernsehgerät. Sie müssen Betriebskosten zahlen.

Kabelfernsehen

Umlagefähig sind die Kosten des Betriebs der mit einem Breitbandnetz verbundenen privaten Verteilanlage. Hierzu gehören die laufenden monatlichen Grundgebühren für Breitbandanschlüsse beziehungsweise die vergleichbaren laufenden Kosten, wie sie auch bei einer Gemeinschaftsantenne anfallen.

Die Kosten für das Kabelfernsehen können auch nach Wohneinheiten, also pro Wohnung, auf die Mieter des Hauses verteilt werden. Voraussetzung ist eine entsprechende vertragliche Vereinbarung. Fallen diese Betriebskosten nach dem Anschluss an das Kabelnetz erstmals an, sind die Kosten nach Wohneinheiten zu verteilen (BGH, Az. VIII ZR 202/06).

Besonderheiten und Fehlerquellen

Die Kosten für die erstmalige Installation des Kabelanschlusses sind nicht umlagefähig, ebenso wenig die Kosten einer einmalig zu entrichtenden Anschlussgebühr. Soweit vertraglich vereinbart, muss ein Mieter für den Kabelanschluss in seiner Wohnung die Betriebskosten zahlen, auch wenn er den Kabelanschluss nicht nutzt beziehungsweise gar kein Fernsehgerät hat.

Bis zum Jahr 2024 dürfen Vermieter die Kosten für den Kabel-TV-Anschluss weiter auf die Mieter umlegen und als Nebenkosten/Betriebskosten abrechnen, wenn dies im Mietvertrag vereinbart ist (BGH, Az. I ZR 106/20).

DAS IST WICHTIG: Nach einem am 1. Dezember 2021 in Kraft getretenen Gesetz zur Modernisierung des Telekommunikationsrechts und einer Reform des Telekommunikationsgesetzes werden die Kabelgebühren aus dem Katalog der Betriebskosten gestrichen. Es gibt aber eine Übergangsfrist bis zum 30. Juni 2024. Spätestens ab 1. Juli 2024 können Mieter dann ihren Fernsehempfang frei wählen. Das bedeutet auch, dass sie gegebenenfalls Direktverträge mit den Telekommunikationsanbietern abschließen müssen. Das neue Telekommunikationsgesetz sieht vor, dass die anfängliche Mindestlaufzeit eines Vertrages mit einem Anbieter maximal 24 Monate betragen darf und der Mieter bei einer automatischen Vertragsverlängerung jederzeit unter Einhaltung einer Kündigungsfrist von einem Monat kündigen kann.

Wäschepflege

Hier geht es um die laufenden Kosten des Betriebs der Einrichtungen für die Wäschepflege, um Betriebsstrom, Überwachung, Pflege und Reinigung, die regelmäßige Prüfung der Betriebsbereitschaft und Betriebssicherheit von Geräten wie Waschmaschinen, Trocknern, Wäscheschleudern, Bügelmaschinen oder Wäschemangeln, soweit der Vermieter diese Geräte den Mietern des Hauses zur Verfügung stellt.

Die Stromkosten für diese Geräte dürfen nicht zusammen mit den Beleuchtungskosten (siehe Seite 78) abgerechnet werden. Sie müssen separat ermittelt oder geschätzt werden. Die Wasserkosten dagegen können zusammen mit den Allgemeinkosten der Wasserversorgung abgerechnet werden (siehe Seite 71).

Die Gemeinschaftsgeräte zur Wäschepflege können auch als Münzautomaten betrieben werden. Das für die Nutzung zu zahlende Entgelt darf nur zur Abdeckung der laufenden Kosten eingesetzt werden. Weder Neuanschaffungen noch Reparaturen oder gar Gewinne dürfen einkalkuliert werden. Abgerechnet werden muss trotzdem. Haben die Einnahmen aus dem Münzbetrieb nicht ausgereicht, muss nachgezahlt werden. Lagen die Einnahmen über den laufenden Kosten, gibt es Geld zurück.

Besonderheiten und Fehlerquellen

Für preisgebundenen Wohnraum, also für Sozialwohnungen, bestimmt das Gesetz, dass die Betriebskosten für Waschmaschinen, Trockner und so weiter nur auf die Mieter umgelegt werden dürfen, die diese Einrichtungen auch nutzen. Das bedeutet, die Wasserkosten dürfen nicht auf alle Mieter des Hauses – Nutzer oder Nichtnutzer der Geräte – verteilt werden und eine Kostenaufteilung nach Wohnfläche, wie für frei finanzierte Wohnungen denkbar, ist nicht möglich.

Sonstige Betriebskosten

»Sonstiges« ist kein Auffangbecken für alle nur denkbaren Kostenarten. Zwei Voraussetzungen müssen erfüllt sein, wenn der Vermieter sonstige Betriebskosten auf die Mieter des Hauses umlegen will. Zum einen muss es sich um Betriebskosten im Sinne der gesetzlichen Definition handeln, das heißt, es müssen laufende Kosten sein, die dem Eigentümer durch den bestimmungsgemäßen Gebrauch des Gebäudes oder Grundstücks entstehen, und es dürfen keine Verwaltungs- oder Instandsetzungskosten sein. Zum anderen müssen sonstige Betriebskosten ausdrücklich zwischen Mieter und Vermieter vereinbart werden.

§ **SO ENTSCHIEDEN DIE GERICHTE:** Anschaffungskosten für Rauchwarnmelder sind keine Betriebskosten. Auch Miet- oder Leasingkosten sind nicht umlagefähig (LG Düsseldorf, Az. 21 S 52/19; LG Berlin, Az. 67 S 335/20). Dagegen sind die Kosten einer regelmäßigen Sicht- und Funktionsprüfung umlagefähige Betriebskosten (LG München I, Az. 31 S 6429/20).

Die bloße Vereinbarung, dass der Mieter die Betriebskosten zahlt oder die Betriebskosten laut Betriebskostenverordnung zahlt, reicht nicht aus – genauso wenig wie die Vertragsregelung, dass der Mieter sonstige Betriebskosten trägt. Hier müssen »Ross und Reiter« genannt werden, das heißt, der Vermieter muss exakt angeben, welche Kosten er als sonstige Betriebskosten abrechnen will (BGH, Az. VIII ZR 371/19 und VIII ZR 167/03). Meistens sind sonstige Betriebskosten von geringer praktischer Bedeutung oder sie sind erst aufgrund neuer Entwicklungen entstanden, zum Beispiel durch neue Gesetze, die Rauchmelder in den Wohnungen vorschreiben.

Beispiele für weitere sonstige Betriebskosten sind: Dachrinnenreinigung (BGH, Az. VIII ZR 167/03 und VIII ZR 146/03), Kosten für eine Elektrorevision (BGH, Az. VIII ZR 123/06), Sichtprüfung der Gasleitungen, Überprüfung der Abflussrohre, Kosten der Abwasserreinigungsanlage, TÜV-Gebühren für Blitzschutzanlagen, Kosten für Pförtner, Concierge oder Doorman (BGH, Az. VIII ZR 78/04), außerdem die laufenden Kosten für ein Schwimmbad oder eine Sauna im Haus.

Was zählt nicht zu den kalten Betriebskosten?

Andere als die auf den Seiten 70 bis 84 genannten Kosten können keine kalten Betriebskosten sein, auch dann nicht, wenn sie im Mietvertrag ausdrücklich als Betriebskosten vereinbart wurden. Das gilt beispielsweise für folgende Kosten: Verwaltungskosten, Instandhaltungskosten, Regieaufschläge, Beiträge für Hauseigentümervereine, Bankentgelte, Portokosten, Finanzierungskosten, Zinsabschlagssteuer, Reparaturkostenversicherung, Mietausfallversicherung oder Rechtsschutzversicherung.

Die Betriebskostenabrechnung

Hat der Mieter laut Mietvertrag Betriebskosten zu zahlen und sind hierfür monatliche Vorauszahlungen vereinbart, muss der Vermieter einmal im Jahr über die Betriebskosten abrechnen. Dabei sind die in einem zwölfmonatigen Abrechnungszeitraum angefallenen Betriebskosten des Hauses auf die einzelnen Mietparteien aufzuteilen und mit den monatlichen Vorauszahlungen des Mieters zu verrechnen. Außerdem fordern die Gerichte, dass die Abrechnung so gestaltet sein muss, dass sie ein durchschnittlicher, juristisch und betriebswirtschaftlich nicht geschulter Mieter, der nicht täglich mit solchen Dingen zu tun hat, nachvollziehen und überprüfen kann.

Die Betriebskostenabrechnung muss inhaltlich und formal in Ordnung, also richtig und fehlerfrei sein. Die Abrechnung darf nur Kosten enthalten, die nach dem Gesetz und nach dem Mietvertrag umgelegt werden dürfen. Die abgerechneten Kosten müssen tatsächlich und in diesem Umfang angefallen sein und die Abrechnung muss rechnerisch korrekt sein.

Welche Angaben sind für eine formal wirksame Abrechnung erforderlich?

Die nachfolgend aufgeführten Voraussetzungen müssen grundsätzlich immer erfüllt sein.

Der Vermieter muss abrechnen

Aus der Abrechnung beziehungsweise einem beigefügten Anschreiben muss ersichtlich sein, dass der Vermieter die Abrechnung erstellt hat. Er kann zwar einen Dritten mit der Abrechnung beauftragen, zum Beispiel einen Rechtsanwalt, einen Interessenverband oder bei Heizkostenabrechnungen (siehe Seite 103) eine Wärmemessdienstfirma. Im Verhältnis zum Mieter bleibt aber der Vermieter verantwortlich. Wechselt der Eigentümer während der Abrechnungsperiode, muss der neue Vermieter über die Betriebskosten abrechnen. Dabei spielt es keine Rolle, ob der alte Vermieter noch einen Teil der Vorauszahlungen erhalten hat. Der bisherige (alte) Vermieter ist für die abgelaufenen Abrechnungszeiträume zur Abrechnung verpflichtet und zur Erhebung etwaiger Nachzahlungen berechtigt (BGH, Az. VIII ZR 168/03). Entscheidendes Datum für die Frage, wer letztlich abrechnen muss, ist die Eintragung des neuen Eigentümers im Grundbuch.

Mieter ist Adressat der Abrechnung

Die Betriebskostenabrechnung sollte an alle Mietparteien des Hauses und alle Mieter der Wohnung geschickt werden. Es reicht aber aus, wenn die Abrechnung zum Beispiel an einen der beiden Ehepartner adressiert ist und von ihm eine Nachzahlung gefordert wird (BGH, Az. VIII ZR 263/09).

Schriftliche Abrechnung, Textform möglich

Die Abrechnung muss schriftlich erfolgen, Textform reicht aus. Textform bedeutet schriftlich, ohne dass eine Original-Unterschrift zwingend erforderlich ist. Entsprechende Erklärungen können auch per E-Mail, Fax oder Kopie abgegeben und verschickt werden. Anstelle der persönlichen Unterschrift reicht es aus, wenn die Nachricht mit dem gedruckten oder geschriebenen Namen des Absenders endet.

Das abzurechnende Objekt

Aus der Abrechnung muss sich ergeben, welche Hauseingänge, Gebäude oder Gebäudekomplexe abgerechnet werden. Das gilt sowohl hinsichtlich der Gesamtkosten als auch der angeführten Einzelkosten. Fasst der Vermieter verschiedene Häuser zu einer Wirtschaftseinheit (siehe Seite 97) zusammen, muss sich unmittelbar aus der Abrechnung ergeben, worauf sich die Gesamtkosten beziehen.

Abrechnungszeitraum

Einmal im Jahr muss der Vermieter abrechnen. Der Abrechnungszeitraum beträgt zwölf Monate. Häufig entspricht er dem Kalenderjahr (1. Januar bis 31. Dezember), er kann sich aber auch an der Heizperiode orientieren (1. September bis 31. August beziehungsweise 1. April bis 31. März) Denkbar sind jeweils unterschiedliche Abrechnungszeiträume für die kalten Betriebskosten und für die Heiz- und Warmwasserkosten.

Auch bei einem Vermieter- oder Mieterwechsel beträgt der Abrechnungszeitraum zwölf Monate. Bei einem Mieterwechsel während der Abrechnungsperiode ist es sinnvoll und üblich, zusätzlich einen Nutzungszeitraum anzugeben. Das ist die Zeit, in der der aus- oder einziehende Mieter die Wohnung tatsächlich gemietet hat, also der Zeitraum, für den er Betriebskosten zahlen muss.

§ **SO ENTSCHIEDEN DIE GERICHTE:** Der Vermieter ist bei der Abrechnung von Betriebskosten nicht auf das sogenannte Leistungsprinzip festgelegt. Auch eine Abrechnung nach dem Abflussprinzip ist grundsätzlich zulässig (BGH, Az. VIII ZR 27/07). Denkbar ist allenfalls, dass hierdurch Mieter, die während der Abrechnungsperiode ausziehen, benachteiligt sind. Bei einer verbrauchsabhängigen Abrechnung der Heiz- und Warmwasserkosten ist eine Abrechnung nach dem Abflussprinzip unzulässig (BGH, Az. VIII ZR 156/11).

Kürzere oder längere Abrechnungszeiträume als zwölf Monate sind nur ausnahmsweise in engen Grenzen zulässig. Vermieter und Mieter müssen eine entsprechende Vereinbarung treffen, die sich nicht zum Nachteil des Mieters auswirken darf und auf einen Abrechnungszeitraum beschränkt sein muss. Außerdem muss ein sachlicher Grund vorliegen, zum Beispiel die Anpassung des Abrechnungszeitraums an das Kalenderjahr (BGH, Az. VIII ZR 316/10) oder die Angleichung der Abrechnungszeiträume für Heiz- und Warmwasserkosten und kalte Betriebskosten.

In der Abrechnung muss der Vermieter die einzelnen Betriebskosten dem betreffenden Abrechnungszeitraum zuordnen. Entscheidend ist nach dem allgemein üblichen Leistungsprinzip, wann die berechnete Leistung erbracht wurde oder die Kosten entstanden sind.

Zulässig ist aber auch die Abrechnung nach dem sogenannten Abflussprinzip. Hier kommt es darauf an, wann eine Rechnung oder ein Bescheid beim Vermieter eingetroffen ist oder bezahlt wurde. Insbesondere in Wohnungseigentumsanlagen wird meist so abgerechnet.

Die vier Grundelemente einer Abrechnung

Wiederholt hat der Bundesgerichtshof entschieden, dass eine Betriebskostenabrechnung vier Kernelemente enthalten muss: Die **Gesamtkosten** sind zusammenzustellen, der **Umlageschlüssel** ist anzugeben und zu erläutern, der **Mieteranteil** muss berechnet und die **Vorauszahlungen** abgezogen werden.

Die Zusammenstellung der Gesamtkosten

In der Abrechnung sind die Betriebskosten unterscheidbar nach den einzelnen Kostenarten aufzugliedern. Die Aufstellung der Gesamtkosten muss jeweils eine Zusammenfassung der entstandenen Kosten enthalten, die zu derselben Betriebskostenart gehören. Einzelrechnungen für eine einzelne Betriebskostenart müssen nicht aufgeführt werden. Der Vermieter darf unterschiedliche Betriebskosten nicht zu einer Position zusammenfassen. Kosten für Müllentsorgung und Hausreinigung oder Straßenreinigung und Grundsteuer dürfen also nicht in einer Position und Summe ausgewiesen werden.

§ **SO ENTSCHIEDEN DIE GERICHTE:** Die Kostenpositionen Grundsteuer und Straßenreinigung dürfen in einer Betriebskostenabrechnung nicht zusammengefasst werden. Anderenfalls liegt ein formeller Verstoß vor, der zur Unwirksamkeit der Abrechnung führt (BGH, Az. VIII ZR 285/15).

Aber es gibt eine Ausnahme: Die Wasser- und Abwasserkosten dürfen zusammengerechnet werden (siehe Seite 71 f.).

DAS IST WICHTIG: Bei einzelnen Betriebskostenarten muss der Vermieter einen »Vorwegabzug« machen. So muss er beispielsweise bei der Position Hauswart die enthaltenen Verwaltungs- und Instandhaltungskosten herausrechnen. Bei Vollwartungsverträgen für den Aufzug sind Instandsetzungskosten abzuziehen. Aber: Der Vermieter muss in der Abrechnung nicht offenlegen, in welcher Höhe er einen Abzug vorgenommen und wie er gerechnet hat. Zur Einhaltung der formellen Wirksamkeit der Abrechnung reicht es aus, die bereinigten Gesamtkosten anzugeben (BGH, Az. VIII ZR 93/15). Der Mieter muss, wenn er die Abrechnung insoweit überprüfen will, die entsprechenden Belege einsehen (siehe Seite 94).

Welcher Umlage- oder Verteilerschlüssel ist vereinbart?

Stehen die Kosten für das gesamte Haus fest, müssen sie auf die einzelnen Mieter oder Wohnungen aufgeteilt werden. Das geschieht nach einem sogenannten **Umlage- oder Verteilerschlüssel**, der schon beim Abschluss des Mietvertrags zwischen Mieter und Vermieter vereinbart werden kann. Denkbare Verteilerschlüssel sind: Wohnfläche (Quadratmeter), umbauter Raum (Kubikmeter), Personenzahl, Anzahl der Wohneinheiten im Haus, Miteigentumsanteile in Wohnungseigentumsanlagen oder Verbrauch. Aus der Abrechnung muss ersichtlich sein, wie die Kosten auf die Mieter verteilt werden, welcher Verteilerschlüssel gilt. Ansonsten ist die Abrechnung formell unwirksam.

DAS IST WICHTIG: Die Kosten für Heizung und Warmwasser sind nach der Heizkostenverordnung grundsätzlich verbrauchsabhängig abzurechnen. Das gilt auch für Kaltwasser, wenn in den Wohnungen Wasserzähler zur Verbrauchserfassung installiert sind. Im Übrigen werden Betriebskosten in aller Regel nach Personenzahl oder nach Wohnfläche verteilt. Beide oder sogar noch mehrere Verteilerschlüssel können in einer Abrechnung miteinander kombiniert werden.

Soweit keine gesetzlichen oder vertraglichen Regelungen zu einem Verteilerschlüssel existieren, müssen die Betriebskosten nach der Wohnfläche verteilt werden. Gesetzlich neu geregelt ist jetzt in § 556a Abs. 3 BGB die Verteilung der Betriebskosten im vermieteten Wohnungseigentum. Fehlt hier eine vertragliche Vereinbarung, sind die Betriebskosten nach dem für die Wohnungseigentümer geltenden Maßstab umzulegen. Das sind in aller Regel die Miteigentumsanteile in der Eigentümergemeinschaft.

BEISPIEL: In einem Zehnfamilienhaus mit 800 Quadratmetern Wohnfläche und 24 Bewohnern wohnen unter anderem ein Rentnerehepaar in einer 60 Quadratmeter großen Wohnung, eine vierköpfige Familie auf 80 Quadratmetern und ein Single auf 100 Quadratmetern. Insgesamt sind 18.000 Euro Betriebskosten angefallen und damit zu verteilen.
Verteilung nach Wohneinheiten: Für jede Wohnung – egal, wie groß und von wie vielen Mietern bewohnt – müssen dann 1800 Euro gezahlt werden.
Verteilung nach Personenzahl: Pro Kopf fallen 750 Euro Betriebskosten an. Die vierköpfige Familie zahlt 3.000 Euro, das Rentnerehepaar 1.500 Euro und der Single nur 750 Euro.
Verteilung nach Wohnfläche: Pro Quadratmeter Wohnfläche sind 22,50 Euro zu zahlen. Der Single in der 100 Quadratmeter großen Wohnung zahlt am meisten, und zwar 2.250 Euro, die vierköpfige Familie kommt auf 1.800 Euro und das Rentnerehepaar auf 1.350 Euro.

Diese Regelung gilt ausnahmsweise dann nicht, wenn die Kostenverteilung billigem Ermessen widerspricht, zum Beispiel, wenn die Miteigentumsanteile stark von der Wohnungsgröße abweichen.

§ **SO ENTSCHIEDEN DIE GERICHTE:** Der Vermieter einer Eigentumswohnung darf den für die Wohnung ergangenen Grundsteuerbescheid direkt an den dort wohnenden Mieter weitergeben, auch wenn im Mietvertrag der Verteilerschlüssel »Wohnfläche« vereinbart war (BGH, Az. VIII ZR 252/12).

Je nachdem, welcher Verteilerschlüssel vereinbart oder vorgeschrieben ist, können sich große Unterschiede bei der Verteilung der Kosten im Haus ergeben.

Es gibt die folgenden Verteiler- oder Umlageschlüssel:

Wohneinheiten: Der einfache Verteilerschlüssel »Wohneinheiten« spielt allenfalls bei den Kosten für Gemeinschaftsantenne oder Kabelfernsehen eine Rolle. Im Übrigen ist die kostenmäßige Gleichbehandlung aller Wohnungen – egal, wie groß und von wie vielen Mietern bewohnt – höchst ungerecht.

Personenzahl: Auf den ersten Blick erscheint die Kostenverteilung nach Personenzahl nachvollziehbar und plausibel. Aber je größer das Mietshaus ist, desto schwieriger wird es. Denn in der Abrechnung muss der Vermieter angeben, wie viele Personen während des Abrechnungszeitraums im Haus und in den einzelnen Mieterhaushalten gewohnt haben.

Streit über die Frage, wer Mieter und wer Besucher war, ob der Lebenspartner schon eingezogen ist oder nicht, ob die Kinder noch in der Wohnung leben oder längst ausgezogen sind, warum auch für Säuglinge gezahlt werden muss und vieles mehr, ist vorprogrammiert. Hoher Aufwand und viel Ärger sprechen aus Vermietersicht häufig gegen diesen Verteilerschlüssel.

Wie die Personenzahl letztlich ermittelt wird, muss in der Abrechnung nicht mitgeteilt werden. Formell wirksam sind Aussagen zur Gesamtpersonenzahl mit Komma, wie 26,29 Personen (BGH, Az. VIII ZR 89/10), oder mit Angabe von Personenmonaten (BGH, Az. VIII ZR 97/14).

§ **SO ENTSCHIEDEN DIE GERICHTE:** Bei der Abrechnung der Betriebskosten nach der Personenzahl (Kopfzahl) kann der Vermieter nicht auf das amtliche Einwohnermelderegister zurückgreifen. Das bietet keine hinreichend exakte Grundlage für die Feststellung der wechselnden Personenzahl in einem Mietshaus mit einer Vielzahl von Wohnungen (BGH, Az. VIII ZR 82/07).

Wohnfläche: Der Gesetzgeber favorisiert die Kostenverteilung der kalten Betriebskosten nach Wohnfläche. Sie ist einfach, verständlich und transparent. Aus der Abrechnung muss sich ergeben, wie groß die Gesamtwohnfläche des Hauses und wie groß die Mietwohnung ist. Entscheidend ist die tatsächliche Wohnungsgröße, nicht die laut Mietvertrag unter Umständen abweichende Wohnfläche. Eine zehnprozentige Toleranzgrenze gibt es nicht (BGH, Az. VIII ZR 220/17).

Zur Wohnfläche gehören alle Räume innerhalb der Wohnung. Voll angerechnet werden Räume und Raumteile mit einer Höhe von mindestens zwei Metern. Zur Hälfte werden Raumteile zwischen einem und zwei Metern Höhe mitgerechnet. Raumteile unter einem Meter Höhe zählen nicht mit. Terrassen- oder Balkonflächen werden in der Regel mit 25 Prozent eingerechnet, höchstens zur Hälfte.

Was sonst noch berücksichtigt werden muss:

Leerstand: Stehen Wohnungen im Haus leer, muss der Vermieter die darauf anfallenden Kosten selbst tragen. Das gilt unabhängig von der Frage, ob die Betriebskosten nach Wohneinheiten, Personenzahl oder Wohnfläche verteilt werden. Werden die Kosten nach Personenzahl verteilt, wird für die leerstehende Wohnung die durchschnittliche Belegungszahl im Haus angerechnet, zumindest aber eine Person. Werden die Betriebskosten verbrauchsabhängig abgerechnet, stellt sich das Leerstandsproblem zum Beispiel bei den Wasserkosten nur bei hohen Fixkosten, wie Grundgebühren und Zählermiete. Diese Kosten müssen dann unter Umständen verbrauchsunabhängig verteilt werden, also zum Beispiel nach Wohnfläche und somit unter Einbeziehung des Vermieters (siehe Seite 107).

Änderung des Verteilerschlüssels: Eine Änderung des einmal gewählten Verteilerschlüssels ist kaum möglich. Voraussetzung wäre, dass der Vermieter und alle Mietparteien im Haus einen neuen Umlagemaßstab vereinbaren. Einseitig vorgeben darf der Vermieter einen neuen, für die nächste Abrechnungsperiode geltenden Verteilerschlüssel nur für bestimmte Betriebskostenarten, soweit diese künftig verbrauchsabhängig abgerechnet werden sollen.

Die Berechnung der Mieteranteile

Aus der Abrechnung muss sich nachvollziehbar ergeben, wie der Anteil des Mieters an den Gesamtkosten errechnet wurde.

BEISPIEL: Bei Hausmeisterkosten in Höhe von 6.000 Euro ergibt sich bei einer Wohnfläche des Hauses von 1.500 Quadratmetern, dass rechnerisch auf einen Quadratmeter 4 Euro entfallen. Für die 50 Quadratmeter große Wohnung bedeutet das 200 Euro Hausmeisterkosten.

Eine Abrechnung ist formell unwirksam, wenn sie keine Angaben zu den Berechnungsgrundlagen enthält, wie Gesamtbetrag, Gesamtanteil und Einheiten des Mieters.

Bei einem Mieterwechsel während der Abrechnungsperiode muss aus der Abrechnung ersichtlich sein, dass die Kosten der Wohnung auf den Mieter und seinen Nachmieter aufgeteilt wurden, zum Beispiel zeitanteilig. Entscheidend ist, wer wie viele Tage während des Abrechnungszeitraums in der Wohnung gelebt hat.

Vorauszahlungen angeben und verrechnen

Im Rahmen einer ordnungsgemäßen Abrechnung muss der Vermieter die Vorauszahlungsbeträge des Mieters angeben. Die Gesamtkosten des Hauses müssen dann mit den Vorauszahlungen verrechnet werden. Haben die Vorauszahlungen nicht ausgereicht, kann der Vermieter den noch offenstehenden Betrag nachfordern.

Endet die Verrechnung mit einem Saldo zugunsten des Mieters, muss der Vermieter den entsprechenden Betrag an den Mieter zurückzahlen. Die Abrechnung ist selbst dann formell wirksam, wenn die falschen Vorauszahlungsbeträge in die Abrechnung eingestellt wurden. Die Abrechnung ist aber dann natürlich inhaltlich falsch und muss korrigiert werden.

Die Nachvollziehbarkeit der Abrechnung

Neben den auf den Seiten 84 ff. genannten Voraussetzungen muss die Abrechnung auch nachvollziehbar sein. Nur dann ist sie formell wirksam. Die Abrechnung muss für einen Durchschnittsmieter ohne Spezialkenntnisse nachvollziehbar sein. Er muss aus der Abrechnung ersehen können, welche Kosten er bezahlen muss. Er muss diese Kosten gedanklich und rechnerisch nachprüfen können. Allzu strenge Anforderungen stellt der Bundesgerichtshof aber nicht. Eine Abrechnung über mehrere Seiten und Verteilerschlüssel für die einzelnen Betriebskosten auf unterschiedlichen Seiten sind in den Augen der Karlsruher Richter »nachvollziehbar«.

§ **SO ENTSCHIEDEN DIE GERICHTE:** Die Betriebskostenabrechnung ist auch dann formell in Ordnung, wenn die einzelnen Positionen in den verschiedenen Abschnitten der Abrechnung nach unterschiedlichen Merkmalen zusammengefasst sind und der Mieter die auf verschiedenen Seiten enthaltenen Angaben erst gedanklich zusammenführen muss, um die Berechnung der auf ihn entfallenden Kosten nachvollziehen zu können (BGH, Az. VIII ZR 3/17).

Wie Sie die Abrechnung prüfen und Belegeinsicht nehmen

Nach den Erfahrungen der örtlichen Mietervereine des Deutschen Mieterbundes ist jede zweite Betriebs- oder Heizkostenabrechnung falsch, unverständlich oder nicht nachvollziehbar.

Mieter sollten deshalb immer – egal, ob sie nachzahlen müssen oder Geld zurückerhalten – die Abrechnung genau prüfen. Inhaltliche Fehler oder formelle Mängel müssen reklamiert werden. Die Abrechnung ist dann zu korrigieren und unter Umständen muss sie neu erstellt werden.

Welche Fristen müssen eingehalten werden?

Nach den Vorstellungen des Gesetzgebers soll innerhalb eines bestimmten Zeitraums Klarheit zwischen Mieter und Vermieter bestehen, ob aus einer Betriebskostenabrechnung noch Zahlungsansprüche folgen oder nicht.

Abrechnungsfrist

Spätestens zwölf Monate nach Ende der Abrechnungsperiode müssen Mieter die Betriebskostenabrechnung ihres Vermieters in den Händen halten.

Bei einem Abrechnungszeitraum 1. Oktober 2020 bis 30. September 2021 muss die Abrechnung dem Mieter also am 30. September 2022 zugegangen sein. Meistens entspricht der Abrechnungszeitraum aber dem Kalenderjahr. Dann muss die Abrechnung für das Jahr 2021 (1. Januar bis 31. Dezember) spätestens Silvester 2022 beim Mieter eintreffen. Ist der letzte Tag des Monats beziehungsweise Silvester ein Samstag oder Sonntag, endet die Zugangsfrist am nächsten Werktag.

Den rechtzeitigen Zugang der Abrechnung muss der Vermieter nachweisen. Er hält die zwölfmonatige Abrechnungsfrist schon durch Zusendung einer formell ordnungsgemäßen Abrechnung ein. Sie muss noch nicht inhaltlich richtig sein (BGH, Az. VIII ZR 115/04). Innerhalb der Zwölfmonatsfrist kann der Vermieter Fehler korrigieren, auch zum Nachteil des Mieters. Nach Ablauf der Frist ist eine Korrektur zulasten des Mieters unzulässig. Ausnahmsweise gilt nach Treu und Glauben etwas anderes, wenn der Fehler in der Abrechnung offensichtlich war, auf einem Versehen des Vermieters beruhte und der Mieter den Fehler leicht hätte erkennen können (BGH, Az. VIII ZR 133/10).

§ **SO ENTSCHIEDEN DIE GERICHTE:** Die Abrechnungsfrist wird nur dann gewahrt, wenn die Abrechnung dem Mieter innerhalb der Frist zugeht. Die rechtzeitige Absendung durch den Vermieter genügt nicht (BGH, Az. VIII ZR 107/08).

Hat der Vermieter die Abrechnungsfrist überschritten, kann er keine Nachforderungen aus der Abrechnung stellen – egal, zu welchem Ergebnis die Abrechnung kommt. Unabhängig davon können Mieter nach Ablauf der zwölfmonatigen Abrechnungsperiode eine Betriebskostenabrechnung einfordern, notfalls einklagen. Für Mieter ist dies ohne Risiko: Nachforderungen kann der Vermieter nach Ablauf der zwölf Monate nicht mehr stellen, ein eventuelles Guthaben der Mieter muss er auszahlen.

Ausnahmsweise kann der Vermieter Nachforderungen auch noch nach zwölf Monaten erheben, vorausgesetzt, er hat die verspätete Abrechnung nicht zu vertreten. Das ist denkbar, wenn Unterlagen bei einem Wohnungs- oder Hausbrand vernichtet wurden oder die Abrechnung aufgrund eines Unfalls oder einer schweren Erkrankung nicht rechtzeitig erfolgen konnte. Verspätungen, Untätigkeit oder Nachlässigkeiten von Angestellten oder beauftragten Unternehmen entlasten den Vermieter dagegen nicht.

Einwendungsfrist

Hat der Vermieter die Betriebskostenabrechnung vorgelegt, muss der Mieter eventuelle Reklamationen und Einwendungen gegen die Abrechnung innerhalb eines Jahres vorbringen. Danach kann er keine Einwendungen mehr erheben – egal, ob einzelne Kosten zu hoch angesetzt, fehlerhaft berechnet oder gar nicht umlegbar waren.

DAS IST WICHTIG: Zwölf Monate Einwendungsfrist bedeutet nicht, dass Mieter sich ein Jahr lang Zeit mit ihrer Reklamation lassen dürfen. Die normale Prüffrist ist deutlich kürzer, etwa vier Wochen. Die Einwendungsfrist ist eine absolute Höchstfrist. Nach zwölf Monaten sind »alle Messen gesungen«, Mieter können nichts mehr gegen die Abrechnung unternehmen – egal, wie falsch sie ist. Das gilt auch, wenn der Vermieter jedes Jahr den gleichen Fehler macht und der Mieter dies immer erfolgreich reklamiert hat. Wird bei der aktuellen Abrechnung vergessen, innerhalb von zwölf Monaten zu reklamieren, muss der Mieter zahlen.

Nach dem Wortlaut des Gesetzes fällt das Ende der Einwendungsfrist immer auf den Monatsletzten. Das bedeutet, erhielt der Mieter seine Abrechnung am 15. März 2022, endet seine zwölfmonatige Einwendungsfrist am 31. März 2023. Dieses Datum gilt auch, wenn ihm die Abrechnung am 1. oder 31. März 2022 zugegangen ist.

Die Einwendungsfrist läuft ausnahmsweise nicht nach einem Jahr ab, wenn der Mieter die verspäteten Einwendungen nicht zu vertreten hat, zum Beispiel wegen einer Erkrankung.

Formelle und inhaltliche Fehler

Gleichgültig, ob formell mangelhaft oder inhaltlich falsch – Mieter haben Anspruch auf eine korrekte Abrechnung. Aber die Unterscheidung zwischen formellen und inhaltlichen Fehlern kann wichtig sein. So wird die Abrechnungsfrist mit einer formell ordnungsgemäßen Abrechnung gewahrt, auf die inhaltliche Richtigkeit kommt es für die Fristeinhaltung nicht an.

Eine formell fehlerhafte Abrechnung ist dagegen unwirksam, sie löst keine Konsequenzen oder Ansprüche aus. Die Einwendungsfrist des Mieters wird erst durch eine formell ordnungsgemäße Abrechnung in Gang gesetzt. Formelle Mängel können nach Ablauf der Abrechnungsfrist nicht mehr geheilt werden. Inhaltliche Mängel sind auch dann noch korrigierbar. Sie dürfen aber nicht zu einer Mehrbelastung des Mieters gegenüber der fehlerhaften Abrechnung führen.

Die Unterscheidung zwischen formellen und inhaltlichen Mängeln kann schwierig sein. Als Faustregel kann gelten: Sagt der Mieter, das verstehe ich nicht, liegt ein formeller Fehler vor. Sagt der Mieter, das ist falsch, hat die Abrechnung einen inhaltlichen Fehler.

BEISPIEL: Die Abrechnung endet mit einer Nachforderung von 250 Euro. Hat die Abrechnung einen formellen Fehler, muss der Vermieter eine neue Abrechnung schicken. Nach Fristablauf kann er nicht mehr abrechnen, er bekommt die 250 Euro nicht. Einen inhaltlichen Fehler kann der Vermieter korrigieren, auch noch nach Ablauf der Abrechnungsfrist. Er kann aber höchstens 250 Euro fordern. Die Korrektur darf nicht zum Nachteil beim Mieter führen.

§ **SO ENTSCHIEDEN DIE GERICHTE:** Die Abgrenzung zwischen formeller Wirksamkeit und inhaltlicher Richtigkeit richtet sich danach, ob der durchschnittliche Mieter in der Lage ist, die Art des Verteilerschlüssels der einzelnen Kostenpositionen zu erkennen, um den auf ihn entfallenden Anteil an den Gesamtkosten rechnerisch nachzuprüfen (formelle Wirksamkeit). Ob die abgerechneten Positionen dem Ansatz und der Höhe nach zu Recht bestehen oder sonstige Mängel der Abrechnung vorliegen, etwa ein falscher Anteil an den Gesamtkosten zugrunde gelegt wird, betrifft die inhaltliche Richtigkeit (BGH, Az. VIII ZR 295/07).

Die Rechtsprechung stellt an die Formalien einer Abrechnung keine allzu hohen Anforderungen. Einerseits müssen die essenziellen Voraussetzungen (siehe Seiten 84 bis 90) grundsätzlich erfüllt sein. Andererseits soll ein inhaltlicher Fehler und kein formeller Mangel vorliegen, wenn der in der Abrechnung verwendete Umlageschlüssel von dem im Mietvertrag vereinbarten abweicht (BGH, Az. VIII ZR 115/04).

Die Abrechnung ist auch dann formell in Ordnung, wenn aus ihr nicht ersichtlich ist, ob der Vermieter bei einzelnen Nebenkostenpositionen, wie zum Beispiel beim Hausmeister, die gesetzlich vorgeschriebenen Abzüge wegen tatsächlich durchgeführten Verwaltungs- und Instandsetzungsarbeiten vorgenommen hat (BGH, Az. VIII ZR 33/15). Um das zu klären, muss der Mieter beim Vermieter nachfragen und/oder die Belege einsehen.

Form und Frist der Prüfung

Es gibt weder gesetzliche Vorgaben zu einer Frist, bis zu der der Mieter Reklamationen bezüglich seiner Betriebskostenabrechnung erhoben haben muss, noch gibt es gesetzliche Formvorschriften. In der Regel wird der Mieter seine Einwendungen gegen die Abrechnung schriftlich geltend machen. Möglich ist aber auch eine Reklamation per E-Mail oder mündlich/telefonisch, auch wenn dies aus Beweisgründen wenig sinnvoll ist.

Grundsätzlich wird die Saldoforderung aus der Abrechnung sofort fällig. Aber die Gerichte geben den Mietern eine Prüffrist von zwei bis vier Wochen. In dieser Zeit können Mieter die Abrechnung auf Herz und Nieren prüfen beziehungsweise sich beim örtlichen Mieterverein beraten lassen und Informationen einholen, ob Einwendungen gegen die Abrechnung sinnvoll und erfolgversprechend sind.

DAS IST WICHTIG: Solange die Abrechnung nicht fehlerfrei und in Ordnung ist oder solange der Vermieter auf die Beschwerden des Mieters nicht eingegangen und auch kein Termin für eine Belegeinsicht zustande gekommen ist, muss der Mieter eine Vermieterforderung auch nicht zahlen.

Auskunftsanspruch und Belegeinsicht

Ist die Abrechnung nicht ohne Weiteres nachvollziehbar, sind beispielsweise gegenüber dem Vorjahr unplausible Preissteigerungen aufgetreten, rechnet der Vermieter neue Kosten ab, kann der Mieter nicht glauben, dass der Hausmeister 100.000 Euro im Jahr verdient, oder versteht er seine Abrechnung nicht, muss er nachfragen. Er hat gegenüber seinem Vermieter einen Auskunftsanspruch. Dabei reicht es nicht aus, einfach zu behaupten, die Kosten seien zu hoch. Der Mieter muss im Einzelnen geltend machen, was zu bemängeln ist. Dazu muss er unter Umständen zunächst die Rechnungsbelege beim Vermieter einsehen (BGH, Az. XII ZR 170/13).

Gerade Großvermieter, börsennotierte Unternehmen wie Vonovia beauftragen mit

Hausmeister-, Gartenpflege- oder sonstigen Arbeiten nicht einfach eigene Arbeitskräfte oder ein ortsansässiges Unternehmen. Sie beauftragen ein rechtlich selbstständiges Tochter- oder Schwesterunternehmen, das dann häufig genug wiederum ein Subunternehmen einschaltet. Auf diese Art und Weise lässt sich für den Großvermieter-Konzern sogar noch mit den Betriebskosten Geld verdienen. Die Prüfung der Vermieterabrechnung und die Belegeinsicht sind tatsächlich und auch rechtlich schwierig.

Der Bundesgerichtshof hat jetzt erstmals konkrete Vorgaben gemacht:

- Der Mieter hat kein Einsichtsrecht in die Vertragsunterlagen, die das vom Vermieter beauftragte Drittunternehmen (Tochter- oder Schwesterunternehmen) mit dem Subunternehmen abgeschlossen hat. Voraussetzung: Der Vermieter hat mit dem Drittunternehmen eine Vergütung für die vorzunehmenden Arbeiten vereinbart und diese Vergütung in die Betriebskostenabrechnung für die Mieter eingestellt.
- Der Mieter hat ein Einsichtsrecht in den Vertrag des Drittunternehmens mit einem Subunternehmen und in die Abrechnung des Subunternehmens, wenn im Vertrag zwischen Vermieter und Drittunternehmen keine Vergütung, sondern nur die Erstattung der entstandenen Kosten vereinbart worden ist, also ohne Gewinn (BGH, Az. VIII ZR 102/21 und VIII ZR 114/21).

Das Recht zur Prüfung und Belegeinsicht erstreckt sich immer auf die Verträge zwischen Vermieter und Tochter- oder Schwesterunternehmen. Und egal wie intransparent und verschachtelt die Konstruktion auf Vermieterseite ist, das Gebot der Wirtschaftlichkeit (siehe Seite 96) ist zu beachten.

§ **SO ENTSCHIEDEN DIE GERICHTE:** Das Recht auf Belegeinsicht bedeutet, dass der Mieter alle Unterlagen, Bescheide, Arbeitsverträge, Aufträge, Versicherungspolicen, Rechnungen oder Zahlungsbelege einsehen und prüfen kann (BGH, Az. VIII ZR 118/19).
Einen Anspruch auf Zusendung der Rechnungs- und Zahlungsbelege in Fotokopie hat der Mieter dagegen nicht (BGH, Az. VIII ZR 78/05). Dieses Recht hat nur der Mieter einer Sozialwohnung.

Mieter müssen deshalb zur Belegeinsicht in das Büro des Vermieters beziehungsweise dessen Verwalters am Ort der Mietwohnung. Der Mieter kann zu diesem Prüfungstermin zum Beispiel einen Rechtsberater des Mietervereins hinzuziehen, er kann auch eine dritte Person zur Einsicht bevollmächtigen. Bei der Prüfung vor Ort müssen die Originalbelege vorgelegt werden (BGH, Az. VIII ZR 66/20). Nur ausnahmsweise muss sich ein Mieter mit Kopien und Scanprodukten begnügen. Mieter haben das Recht, die Unterlagen zu fotografieren oder zu scannen.

Führt der Vermieter ein papierloses Büro, hat er die Rechnungsbelege eingescannt und die Originale dann vernichtet, muss er dies beweisen (AG Konstanz, Az. 11 C 464/18) und von den eingescannten Dokumenten einen Ausdruck des Originals vorlegen (LG Hamburg, Az. 401 HKO 56/18). Sinnvoll wäre es, wenn der Vermieter zumindest bis zum Ende der zwölfmonatigen Einwendungsfrist des Mieters die Originale verwahren würde.

Auch wenn der Vermieter keine Fotokopien der Belege fertigen und verschicken muss, er ist natürlich dazu berechtigt und wird dies auf Bitten des Mieters in der Regel auch tun. Der Vermieter hat dann Anspruch auf Kostenerstattung, maximal 25 Cent pro Kopie.

In Ausnahmefällen ist der Vermieter sogar verpflichtet, Fotokopien der Belege zu verschicken. Die Einsichtnahme in den Räumen des Vermieters ist unzumutbar, wenn die Mieterwohnung vom Sitz des Vermieters oder seiner Verwaltung zu weit entfernt ist. Unzumutbar ist das auch, wenn der Mieter in eine andere Stadt umgezogen oder er längere Zeit wegen eines studienbedingten Auslandsaufenthalts abwesend ist (BGH, Az. VIII ZR 80/09) oder wenn er schwer erkrankt ist, wenn er geh- oder sehbehindert ist oder unter einer anderen erheblichen Beeinträchtigung leidet.

Grundsatz der Wirtschaftlichkeit

Laut Gesetz gilt im Betriebskostenrecht der Grundsatz der Wirtschaftlichkeit (§ 556 Abs. 3 BGB). Das bedeutet, dass der Vermieter sparsam mit dem Geld seiner Mieter umgehen und alle kostenrelevanten Entscheidungen so treffen soll, als wenn er die Ausgaben selbst zahlen müsste. Das bedeutet aber nicht, dass der Vermieter immer den preisgünstigsten Anbieter auswählen muss. Gibt es gewichtige und nachvollziehbare Gründe für einen teureren Anbieter, kann der Vermieter auch den auswählen.

Wirtschaftlich vernünftig verhält sich der Vermieter, wenn er vor Ort das Preisniveau für bestimmte Arbeiten auslotet oder entsprechende Angebote einholt. Beim Einkauf sind die Mengen zu optimieren, Rabatte auszuhandeln. Die Leistungsumfänge, das heißt die Intervalle für die Hausreinigung oder die Gartenpflege, sind zu überprüfen. Unnötige Wartungsverträge dürfen nicht abgeschlossen werden.

Kann der Mieter nachweisen, dass der Vermieter zu hohe und damit unwirtschaftliche Kosten abrechnet, ist die entsprechende Betriebskostenposition ganz zu streichen oder auf das wirtschaftlich vernünftige Kostenniveau zu reduzieren.

Gewerbliche Mieter

Sind im Haus neben den Wohnungen auch Gewerbeeinheiten vermietet, Büros oder Geschäfte, verursachen diese Gewerbemieter häufig höhere Betriebskosten. Das können teurere Versicherungsprämien sein, zusätzliche Glasversicherungen bei großen Schaufenstern oder höhere Wasserkosten bei Friseuren oder Gaststätten. Eine Aufteilung der Betriebskosten zwischen Wohnungen und

Gewerbe ist aber nur geboten, wenn die Kosten des Gewerbes zu einer spürbaren Mehrbelastung der Wohnungsmieter führen. Haben die keine erheblichen Nachteile, müssen die Betriebskosten nicht getrennt umgelegt werden (BGH, Az. VIII ZR 78/05). Das gilt zum Beispiel auch für die Grundsteuer (BGH, Az. VIII ZR 79/16). Im Streitfall muss der Mieter beweisen, dass die einheitliche Verteilung der Kosten für ihn eine erhebliche Mehrbelastung bedeutet (BGH, Az. VIII ZR 45/10).

Aperiodische Kosten

Betriebskosten müssen nach der gesetzlichen Definition laufend und immer wiederkehrend entstehen. Der Sandaustausch bei einem Spielplatz fällt alle zwei Jahre an, die Dachrinnenreinigung alle drei bis vier Jahre und die Eichung von Wasserzählern alle fünf beziehungsweise sechs Jahre. Diese Kosten können in voller Höhe in dem Jahr, in dem sie angefallen sind, umgelegt werden (BGH, Az. VIII ZR 221/08). Zulässig dürfte aber auch eine Aufsplittung der Kosten sein, zum Beispiel die Kosten der Dachrinnenreinigung anteilig auf drei Jahre zu verteilen.

Wirtschaftseinheit

Grundsätzlich soll nach der kleinstmöglichen Abrechnungseinheit abgerechnet werden, also gebäudebezogen. Denkbar ist aber auch die Abrechnung nach Wirtschaftseinheiten. Hier werden zur Verwaltungsvereinfachung mehrere Gebäude zusammengefasst und abgerechnet. Bei öffentlich geförderten Wohnungen (Sozialwohnungen) müssen die einzelnen Gebäude einem Eigentümer und Vermieter gehören, im örtlichen Zusammenhang stehen und deren Errichtung muss ein einheitlicher Finanzierungsplan zugrunde liegen. Bei frei finanzierten Wohnungen ist keine Identität zwischen Eigentümer und Vermieter erforderlich. Es reicht aus, dass die Häuser einheitlich verwaltet werden. Die Gebäude müssen in einem unmittelbaren örtlichen Zusammenhang stehen und es darf kein wesentlicher Unterschied im Wohnwert bestehen.

Verjährung

Der Anspruch des Mieters auf Vorlage einer Betriebskostenabrechnung verjährt nach drei Jahren. Der Anspruch entsteht am Tag nach Ablauf der einjährigen Abrechnungsfrist. Die Verjährungsfrist beginnt am Ende dieses Jahres zu laufen.

BEISPIEL: Abrechnungsjahr 2021; Anspruch auf Rechnungslegung entsteht am 1. Januar 2023; Verjährungsfrist beginnt mit Ablauf des 31. Dezember 2023, Verjährung tritt am 31. Dezember 2026 ein.

Auch Zahlungsansprüche aus der Abrechnung verjähren nach drei Jahren. Der Anspruch entsteht mit Vorlage der Abrechnung.

BEISPIEL: Der Vermieter hat die Abrechnung für das Jahr 2021 im August 2022 vorgelegt. Die Verjährungsfrist beginnt mit dem Ablauf des 31. Dezember 2022 zu laufen und die Verjährung tritt mit Ablauf des 31. Dezember 2025 ein.

Heizung und Warmwasser

Die Kosten für Heizung und Warmwasser sind Betriebskosten, genauso wie die ab Seite 70 aufgeführten kalten Betriebskosten. Auch hier gelten die Betriebskostenregelungen des BGB und der Betriebskostenverordnung. Ergänzend kommt die Heizkostenverordnung hinzu. Sie schreibt vor, dass Heiz- und Warmwasserkosten immer verbrauchsabhängig abzurechnen sind, wenn die Heizungs- oder Warmwasseranlage mindestens zwei Wohnungen versorgt.

Heizkosten

Zu den Heizkosten gehören neben den Brennstoffkosten auch sogenannte Heizungsnebenkosten.

Brennstoffkosten

Das sind die Kosten für den Einkauf von Heizöl, Gas, Fernwärme, Holzpellets oder Strom. In die Heizkostenabrechnung dürfen nur die im Abrechnungszeitraum verbrauchten Brennstoffe aufgenommen werden. Deshalb ist bei einer Ölheizung der Anfangs- und Endbestand zu ermitteln, bei Gasheizungen ist der Ablesewert des Hauptzählers am Ende der Abrechnungsperiode entscheidend. Seit 2021 müssen Mieter über die Brennstoffkosten zusätzlich einen CO_2-Preis zahlen. Pro Tonne sind das 25 Euro. Je nach Beheizungsart, energetischem Zustand des Gebäudes und Baualter muss mit Zusatzkosten zwischen 25 und 125 Euro im Jahr gerechnet werden. Bis zum Jahr 2025 soll der CO_2-Preis auf 55 Euro pro Tonne klettern. Das könnte zu jährlichen Mehrkosten zwischen 180 und 260 Euro führen. Im März 2022 hat die Bundesregierung beschlossen, ein Stufenmodell einzuführen, mit dem die Zusatzkosten zwischen Vermieter und Mieter neu geregelt werden soll. Je schlechter ein Gebäude gedämmt und je älter die Heizung ist, desto höher soll die CO_2-Belastung für den Vermieter ausfallen und umso größer die Entlastung für Mieter sein. Wird dieses Modell nicht Gesetz, sollen die Zusatzkosten zwischen Mieter und Vermieter hälftig aufgeteilt werden.

Heizungsnebenkosten

In die Heizkostenabrechnung können die Kosten für den Betriebsstrom eingestellt werden. Das sind die Stromkosten für die Umwälzpumpe, die Ölpumpe, den Brenner und für die Regelungsanlage. Ist kein Zwischenzähler vorhanden, muss geschätzt werden. Betriebs- und Heizkostenverordnung führen als weitere Heizungsnebenkosten noch Bedienungs- und Überwachungskosten sowie Kosten für die Reinigung der Anlage und des Betriebsraums auf. Diese Kosten entstehen aber bei neueren

Heizungsanlagen kaum. Falls doch, dürfte sich ein Hauswart um diese Arbeiten kümmern. Allenfalls eine Öltankreinigung kann in größeren Abständen – alle fünf bis sieben Jahre – notwendig werden.

Weitere Heizungsnebenkosten sind die Wartungskosten. Hierzu gehörende Arbeiten sind die Überprüfung und Einstellung der Anlage und der Immissionsschutzwerte (Abgasmessung) sowie die Feuerstättenschau alle drei bis fünf Jahre durch den Schornsteinfeger. Reparaturkosten sind auch bei der Heizungsanlage keine umlagefähigen Betriebskosten. Hat der Vermieter einen Vollwartungsvertrag abgeschlossen, müssen bei der Heizkostenabrechnung die enthaltenen Reparaturkostenanteile abgezogen werden.

§ **SO ENTSCHIEDEN DIE GERICHTE:** Die Kosten der Reinigung des Öltanks einer Heizungsanlage sind umlagefähige Heizungsnebenkosten und können in dem Abrechnungszeitraum umgelegt werden, in dem sie entstehen (BGH, Az. VIII ZR 221/08).

Neben den gesetzlich vorgegebenen Immissionsschutzmessungen sind auch die Kosten für die Anmietung oder Verwendung von Verbrauchserfassungssystemen umlagefähig. Es sind Kosten zur Durchführung der verbrauchsabhängigen Heizkostenabrechnung. Die Erfassungssysteme kann der Vermieter kaufen und acht Prozent der Kosten als Modernisierungsmieterhöhung auf die Jahresmiete aufschlagen. Wird ein Erfassungssystem nach Jahren lediglich ausgetauscht, ist dies in der Regel keine Modernisierung. Statt zu kaufen, kann der Vermieter Erfassungssysteme auch mieten oder leasen. Voraussetzung ist, dass die Mieter im Haus vorab informiert werden und nicht mehr als die Hälfte der Mieter widerspricht.

Außer den möglichen Eichkosten für Wärme- und Warmwasserzähler dürfen keine Wartungskosten für Heizkostenverteiler oder Kosten für »Geräteservice« oder »Systempflege« umgelegt werden.

DAS IST WICHTIG: Unwirtschaftlich und damit unzulässig sind Kosten für die Erfassungssysteme, die über den möglichen Einsparungen einer Verbrauchsabrechnung liegen.

Die ebenfalls umlegbaren Kosten der Berechnung, Aufteilung und Verbrauchsanalyse der Heizkosten durch eine Wärmemessdienstfirma sind in erster Linie Kosten für das Ablesen der Erfassungssysteme und die Erstellung der Abrechnung. Das sind eigentlich typische nicht umlegbare Verwaltungskosten. Der Gesetzgeber hat sie aber trotzdem für umlagefähig erklärt. Mit der Verbrauchsanalyse soll die Entwicklung der Heiz- und Warmwasserkosten der vergangenen Jahre wiedergegeben werden. In der Praxis spielt die Verbrauchsanalyse bisher aber kaum eine Rolle.

Warmwasserkosten

Zu den Kosten des Betriebs der zentralen Warmwasserversorgungsanlage gehören die Kosten für die Erwärmung des Wassers, unter Umständen auch die Kosten für das für die Warmwasserversorgung verbrauchte Wasser. In der Praxis ist es aber üblich, diese Kosten als Teil der Kaltwasserversorgung abzurechnen. Der Vermieter hat hier ein Wahlrecht.
Zu den umlegbaren Warmwasserkosten gehören auch die Kosten der in der Trinkwasserversorgung vorgesehenen Legionellenprüfung. Die muss in praktisch allen Häusern vorgenommen werden. Ausgenommen sind Warmwasserversorgungsanlagen in Ein- und Zweifamilienhäusern sowie Häusern beziehungsweise Wohnungen mit dezentraler Warmwasseraufbereitung, also über Boiler oder Durchlauferhitzer.

Wird – wie meistens – in den abzurechnenden Gebäuden das Warmwasser zusammen mit dem Wasser für die Heizung erwärmt, müssen für die verbrauchsabhängige Abrechnung auch die Kosten für die Heizung und die Kosten für das Warmwasser getrennt werden.

Geschieht das nicht, darf der Mieter die ihm in Rechnung gestellten Kosten um 15 Prozent kürzen (LG Halle/Saale, Az. 1 S 176/18 und LG Potsdam, Az. 4 S 33/17). Die auf die zentrale Warmwasserversorgungsanlage entfallende Wärmemenge muss mit einem Wärmemengenzähler gemessen werden.

Kann die Wärmemenge nur mit einem unzumutbar hohen Aufwand gemessen werden, kann sie rechnerisch in Abhängigkeit vom Volumen des verbrauchten Wassers und der mittleren Temperatur des Warmwassers berechnet werden.

Nur in Ausnahmefällen, in denen weder die Wärmemenge noch das Volumen des verbrauchten Warmwassers messbar ist, kann die Berechnung rechnerisch in Abhängigkeit von der versorgten Fläche vorgenommen werden.

Wärmelieferung: Fernwärme, Contracting

Die Wärmeversorgung muss nicht durch eine zentrale Heizungsanlage des Vermieters erfolgen. Denkbar ist auch, dass der Vermieter einen Wärmelieferungsvertrag mit einem Fernwärmeversorger abschließt. Das ist rechtlich ein Kaufvertrag.

Der Vermieter bleibt hier weiterhin für die Heizung verantwortlich und muss verbrauchsabhängig nach der Heizkostenverordnung abrechnen. Anstelle der sonst üblichen Brennstoffkosten wird dann ein Fernwärmepreis des Unternehmens angesetzt. Der setzt sich aus Grund-, Arbeits- und Verrechnungspreis zusammen und enthält auch Unternehmergewinne, Arbeitslohn, Reparatur- sowie Modernisierungskosten. Heizungsnebenkosten fallen dagegen nicht an, allenfalls Kosten für den Betriebsstrom.

Während es bei der Fernwärme um die Versorgung von ganzen Städten oder Stadtteilen geht, spricht man von Contracting oder Nahwärme, wenn ein Wärmelieferant nur ein Haus oder einen Gebäudekomplex, selten eine kleinere Siedlung beliefert.

Auch hier ist der Wärmelieferungsvertrag ein Kaufvertrag und der vertraglich vereinbarte Kaufpreis enthält nicht nur die Energiekosten, sondern Kapitalkosten, Abschreibungen und Gewinne (BGH, Az. VIII ZR 286/02). Der Wärmepreis wird dann gegenüber dem Mieter verbrauchsabhängig nach der Heizkostenverordnung abgerechnet. Verantwortlich für Heizung und Abrechnung bleibt der Vermieter.

Die Regelungen für die Wärmelieferungen von Fernwärme und das Contracting laufen weitestgehend parallel. Will der Vermieter von der Zentralheizung auf Fernwärme/ Contracting umstellen, gilt § 556c BGB. Es müssen folgende Voraussetzungen erfüllt sein:

- Der Wärmelieferant errichtet eine neue Anlage oder liefert die Wärme aus einem Wärmenetz. Wärmenetz bedeutet, dass die Wärme in einem Fernwärme- oder Blockheizkraftwerk produziert wird.
- Eine bereits bestehende Heizungsanlage darf der Wärmelieferant nur übernehmen, wenn sie vor der Umstellung noch einigermaßen effizient betrieben werden konnte. Die Anlage muss einen Jahresnutzungsgrad von mindestens 80 Prozent aufweisen.
- Die Umstellung auf die Wärmelieferung muss für den Mieter kostenneutral sein. Der zu zahlende Wärmepreis darf nicht höher sein als die bisherigen Kosten für Heizung und gegebenenfalls Warmwasser. Entscheidend sind dabei die letzten drei Abrechnungsjahre.
- Letztlich muss die Anlage, in der die Wärme erzeugt wird, mit einer besseren Effizienz arbeiten als die alte Heizungsanlage.

Der § 556c BGB und die Wärmelieferverordnung gelten nur für die Umstellung auf Wärmelieferung. In neuen Mietverträgen kann von vornherein eine Wärmelieferung vereinbart werden. Die Mieter eines Hauses können auch direkt mit dem Fernwärmeversorger oder Contractor einen Kaufvertrag abschließen.

Erneuerbare Energien

Ziel der Umwelt- und Klimapolitik ist es, den Anteil fossiler Energiequellen wie Öl, Gas und Kohle immer stärker zurückzufahren und den Anteil erneuerbarer Energien am Endenergieverbrauch für Strom, aber auch für Heizwärme, zu erhöhen.

Bei der Umlage der Heizkosten stellt sich die Frage, wie die erneuerbaren Energien zu berücksichtigen sind. Ist ein Dritter für die Wärmeerzeugung verantwortlich (Wärmelieferung), kann der Vermieter dessen Wärmepreis an den Mieter weitergeben. Betreibt der Vermieter die Heizungsanlage selbst, kann er den Mietern nur die Kosten berechnen, die ihm für die Erzeugung von Wärme auch entstanden sind. Aber Brennstoffkosten fallen bei erneuerbaren Energien wie Solarenergie oder Erdwärme nicht an und eingesparte Brennstoffkosten für die Erzeugung der Heizenergie oder die Erwärmung des Warmwassers darf der Vermieter nicht abrechnen.

Solarenergie kommt insbesondere im Warmwasserbereich zur Anwendung. Abrechnungstechnisch ist eine zentrale Warmwasserversorgung (ohne Heizung) unproblematisch. Der Vermieter rechnet nachgewiesene – zusätzliche – Brennstoffkosten ab, der Beitrag der Solarenergie bleibt unberücksichtigt. Schwieriger wird es, wenn die Solaranlage das Haus gleichzeitig mit Wärme und Warmwasser versorgt. Hier muss der Anteil der Solarenergie an der Wärmeerzeugung mit separaten Wärmezählern bestimmt und dann abgezogen werden. Auch bei der Geothermie (Erdwärme) fallen keine Brennstoffkosten an. Stattdessen benötigt die Anlage aber größere Mengen Strom. Der Vermieter kann die Stromkosten nach einem vereinbarten Umlageschlüssel auf die Mieter des Hauses aufteilen.

Einzelheizung: Therme und Etagenheizung

Typisch für Einzelheizungen ist, dass sie nur für die Heizwärme oder Warmwasserversorgung einer einzelnen Wohnung verantwortlich sind. Da diese Einfamilienhaus- oder Wohnungsmieter die Brennstoffkosten in aller Regel direkt an einen Energielieferanten zahlen, gibt es hier weder ein Umlage- noch ein Aufteilungsproblem.

Als Betriebskosten kann der Vermieter die Brennstoffkosten nur ausnahmsweise auf den Mieterhaushalt umlegen, wenn er für den Einkauf, zum Beispiel des Heizöls bei Einfamilienhäusern, verantwortlich ist.

DAS IST WICHTIG: **In vielen Mietverträgen ist eine Klausel enthalten, wonach sich der Mieter verpflichtet, einmal im Jahr die Gastherme (oder eine ähnliche Heizungsanlage) auf seine Kosten warten zu lassen. Das ist zulässig.**

Somit bleiben als laufende Betriebskosten nur Reinigungs- und Wartungskosten übrig, möglicherweise noch Kosten der Abgasuntersuchung und der Feuerstättenschau. Voraussetzung für die Umlage dieser Kosten ist jedoch eine entsprechende Vereinbarung im Mietvertrag.

§ **SO ENTSCHIEDEN DIE GERICHTE:** Die Klausel in einem Formularmietvertrag vom Vermieter, die dem Mieter die anteiligen Kosten der jährlichen Wartung einer Gastherme auferlegt, benachteiligt den Mieter auch dann nicht unangemessen, wenn die Klausel eine Obergrenze für den Umlagebetrag nicht vorsieht (BGH, Az. VIII ZR 119/12).

Aber: Doppelt zahlen – einmal über die Betriebskostenabrechnung und ein zweites Mal über die Thermenwartungsklausel – muss der Mieter natürlich nicht. Entweder, oder. Außerdem darf die Wartungsklausel den Mieter nur verpflichten, die Wartungskosten zu zahlen, nicht auch dazu, den Wartungsvertrag abzuschließen (BGH, Az. VIII ZR 38/90).

Dagegen ist eine Kostenobergrenze nicht erforderlich.

Ist die Wartungsklausel unwirksam, kann der Vermieter die Kosten der Wartung immer noch über die Betriebskosten abrechnen, soweit sie im Mietvertrag vereinbart sind.

Die verbrauchsabhängige Heizkostenabrechnung

Die Kosten für Heizung und Warmwasser sind Betriebskosten. Für die Abrechnung dieser **warmen Betriebskosten** gelten die gleichen Grundsätze wie für die Abrechnung der kalten Betriebskosten (siehe Seiten 84 ff. und Seite 91 ff.). Das gilt für die Inhalte und Fristen der Abrechnung und für die Überprüfungsmöglichkeiten. Es gibt bei den warmen Betriebskosten nur eine Besonderheit: Die Heizkostenverordnung bestimmt, dass die Kosten für Heizung und Warmwasser **verbrauchsabhängig** abgerechnet werden müssen.

Nach den Zahlen des Betriebskostenspiegels des Deutschen Mieterbundes müssen Mieter zwischen 0,69 und 1,82 Euro pro Quadratmeter und Monat für Heiz- und Warmwasserkosten zahlen. Da die Brennstoffpreise gerade für Heizöl und Gas zurzeit exorbitant steigen, können sich von Jahr zu Jahr große Preisunterschiede ergeben. Neben den Brennstoffkosten sind für die Höhe der Heizkosten der Witterungsverlauf in der Abrechnungsperiode, das Heizverhalten der Hausbewohner, die Größe der Abrechnungseinheit und der energetische Zustand des Gebäudes – Altbau oder Neubau, modernisiert oder nicht – entscheidend.

Für das Jahr 2021, das im Laufe des Jahres 2022 vom Vermieter abgerechnet wird, werden durchschnittliche Kostensteigerungen von 13 Prozent prognostiziert. Gründe dafür sind steigende Energiepreise, kühleres Wetter und der neu eingeführte CO_2-Preis (siehe Brennstoffkosten, Seite 98). Für ölbeheizte Gebäude sollen die Heizkosten sogar um bis zu 44 Prozent steigen.

Energiepreisexplosion – Maßnahmen der Bundesregierung zur Entlastung

Seit Anfang 2022 sind die Energiepreise drastisch gestiegen. Spätestens mit Beginn des Ukraine-Krieges explodieren die Preise für Öl, Gas, aber auch für Kohle und Strom. Die Bundesregierung hat eine Reihe von Maßnahmen beschlossen, die die extremen Energiepreissteigerungen für die Menschen im Land abfedern sollen. Denkbar ist, dass diese Maßnahmen nicht ausreichen werden und die Politik nachjustieren muss, insbesondere wenn Energielieferungen aus Russland ausbleiben bzw. reduziert oder gestoppt werden.

Aktuell (Stand: April 2022) ist vorgesehen:

- EEG-Umlage: Die Umlage nach dem Erneuerbare-Energie-Gesetz zur Finanzierung des Ausbaus der Erneuerbaren Energien wird ab 1. Juli 2022 nicht mehr von Verbrauchern und Unternehmen erhoben. Stromanbieter werden verpflichtet, die Preise entsprechend abzusenken.

- Heizkostenzuschuss: Wohngeldbezieher, Studierende mit BAföG, Bezieher von Aufstiegs-BAföG und Berufsausbildungsbeihilfe erhalten einen einmaligen Heizkostenzuschuss. Ausgezahlt wird der Zuschuss voraussichtlich Ende des Jahres, also bevor die Betriebs- und Heizkostenabrechnungen 2022 kommen. Wohngeldbezieher, die alleine leben, erhalten 270 Euro, Zwei-Personen-Haushalte 350 Euro und für jeden weiteren Bewohner gibt es noch einmal 70 Euro. Studierende und Auszubildende bekommen pauschal 230 Euro. Ein gesonderter Antrag für diesen Zuschuss muss nicht gestellt werden. Der Zuschuss wird automatisch auf das bekannte Konto des Anspruchsberechtigten überwiesen.
- Energiepreispauschale: Allen einkommensteuerpflichtigen Personen (Steuerklasse 1 bis 5) wird einmalig eine Energiepreispauschale in Höhe von 300 Euro als Zuschuss zum Gehalt ausgezahlt. Die Auszahlung erfolgt über die Lohnabrechnung des Arbeitgebers. Die Pauschale unterliegt der Einkommensteuer. Selbstständige erhalten einen Vorschuss über eine einmalige Senkung ihrer Einkommensteuer-Vorauszahlung.
- Familienzuschuss: Für jedes Kind wird ergänzend zum Kindergeld ein Einmalbonus in Höhe von 100 Euro über die Familienkasse ausgezahlt. Der Bonus wird auf den Kinderfreibetrag angerechnet.
- Einmalzahlung für Transferleistungsempfänger: Die bereits beschlossenen Einmalzahlungen von 100 Euro für Empfänger von Sozialleistungen werden um 100 Euro erhöht.
- Absenkung der Energiesteuer für Kraftstoffe für drei Monate.
- 9 Euro / Monat für 90 Tage ÖPNV.

Mittelfristig und letztlich hilft gegen die drastischen Energiepreissteigerungen bei Öl, Gas, Kohle und Strom nur der Umstieg auf erneuerbare Energien, eine deutliche Erhöhung der Energieeffizienz und Energiesparen, das heißt: Der Energieverbrauch muss insgesamt gesenkt werden. Vorschläge und Tipps hierzu finden Sie auf den Seiten 115 f.

Anwendungsbereich der Heizkostenverordnung

Die Heizkostenverordnung und damit die verbrauchsabhängige Abrechnung gilt für alle Wohnhäuser, in denen mindestens zwei Wohnungen von einer zentralen Heizungsanlage versorgt werden. In Zweifamilienhäusern, in denen der Vermieter und eine Mietpartei zusammen »unter einem Dach« wohnen, können die beiden Vertragsparteien vereinbaren, dass nicht verbrauchsabhängig abgerechnet wird, sondern zum Beispiel nach Wohnfläche. Sind dagegen beide Wohnungen eines Zweifamilienhauses vermietet, muss auch hier verbrauchsabhängig abgerechnet werden.

Weitere Ausnahmen von der Pflicht, verbrauchsabhängig abzurechnen, sind:

- Die Verbrauchserfassung ist technisch nicht möglich beziehungsweise unwirtschaftlich. Das ist der Fall, wenn die zu erwartenden Einsparungen bei den Heizkosten nicht ausreichen, die Investitionen und die laufenden Kosten zu decken. Die verbrauchsabhängige Abrechnung muss durch die Kostenersparnis innerhalb von zehn Jahren erwirtschaftet werden können.
- In Passivhäusern mit sehr niedrigem Energieverbrauch von weniger als 15 Kilowattstunden je Quadratmeter im Jahr muss nicht verbrauchsabhängig abgerechnet werden. Der Aufwand würde sich nicht lohnen.
- Können Mieter den Wärmeverbrauch nicht beeinflussen, können sie die Heizung nicht abstellen oder drosseln, kommt eine Verbrauchsabrechnung auch nicht in Betracht.
- Das gilt auch in Alters- und Pflegeheimen, Studierenden- und Jugendwohnheimen und
- in Gebäuden, die überwiegend, das heißt zu mehr als der Hälfte, durch Wärmepumpen oder Solaranlagen versorgt werden, und
- in Einzelfällen, in denen die zuständige Landesbehörde Ausnahmen von der Verbrauchserfassung zugelassen hat.

Liegt kein Ausnahmetatbestand vor, muss verbrauchsabhängig abgerechnet werden. Die Heizkostenverordnung ist zwingend. Das bedeutet, Warmmietverträge, Brutto- beziehungsweise Inklusivmieten oder Heizkostenpauschalen, über die nicht abgerechnet werden muss, sind unwirksam.

§ **SO ENTSCHIEDEN DIE GERICHTE:** Die in einem Mietvertrag enthaltene Vereinbarung einer Bruttowarmmiete ist außer in Gebäuden mit zwei Wohnungen, von denen eine der Vermieter selbst bewohnt, nicht anzuwenden, weil sie den Bestimmungen der Heizkostenverordnung widerspricht (BGH, Az. VIII ZR 212/05).

Rechnet der Vermieter entgegen den Vorgaben der Heizkostenverordnung nicht verbrauchsabhängig ab, kann der Mieter von seiner erhaltenen Heizkostenabrechnung 15 Prozent abziehen.

Die Voraussetzungen für eine Verbrauchsabrechnung

Um die Kosten für Heizung und Warmwasser verbrauchsabhängig abrechnen zu können, werden Erfassungssysteme benötigt. Deshalb werden in den Wohnungen beziehungsweise in den einzelnen Räumen an den Heizkörpern sogenannte Heizkostenverteiler montiert, mit deren Hilfe der Verbrauch der

Mieter oder Wohnungseigentümer ermittelt werden kann.

Exakt gemessen wird der Verbrauch in den Wohnungen aber nicht. Eichpflichtige Wärmezähler sind teuer und kommen allenfalls bei Fußbodenheizungen zur Anwendung. Üblicherweise werden die Verbräuche in den Wohnungen mit Heizkostenverteilern ermittelt, einem Messhilfsverfahren, mit dem der Benutzungsgrad jedes einzelnen Heizkörpers im Vergleich zur Gesamtanlage registriert wird. Nach der jährlichen Ablesung aller Heizkostenverteiler im Haus kennt man die Gesamtanzahl aller Verbrauchseinheiten – gleichgültig, ob in Einheiten oder Strichen angegeben.

Teilt man dann die im Haus angefallenen Heizkosten durch die Gesamtzahl dieser Verbrauchswerte, weiß man, was ein Strich oder eine Einheit kostet. Diesen Wert multipliziert man dann mit den in der Wohnung abgelesenen Einheiten. Das sind dann die Verbrauchszahlen des Mieters, die der Abrechnung zugrunde liegen.

Es gibt die alten Heizkostenverteiler nach dem Verdunstungsprinzip und elektronische Heizkostenverteiler. Elektronische Zweifühlergeräte sind mit zwei Temperatursensoren ausgestattet. Ein Sensor erfasst – wie Einfühlergeräte – die Temperatur des Heizkörpers, der zweite die Raumtemperatur. Aus der Differenz beider Temperaturen berechnet das Gerät laufend den Verbrauchswert.

Elektronische Heizkostenverteiler mit Funktechnik, die eine Fernübertragung der Ergebnisse ermöglichen, erobern einen immer größeren Marktanteil. Vorteil für den Mieter ist, dass die Erfassungssysteme nicht mehr vor Ort abgelesen werden müssen. Künftig sollen fernablesbare Geräte verpflichtend vorgeschrieben werden (siehe Seite 113).

Werden die Verbrauchswerte nicht per Funk übertragen, liest ein Mitarbeiter der Wärmemessdienstfirma einmal im Jahr die Einheiten an den einzelnen Heizkostenverteilern vor Ort ab. Der genaue Ablesetermin muss mindestens 14 Tage vorher angekündigt werden. Kann ein Mieter den Ablesetermin nicht einhalten, muss ein zweiter Termin angeboten oder vereinbart werden. Die Wärmemessdienstfirma darf hierfür keine Zusatzkosten vom Mieter verlangen. Der Vermieter muss nach § 6 der Heizkostenverordnung das Ergebnis der Ablesung innerhalb eines Monats mitteilen. Diese Pflicht besteht dann nicht, wenn die Verbrauchsdaten in den Heizkostenverteilern gespeichert werden.

Verteilerschlüssel

Verbrauchsabhängige Abrechnung bedeutet nicht, dass die Kosten zwingend zu 100 Prozent nach Verbrauch abgerechnet werden. Im Gegenteil: Heizkosten und Warmwasserkosten müssen nach der Heizkostenverordnung mindestens zu 50 Prozent und höchstens zu 70 Prozent nach Verbrauch abgerechnet werden. Die restlichen 30 bis 50 Prozent werden verbrauchsunabhängig, zum Beispiel nach Wohnfläche, abgerechnet.

DAS IST WICHTIG: Die untere Verbrauchsgrenze von 50 Prozent ist zwingend. Die Obergrenze von 70 Prozent kann abgeändert werden. Der Vermieter und alle Mieter im Haus können eine Vereinbarung treffen, dass die Kosten zu 100 Prozent nach Verbrauch abgerechnet werden.

Die gebräuchlichsten Verteilerschlüssel sind 50 zu 50 oder 70 zu 30. Die Umlageschlüssel für Heizkosten und Warmwasser müssen nicht identisch sein.

Die Heizkostenverordnung bestimmt nur für ältere Gebäude einen konkreten Verteilerschlüssel. Hier müssen 70 Prozent verbrauchsabhängig und 30 Prozent verbrauchsunabhängig abgerechnet werden. Es muss sich um schlecht wärmegedämmte Gebäude mit Öl- oder Gasheizung handeln, die die Anforderungen der Wärmeschutzverordnung von 1994 nicht erfüllen. Außerdem müssen freiliegende Heizleitungen überwiegend gedämmt beziehungsweise unter Putz verlegt sein.
Der verbrauchsunabhängige (feste) Kostenanteil zwischen 30 und 50 Prozent der Kosten wird meistens nach der Wohnfläche, also nach Quadratmetern berechnet. Dann zählen Balkone und Terrassen zu 25 beziehungsweise 50 Prozent mit. Die festen Kosten können aber auch nach beheizter Fläche aufgeteilt werden. Dann zählen nur Räume mit Heizkörpern mit – egal, ob die Heizkörper genutzt werden oder nicht.

§ **SO ENTSCHIEDEN DIE GERICHTE:** Mieter haben keinen Anspruch auf Verplombung oder anderweitige Stilllegung ihrer nicht genutzten Heizkörper (AG Münster, Az. 416 C 10714/20).

Alternativ können die festen Kosten auch nach umbautem Raum (Kubikmeter) beziehungsweise beheiztem umbauten Raum verteilt werden.

§ **SO ENTSCHIEDEN DIE GERICHTE:** Selbst bei sehr hohem Leerstand kann der Vermieter aber weiterhin die verbrauchsabhängigen Kosten auf die verbleibenden Mieter umlegen. Er kann allenfalls nach Treu und Glauben verpflichtet werden, den Verbrauchsanteil auf 50 Prozent zu reduzieren oder auf einen Teil seiner Ansprüche zu verzichten (BGH, Az. VIII ZR 9/14).

Der einmal gewählte Verteilerschlüssel kann nur vom Vermieter für die Zukunft geändert werden, zum Beispiel, wenn er die Heizkosten von Gewerbemietern vorerfassen will, wenn er energetische Modernisierungen durchgeführt hat oder aus anderen sachgerechten Gründen.

Bei Leerstand im Haus muss der Vermieter den verbrauchsunabhängigen Anteil der Heiz- und Warmwasserkosten zahlen, das heißt mindestens 30 und höchstens 50 Prozent.

Die Besonderheiten der verbrauchsabhängigen Heizkostenabrechnung

Eigentlich ist die Heizkostenabrechnung auch nur eine Betriebskostenabrechnung. Lediglich der Verteilerschlüssel ist anders. Die Kosten werden verbrauchsabhängig auf die Mieterhaushalte aufgeteilt. Aber die Heizkostenabrechnung ist kompliziert. Daran ändert auch nichts, dass die Abrechnungsprofis der Wärmemessdienstfirma die Zahlen mit Computerabrechnungsbögen ausweisen. Zwar betont der Bundesgerichtshof immer wieder, dass ein durchschnittlich gebildeter, juristisch und betriebswirtschaftlich nicht geschulter Mieter eine Betriebskostenabrechnung gedanklich und rechnerisch nachvollziehen können muss. Für die Heizkostenabrechnung schränkt er das aber ein. Die Karlsruher Richter sind der Auffassung, dass vorausgesetzt werden kann, dass der Mieter mit der Rechtsgrundlage nach der Heizkostenverordnung vertraut ist. In der Abrechnung muss nicht auf die Vorschriften hingewiesen und die Bestimmungen müssen nicht verständlich erläutert werden. Ist eine gesetzlich vorgegebene Abrechnungsweise anzuwenden, sind dem Vermieter daraus folgende Verständnisprobleme nicht zuzurechnen (BGH, Az. VIII ZR 137/09).

Aber auch die Heizkostenabrechnung muss zunächst einmal formell in Ordnung und nachvollziehbar sein: Der Vermieter muss die Gesamtkosten zusammenstellen, er muss darlegen, wie er die Kosten verteilt, der Abrechnungszeitraum ist anzugeben und die Mietervorauszahlungen müssen berücksichtigt und verrechnet werden.

§ **SO ENTSCHIEDEN DIE GERICHTE:** Eine Heizkostenabrechnung ist nicht schon deshalb formell unwirksam, wenn sie einer Plausibilitätskontrolle nicht standhält, weil Verbrauchsabweichungen gegenüber Verbrauchsmengen in früheren Abrechnungszeiträumen nicht erläutert werden. Die Frage, ob in der Abrechnung von einer zu hohen Verbrauchsmenge ausgegangen worden ist, ist eine Frage der materiellen (inhaltlichen) Richtigkeit (BGH, Az. VIII ZR 244/18).
Sind die Heizkosten gegenüber dem Vorjahr dramatisch gestiegen oder unerklärlich hoch, muss der Vermieter nachweisen, dass der Mieter tatsächlich so viel Heizwärme verbraucht hat (BGH, Az. VIII ZR 189/17 und Az. VIII ZR 261/07), beziehungsweise dass kein Fehler im Heizungs- oder Erfassungssystem vorliegt.

Gemeinschaftsräume

Hausflure, Treppenhäuser, Waschküchen, Speicher, Partykeller oder andere Gemeinschaftsräume müssen nicht mit Heizkörpern ausgestattet werden. Befinden sich dort trotzdem Heizkörper, wird zwar Heizwärme verbraucht, sie muss aber nicht separat abgerechnet werden. Die hier verbrauchte Heizwärme fließt in den Gesamtverbrauch des Hauses ein und wird so – klammheimlich – auf alle Mieter im Haus verteilt.

Nur wenn in Gemeinschaftsräumen, wie Sauna oder Schwimmbad, hohe Wärmeverbräuche entstehen, müssen die erfasst werden. Dieser Teil der Heizkosten muss dann – soweit im Mietvertrag vereinbart – als »sonstige Betriebskosten« auf die Mieter verteilt werden, nicht verbrauchsabhängig, sondern nach dem für kalte Betriebskosten vereinbarten Verteilerschlüssel.

Verbrauchsschätzung

Eine Schätzung des Verbrauchs – oder eine Kostenverteilung in Sonderfällen gemäß § 9a Heizkostenverordnung – ist erlaubt bei Geräteausfall oder technischem Versagen des Erfassungssystems, also wenn sich der Fehler nicht mehr beheben lässt und die Ablesung des Erfassungssystems nicht mehr nachgeholt werden kann. Geschätzt werden darf also, wenn ein Computerfehler aufgetreten ist, die Daten verloren gegangen sind oder wenn die Messdienstfirma vergessen hat, die »Röhrchen« beziehungsweise die Batterien zu wechseln.

Auch wenn der Mieter sich geweigert hat, den Ableser in die Wohnung zu lassen, oder ein Mieter auch bei einem dritten oder mehrmaligen Ableseversuch nicht angetroffen wurde, muss dessen Verbrauch geschätzt werden.

Als Schätzverfahren kommen in Betracht:

- Der abgelesene Verbrauch der betreffenden Wohnung oder des betreffenden Raumes in früheren, witterungsmäßig vergleichbaren Abrechnungsperioden wird herangezogen. Der Vorjahreswert kann sich auch auf einen kürzeren Zeitraum als ein Jahr beziehen.
- Abgestellt werden kann auch auf den Verbrauch vergleichbarer anderer Räume innerhalb der aktuellen Abrechnungsperiode. Das bedeutet, liegt kein abgelesener Wert für das Badezimmer des Mieters vor, kann auf die Ableseergebnisse (Verbräuche) der Badezimmer der Nachbarn abgestellt werden. Der Verbrauch kann auch geschätzt werden, anhand von Verbrauchsdaten von Räumen, die in anderen Gebäuden liegen. Entscheidend sind die vergleichbare Bausubstanz und die Nutzungsintensität, nicht in welchem Gebäude die Räume liegen. Bezweifeln und bestreiten Mieter die Vergleichbarkeit, muss sie der Vermieter beweisen (BGH, AZ. VIII ZR 264/19).
- Zulässig ist es auch, den Durchschnittsverbrauch im Haus als Grundlage für die Schätzung heranzuziehen.

DAS IST WICHTIG: Insgesamt dürfen höchstens 25 Prozent der Wohn- und Nutzfläche geschätzt werden. Die betroffenen Mieter haben kein 15-prozentiges Kürzungsrecht. Können dagegen mehr als 25 Prozent der Wohn- und Nutzfläche nicht abgelesen werden, darf der Verbrauch nicht mehr geschätzt werden. Der Vermieter muss das Haus nach einem festen Maßstab wie bei der kalten Betriebskostenabrechnung, zum Beispiel nach Quadratmetern, abrechnen. Die Mieter des Hauses können dann 15 Prozent von ihrer Heizkostenabrechnung abziehen.

Mieterwechsel

Zieht ein Mieter während der Abrechnungsperiode aus der Wohnung aus und ein Nachmieter ein, müssen am Ende des Abrechnungszeitraums die Betriebs- und Heizkosten zwischen den beiden Mietparteien aufgeteilt werden. Gemäß § 9b Heizkostenverordnung muss der verbrauchsunabhängige Kostenanteil der Heiz- und Warmwasserkosten, genauso wie die kalten Betriebskosten, zeitanteilig auf die ein- und ausziehenden Mieter verteilt werden.

BEISPIEL: Abrechnungsperiode vom 1. Januar 2021 bis 31. Dezember 2021. Für die Mieterwohnung sind Kosten in Höhe von 600 Euro entstanden. Mieter A zieht am 31. März aus, Mieter B zieht am 1. April ein. Mieter A zahlt für drei Monate 150 Euro und Mieter B für neun Monate 450 Euro.

Der verbrauchsabhängige Kostenanteil muss mithilfe einer Zwischenablesung zum Zeitpunkt des Mieterwechsels ermittelt werden. In der Heizkostenabrechnung des ausziehenden Mieters erscheinen dann die bei der Zwischenablesung erfassten Zahlen oder Einheiten und der einziehende Mieter zahlt die restlichen Einheiten, die bis zum Ende der Abrechnungsperiode angefallen sind.

Alternativ können die Heizkosten auch nach der sogenannten Gradtagszahlentabelle aufgeteilt werden. Hier sind die **Wärmebedarfszahlen** für die einzelnen Monate anhand langjähriger Erfahrungswerte als Promille-Anteile festgehalten:

Januar	170
Februar	150
März	130
April	80
Mai	40
Juni, Juli, August (zusammen)	40
September	30
Oktober	80
November	120
Dezember	160

Hiernach müsste Mieter A für die Zeit von Januar bis März 450 Promille von 600 Euro zahlen, also 270 Euro, und Mieter B 550 Promille von April bis Dezember, also 330 Euro.

Ist eine Zwischenablesung nicht möglich oder nicht sinnvoll, zum Beispiel bei Heizkostenverteilern nach dem Verdunstungsprinzip am Anfang oder am Ende der Abrechnungsperiode, müssen auch die verbrauchsabhängigen Kosten nach der Gradtagszahlentabelle aufgeteilt werden.

§ **SO ENTSCHIEDEN DIE GERICHTE:** Die Kosten der Zwischenablesung sind Verwaltungskosten und keine Betriebskosten. Zahlen muss sie deshalb der Vermieter, es sei denn, im Mietvertrag ist etwas anderes vereinbart (BGH, Az. VIII ZR 19/07).

Kürzungsrecht

Rechnet der Vermieter nicht verbrauchsabhängig ab, können Mieter die auf sie entfallenden Heiz- und Warmwasserkosten um 15 Prozent kürzen. Das bestimmt § 12 der Heizkostenverordnung. Hat der Vermieter die Heizkosten verbrauchsabhängig abgerechnet, nicht aber die Warmwasserkosten, kann der Mieter nur die Warmwasserabrechnung um 15 Prozent kürzen (BGH, Az. VIII ZR 195/04).

Das 15-prozentige Kürzungsrecht steht Mietern zu, wenn

- die Wohnung nicht mit Erfassungsgeräten ausgerüstet ist,
- vorhandene Erfassungsgeräte nicht abgelesen und ignoriert werden,
- wegen Geräteausfalls oder aus anderen zwingenden Gründen mehr als 25 Prozent der Gesamtwohnfläche des Hauses geschätzt werden müssen,
- bei einem Mieterwechsel keine Zwischenablesung erfolgt ist,
- der Verbrauch der Nutzergruppe »Gewerbe« nicht durch einen eigenen Wärmezähler erfasst wurde, obwohl dies verpflichtend gewesen wäre (BGH, Az. VIII ZR 57/07) oder
- der Vermieter einen nach der Heizkostenverordnung vorgeschriebenen Aufteilungsmaßstab von 70 zu 30 (siehe Seite 106) nicht angewendet hat (BGH, Az. VIII ZR 113/17).

Betriebskosten und Steuern

Mieter können einen Teil der gezahlten Betriebskosten steuerlich geltend machen. Haushaltsnahe Dienstleistungen und Handwerkerleistungen vermindern gemäß § 35a Einkommenssteuergesetz die Steuerschuld. Der zu erstattende Betrag wird direkt von der zu zahlenden Einkommenssteuer abgezogen. Dabei geht es hier insbesondere um die Betriebskostenpositionen Gartenpflege, Hausreinigung und Hauswart.

Mieter können diese Steuerermäßigung in Anspruch nehmen, obwohl sie die Arbeiten nicht selbst in Auftrag gegeben haben. Es reicht aus, wenn die an den Vermieter gezahlten Betriebskosten Beträge für haushaltsnahe Dienstleistungen oder Handwerkerleistungen enthalten und der Vermieter die ihm in Rechnung gestellten Beträge nicht bar bezahlt hat.

DAS IST WICHTIG: Steuerlich berücksichtigt werden nur Arbeitskosten und Fahrtkosten. Materialkosten oder mit der Dienstleistung gelieferte Waren müssen gegebenenfalls abgezogen werden. Das gilt nicht für Reinigungs-, Spül- und Schmiermittel oder Streugut.

Haushaltsnahe Dienstleistungen sind: Kosten der Gebäudereinigung einschließlich Verbrauchsmaterial und Putzmittel, Kosten der Ungezieferbekämpfung, der Gartenpflege (ohne Kosten für neue Pflanzen oder Spielsand), des Hauswarts, des Winterdienstes, des Abfallmanagements im Rahmen der Müllbeseitigung.

Abzusetzende Handwerkerleistungen sind: Kehr- und Reinigungsarbeiten im Rahmen der Schornsteinreinigung, Überwachung, Pflege und Prüfung von Gemeinschaftsantenne, Kabel, Einrichtungen der Wäschepflege, Heizungen, die Beprobung des Trinkwassers, der Austausch von Zählern nach dem Eichrecht, Feuerstättenschau, Immissionsschutzprüfung, Legionellenprüfung und Kosten der Prüfung und Wartung des Aufzugs sowie sowie Kosten des Abfallmanagements im Rahmen der Müllbeseitigung, nicht aber die Müllgebühren.

Mieter müssen die in den Betriebskosten enthaltenen haushaltsnahen Dienstleistungen oder Handwerkerleistungen gegenüber dem Finanzamt nachweisen. Eine übliche Betriebskostenabrechnung reicht hier nicht aus. Der Vermieter muss deshalb entweder eine differenzierte Betriebskostenabrechnung oder eine gesonderte Bescheinigung erstellen. Der Mieter soll erkennen können, welche Kosten zu den Handwerkerleistungen beziehungsweise haushaltsnahen Dienstleistungen gehören. Die Kosten sind aufzuteilen zwischen ansatzfähigen Arbeits- und Fahrtkosten sowie den nicht zu berücksichtigenden Materialkosten.

Für die differenzierte Abrechnung beziehungsweise die separate Aufstellung darf der Vermieter keine Vergütung fordern.

§ **SO ENTSCHIEDEN DIE GERICHTE:** Mieter können von ihrem Vermieter verlangen, dass in der Betriebskostenabrechnung bestimmte Kosten so aufgeschlüsselt werden, dass Mieter zum Zweck der Steuerersparnis gegenüber dem Finanzamt haushaltsnahe Dienstleistungen in Abzug bringen können (LG Berlin, Az.: 18 S 339/16).

Auf Antrag erstattet das Finanzamt dann 20 Prozent der Kosten für erbrachte Arbeitsleistungen. Muss der Mieter also nach der Betriebskostenabrechnung des Vermieters 300 Euro für den Hauswart zahlen, werden 60 Euro von seiner Einkommenssteuerschuld abgezogen.

Betriebskosten vergleichen und sparen

Für eine 80 Quadratmeter große Wohnung müssen bis zu 3.000 Euro an jährlichen Betriebskosten gezahlt werden. Sparen macht da Sinn. Aber wo? An welcher Stelle sind die zu zahlenden Betriebskosten extrem hoch? Wie kann ich als Mieter herausfinden, was meine Nachbarn zahlen, wie hoch die Kosten in vergleichbaren Häusern liegen?

Neue Ansätze in der Heizkostenverordnung

Neu – nach Inkrafttreten der geänderten Heizkostenverordnung – ist, dass installierte Erfassungssysteme fernablesbar sein müssen. Vorhandene Systeme sollen bis Ende des Jahres 2026 entsprechend nachgerüstet oder durch fernablesbare Geräte ersetzt werden. Das könnte erst einmal teurer werden, wenn Vermieter die Neuanschaffungen zu einer Modernisierungsmieterhöhung nutzen oder die Geräte mieten und die Mietkosten über die Heizkostenabrechnung auf die Mieter umlegen.

Die fernablesbaren Geräte sind aber erforderlich, damit Mieter künftig eine Reihe von Abrechnungs- und Verbrauchsinformationen erhalten können. Seit Januar 2022 bekommen Mieter diese Informationen monatlich – vorausgesetzt, die fernablesbaren Geräte sind schon installiert. Spätestens ab 1. Januar 2026 muss auf jeden Fall informiert werden: Anzugeben ist der Verbrauch im vergangenen Monat in Kilowattstunden. Außerdem ist dieser Verbrauch mit dem Verbrauch des Vormonats sowie mit dem entsprechenden Monat des Vorjahres durch dieselben Mieter zu vergleichen und es ist ein Vergleich mit dem Durchschnittsgebrauch in Gebäuden erforderlich.

DAS IST WICHTIG: Der Vermieter muss die Mieter darüber informieren, dass er neue Geräte anmieten will. Wenn die Mehrheit der Mieter widerspricht, ist die Umlage der Kosten unzulässig. Fragen Sie Ihren Mieterverein.

Diese Informationen sollen den Mietern in Papierform oder elektronisch per E-Mail mitgeteilt werden. Außerdem soll die Möglichkeit bestehen, über ein Webportal oder eine App zu informieren. Die neue Heizkostenverordnung sieht vor, dass Vermieter in der jährlichen Heiz- und Warmwasserkostenabrechnung zusätzliche Informationen zur Verfügung stellen. Dazu gehören unter anderem Informationen zum Brennstoffmix, eine Erläuterung der erhobenen Steuern und Abgaben sowie ein Vergleich des gegenwärtigen Energieverbrauchs der betroffenen Mieter mit dem Verbrauch im gleichen Zeitraum des Vorjahres.

Der Mieter kann seine Heizkostenabrechnung jeweils um drei Prozent kürzen, wenn die neu eingeführten Informationspflichten nicht oder nicht vollständig erfüllt werden oder wenn der Vermieter seiner Pflicht zur Installation einer fernablesbaren Ausstattung nicht nachgekommen ist.

Außerdem ist vorgeschrieben, dass neu eingebaute, fernablesbare Messgeräte oder entsprechend nachgerüstete Systeme mit Systemen anderer Anbieter interoperabel sein müssen. Das bedeutet, dass die verschiedenen Ausstattungen in der Lage sein müssen, Daten oder Informationen miteinander auszutauschen.

Hintergrund dieser Neuerung ist, dass das Bundeskartellamt schon vor Jahren zur Stärkung des Wettbewerbs empfohlen hat, mögliche Wechsel von einem Wärmemessdienst zu einem anderen Unternehmen zu vereinfachen und zu ermöglichen.

Energieausweis

Seit 2009 ist der Energieausweis Pflicht. Vermieter müssen ihn Miet- oder Kaufinteressenten vorlegen und nach Abschluss des Vertrages übergeben, zumindest in Kopie. Mieter, die bereits im Haus wohnen, haben zwar keinen Rechtsanspruch auf Einsicht in den Energieausweis für ihr Haus, sie können ihren Vermieter aber trotzdem danach fragen. Es gibt keinen Grund, warum der Vermieter die Energieausweis-Daten seinen Neumietern, aber nicht den Altmietern zeigen sollte.

Mieter können dem Energieausweis nicht unmittelbar entnehmen, wie hoch ihre künftigen Heizkosten sein werden. Der Energieausweis wird für das Haus und nicht für die Wohnung ausgestellt. Aber der Energieausweis bietet wichtige Informationen zum energetischen Zustand des Gebäudes. Mithilfe des Energieausweises kann der Energiebedarf beziehungsweise -verbrauch von Gebäuden miteinander vergleichen werden.

Gleichgültig, ob es sich um einen Verbrauchsausweis handelt, bei dem die Durchschnittsverbräuche der letzten drei Jahre zugrunde gelegt werden, oder um einen Bedarfsausweis, bei dem der Energiebedarf des Hauses berechnet wird – immer gilt: Die günstigste Energieeffizienzklasse ist A+ und die meiste Energie wird bei einer Einstufung in H vergeudet. Und zur Farbskala des Energieausweises kann man sich merken: Je grüner, desto besser.

Weitere ausführliche Informationen zum Energieausweis finden Sie in Kapitel 1 auf Seite 8.

Betriebskostenspiegel

Seit 2004 veröffentlicht der Deutsche Mieterbund Betriebskostenspiegel für einzelne Abrechnungsjahre. Für die jeweiligen Betriebskostenarten werden die Durchschnittskosten pro Quadratmeter und Monat angegeben. Neben dem Betriebskostenspiegel für Deutschland gibt es in vielen Jahren auch Betriebskostenspiegel für die einzelnen Bundesländer und für einzelne Städte. Ziel des Betriebskostenspiegels ist es, Transparenz und Vergleichbarkeit sowohl für Wohnungssuchende als auch für die mehr als 21 Millionen Mieterhaushalte herzustellen, die jährlich Betriebskostenabrechnungen erhalten. Gleichzeitig soll der Betriebskostenspiegel Anhaltspunkte für eine Überprüfung der Abrechnung nach Wirtschaftlichkeitsgesichtspunkten liefern und Vermietern Hinweise geben, wo Einsparmöglichkeiten existieren und Maßnahmen eingeleitet werden sollten, um überhöhte Betriebskosten zu reduzieren.

Mithilfe des Betriebskostenspiegels können keine verbindlichen Überprüfungen der Abrechnungen oder der einzelnen Kostenhöhen durchgeführt werden. Abweichungen von den Durchschnittswerten des Betriebskostenspiegels können aber für den Mieter oder den Mieterverein Anlass sein, einzelne Kostenpositionen genauer zu überprüfen. Das gilt insbesondere dann, wenn die Abrechnung Werte ausweist, die deutlich über den Daten des Betriebskostenspiegels liegen.

Heizspiegel

Der jährlich erscheinende Heizspiegel ist ein Angebot von co2online. Er entsteht in Zusammenarbeit mit dem Deutschen Mieterbund und dem Verband kommunaler Unternehmen.

Im Heizspiegel werden in einer Tabelle die Heizkosten und Verbräuche von mehr als 100.000 ausgewerteten Datensätzen dargestellt. Differenziert nach Gebäudegrößen und den Energieträgern Erdgas, Heizöl, Fernwärme, Wärmepumpe und Holzpellets werden Kosten und Verbräuche als »niedrig«, »mittel«, »erhöht« und »zu hoch« eingestuft. Mieter können so einschätzen, wie sie mit ihren Heizkosten liegen, ob und inwieweit Einsparpotenzial besteht. Zumindest, wenn Kosten und Verbräuche als »erhöht« oder gar »zu hoch« qualifiziert werden, besteht Handlungsbedarf, müsste das Haus wahrscheinlich auch energetisch saniert werden. Sprechen Sie mit Ihrem Mieterverein.

DAS IST WICHTIG: Im Internet unter www.mieterbund.de/service finden Sie weitere Informationen, unter anderem verschiedene Heizspiegel, die zusätzlich die unterschiedlichen Baualtersklassen berücksichtigen, sowie Betriebskostenspiegel mit nach östlichen und westlichen Bundesländern differenzierten Daten.

Nebenkosten – Sparen beim Heizen & Co.

Den größten Anteil an Nebenkosten in privaten Haushalten verursachen nach wie vor die Heizkosten. Oftmals helfen schon kleine Veränderungen alltäglicher Gewohnheiten, um Heizenergie zu sparen und die Kosten zu senken.

So sind Thermostate an Heizkörpern echte Energiesparhelfer, egal, ob von Hand gedreht oder automatisch programmiert. Denn mit jedem Grad weniger können ungefähr **6 Prozent Heizenergie eingespart werden.** Ein Thermostatventil lässt nur so lange heißes Wasser durch einen Heizkörper fließen, bis die Wunschtemperatur erreicht ist. Welche Temperatur das ist, hängt vom persönlichen Empfinden und der Nutzung des Raums ab. Temperaturen zwischen **18 °C im Schlafzimmer** und **21 °C im Wohnzimmer** reichen meistens aus. In **ungeheizten Räumen** sollte die Temperatur nicht **unter 16 °C** fallen – sonst droht Feuchtigkeit an den Wänden und Schimmel, falls nicht gleichzeitig ausreichend gelüftet wird.

Viele Menschen drehen ihr Thermostat auf **Stufe 5** – damit die Raume vermeintlich schneller warm werden. Das ist nicht notwendig: Es verschwendet viel Energie und der Raum fühlt sich mit molligen 28 Grad schnell zu heiß an!

GUT ZU WISSEN: Bei einem Standard-Thermostat entspricht **Stufe 2 etwa 16 °C, Stufe 3 etwa 20 °C** und **Stufe 4 etwa 24 °C.**

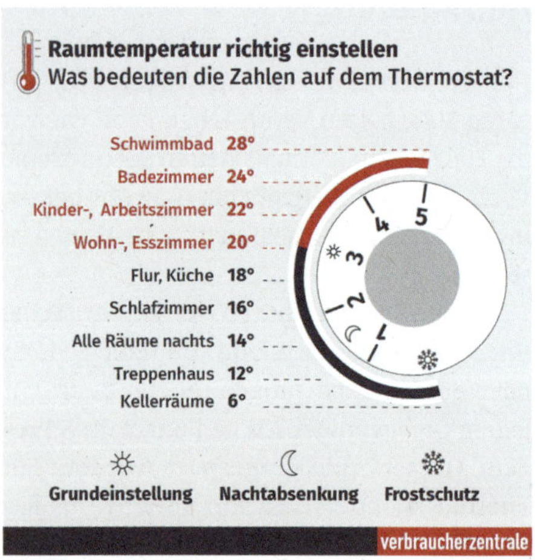

Undichte Außentüren und Fenster vergrößern Wärmeverluste in Haus und Wohnung und sorgen für unangenehme Zugluft. Um die Dichtigkeit von Fenstern zu prüfen, kann ein Blatt Papier zwischen Rahmen und geschlossenem Fenster geklemmt werden. Lässt sich das Papier nicht herausziehen, ist das Fenster dicht genug. Bei Haus- und Wohnungstüren kann meist nachträglich ein Dichtprofil leicht angebracht werden, um Heizverluste zu minimieren.

GUT ZU WISSEN: Fenster nicht auf »Dauerkipp« stellen! Hier entstehen unbemerkt die höchsten Wärmeverluste. Bis zu 200 Euro pro Heizsaison kann der Mieter allein einsparen, wenn Fenster nicht mehr dauerhaft angekippt werden. Außerdem wird ein Auskühlen der Räume und des Mobiliars vermieden. Und: Vor dem Lüften die Heizung abstellen!

Auch sollten Heizkörper nicht mit Vorhängen verdeckt und mit Möbeln zugestellt sein. Die Heizenergie kann sonst nicht voll ausgenutzt werden, da die Wohnräume dadurch nicht gleichmäßig aufgeheizt werden können. Eine einfache Regel lautet, dass jeder Heizkörper gut zu sehen sein sollte, damit die Raumluft ihn ungehindert umströmen kann.

Rund 13 Prozent der Energiekosten eines Haushalts gehen auf das Konto Warmwasser. Das meiste warme Wasser wird gebraucht, um zu duschen und zu baden.

GUT ZU WISSEN: Baden verbraucht in der Regel deutlich mehr Wasser als Duschen. Und ein Blick auf die Uhr schadet auch nicht: Je länger Sie duschen, desto mehr Wasser und Energie benötigen Sie. Wenn Sie das Wasser beim Einseifen abstellen oder insgesamt kürzer duschen, sparen Sie. Ein Tipp für Haushalte, die mit einem elektrischen Durchlauferhitzer das Warmwasser erzeugen: Die Temperatur am Gerät sollte nur so hoch eingestellt werden, dass beim Duschen kein kaltes Wasser mehr zugemischt werden muss.
Der Duschrechner unter www.verbraucherzentrale.de/duschrechner hilft, Sparpotenziale zu berechnen.

Eine sinnvolle Anschaffung ist ein Sparduschkopf. Er kostet etwa 20 Euro und spart bis zu 50 Prozent des Warmwasserverbrauchs.

GUT ZU WISSEN: Der neue Duschkopf sollte einen Wasserdurchfluss (Schüttmenge) von weniger als 9 Liter pro Minute haben. Achten Sie beim Kauf darauf, dass die genaue Verbrauchsmenge auf der Verpackung steht. Denn Begriffe wie »Eco« oder »sparsam« sind nicht geschützt und keine Garantie für einen niedrigen Wasserverbrauch.

Entscheidend ist, wie viel Wasser pro Minute durch den Duschkopf fließt. Bei normalen Duschköpfen sind das oft 10 bis 12 Liter. Es gibt aber auch Brausen, die viel mehr Wasser verschwenden: oft sogar 14 Liter. Bei Regenduschen können es sogar 20 Liter sein.

Besonders viel Strom verbrauchen wir bei unserer Kommunikation und Unterhaltung – durchschnittlich fast ein Drittel des Stromverbrauchs in einem Haushalt. Hierunter fallen Fernseher, Computer, Spielekonsolen und alles, was dazu gehört.

BEISPIEL: Rund 300 Watt und mehr kann ein High-End-Gaming-Computer durchschnittlich im Betrieb verbrauchen. Bei 3,5 Stunden Gaming pro Tag sind das über 1 kWh Energie am Tag und über 380 kWh im Jahr – dafür könnten Sie rund 500 mal die Wäsche waschen, etwa 1.900 Kilometer elektrisch fahren oder ein Jahr lang zwei Kühl-Gefriergeräte betreiben. Und nicht vergessen: Insbesondere beim Online-Gaming kommt noch ein zusätzlicher Energieverbrauch für die Internetverbindung und den Serverbetrieb hinzu.

Laptops verbrauchen grundsätzlich viel weniger Strom als Desktop-Computer. Wenn Sie Ihren Rechner vor allem fürs Surfen, für Office-Anwendungen oder zum Filme schauen nutzen wollen, dann überlegen Sie, ob ein Laptop für Sie nicht ausreicht. Es gibt auch Laptops für leistungsstarke Anwendungen – zum Beispiel für Grafik-Arbeiten oder zum Gaming. Auch sie verbrauchen trotz der stärkeren Komponenten wesentlich weniger Strom als ein Desktop-Computer. Und falls Sie eventuell nur surfen wollen: Noch weniger verbrauchen Sie mit einem Tablet!

Nutzen Sie beim Computer den „Energiesparmodus" oder „Ruhezustand" – vor allem wenn Sie oft den Arbeitsplatz verlassen. Richten Sie Ihren Computer so ein, dass dieser nach spätestens 15 Minuten Inaktivität in eine der beiden energiesparenden Einstellungen wechselt. Aber Achtung, auch Sparmodi sind unterschiedlich: Während mancher Stromsparmodus weiterhin Strom verbraucht, ist der „Ruhezustand" mit dem Ausschalten des Geräts zu vergleichen.

Zu den Stromfressern im Haushalt zählen auch sehr alte „weiße" Haushaltsgeräte wie Waschmaschine oder Kühlschrank und Gefriergerät. Bei Solchen Großgeräten sollten Sie nach etwa 10 bis 15 Jahren ausrechnen, ob sich ein Neukauf für Sie lohnt.

Beim Kühlschrank hilft zum Beispiel der Kühlschrankrechner unter
www.verbraucherzentrale.de/kuehlschrankrechner-40173

Aber auch ohne Neukauf von Geräten lässt sich im Alltag durch ein paar einfache Handgriffe Strom sparen. Um Wasser und Energie zu sparen, sollte die Spülmaschine möglichst voll geräumt werden. In eine Standard-Spülmaschine passen etwa 80 Teile. Nutzen Sie das Eco-Programm Ihrer Spülmaschine oder niedrige Temperaturen von 45 °C bis 55 °C. Die Programme dauern zwar etwas länger, sparen aber Wasser und Energie. Lieber nicht nutzen: Kurzprogramme brauchen mehr Wasser und Strom, weil hier bei weniger Zeit höhere Temperaturen benötigt werden.

GUT ZU WISSEN: Stellen Sie die Temperatur im Kühlschrank richtig ein: 7 °C im oberen Fach reichen vollkommen aus. Wenn Sie die Temperatur um nur 1 °C niedriger stellen, steigt Ihr Stromverbrauch bereits um etwa 6 Prozent. Ausnahme: Wenn Sie sehr häufig schnell verderbliche Lebensmittel wie Hackfleisch nutzen, sollten Sie die Kühlschranktemperatur auf 2 °C senken. Dann halten sich die Lebensmittel länger und es kommt zu weniger Lebensmittelverschwendung. Im Gefrierschrank ist eine Temperatur von minus 18 °C optimal.

Auch beim Waschen, Trocknen, Backen und Kochen sowie bei der Beleuchtung gibt es viel Sparpotenzial in Sachen Stromverbrauch. Tipps dazu, gibt es bei den Verbraucherzentralen und beim Deutschen Mieterbund.
www.verbraucherzentrale.de/wissen/energie
www.mieterbund.de/service

ZUSAMMENGEFASST – DAS IST WICHTIG

Betriebskosten sind Kosten, die in regelmäßigen Abständen immer wieder anfallen. Einmalkosten sind keine Betriebskosten. Die Betriebskostenverordnung enthält eine konkrete Auflistung der möglichen 19 verschiedenen Betriebskosten.

Mieter müssen Betriebskosten zahlen, wenn dies im Mietvertrag geregelt ist. Ausreichend ist die Vereinbarung, dass der Mieter Betriebskosten gemäß der Betriebskostenverordnung zahlt.

Verwaltungs- oder Instandsetzungs- beziehungsweise Reparaturkosten sind nie Betriebskosten.

Fast immer müssen Mieter monatliche Vorauszahlungen für Betriebskosten zahlen, über die dann einmal im Jahr der Vermieter abrechnet.

Spätestens ein Jahr nach Ende der zwölfmonatigen Abrechnungsperiode muss der Mieter die Betriebskostenabrechnung erhalten haben. Kommt die Abrechnung später, kann der Vermieter eine eventuelle Nachforderung nicht mehr geltend machen.

Betriebskosten, die im Haus angefallen sind, müssen auf die einzelnen Mietparteien aufgeteilt werden. Meistens geschieht das nach der Fläche der Wohnungen. Denkbar ist auch eine Aufteilung nach der Personenzahl oder zum Beispiel bei Wasser nach Verbrauch.

Heizkosten sind auch Betriebskosten mit der Besonderheit, dass mindestens 50 Prozent, höchstens 70 Prozent verbrauchsabhängig abgerechnet werden muss. Der Rest zum Beispiel nach der Wohnfläche.

Der Vermieter und alle Mieter im Haus können vereinbaren, dass die Heizkosten zu 100 Prozent nach Verbrauch abgerechnet werden.

Der Deutsche Mieterbund schätzt, dass jede zweite Abrechnung falsch, unvollständig oder nicht nachvollziehbar ist. Deshalb sollte jede Abrechnung geprüft und bei Zweifeln die Rechnungsunterlagen eingesehen werden. Der örtliche Mieterverein hilft.

5

Wie Sie bei Wohnungsmängeln die Miete mindern können

Yusra Tischler ist Mieterin einer Zweizimmerwohnung, die sie seit über zehn Jahren bewohnt. Mittlerweile sind die Fenster derart undicht, dass Feuchtigkeit in die Wohnung eindringt. Den Vermieter, eine Wohnungsgesellschaft, hat sie auf diesen Zustand mehrfach erfolglos aufmerksam gemacht und ihn zur Abhilfe aufgefordert. Jetzt will sie die Miete mindern und so Druck auf den Vermieter ausüben. Wie geht sie dabei am besten vor? Mehr dazu siehe Seite 125 und 138.

IN DIESEM KAPITEL ERFAHREN SIE,

Was sind Wohnungsmängel?

Von einem Mangel ist grundsätzlich auszugehen, wenn ein Mieter die Wohnung nicht so nutzen kann, wie gewünscht und wie es nach dem Mietvertrag zu erwarten ist. Das Gesetz unterscheidet zwischen Sachmängeln, Rechtsmängeln und dem Fehlen einer zugesicherten Eigenschaft. Liegt ein erheblicher Wohnungsmangel vor, kann der Mieter die vereinbarte Miete mindern. Daneben stehen ihm unter Umständen noch weitere Rechte zu.

Was ist ein Sachmangel?

Ein Sachmangel liegt vor, wenn der tatsächliche Zustand der Wohnung von dem vertraglich vorausgesetzten Zustand abweicht (§ 536 Abs. 1 Satz 1 BGB). Das ist der Fall, wenn der Ist-Zustand der Mietsache nicht dem vertraglich vorausgesetzten Soll-Zustand entspricht. Dabei wird der Soll-Zustand, also der Zustand, wie die Mietsache zu sein hat, im Mietvertrag festgelegt. Maßstab dafür, ob ein Sachmangel vorliegt, ist der Zustand der Mietsache, der erforderlich ist, um einem Mieter den ihm zustehenden vertragsgemäßen Gebrauch zu ermöglichen.

Alle Räume der Wohnung, Treppen, Flure, Speicher, Keller und Zugänge müssen sich also in einem vertragsgemäßen Zustand befinden, technische Anlagen (zum Beispiel die Heizung) müssen funktionieren.

Maßgebend ist in erster Linie die vereinbarte Beschaffenheit. Sichert der Vermieter schriftlich vor Mietbeginn zu, dass sich die Wohnung in einem besonders guten Zustand befindet, liegt ein Mangel vor, wenn dies dann nicht der Fall ist.

BEISPIEL: Hat der Vermieter bei Abschluss des Mietvertrages versprochen – und dies im Mietvertrag festgehalten –, die alten Kacheln im Bad auszutauschen und geschieht nichts, liegt ein Mangel vor und der Mieter kann die Miete kürzen. Es spielte keine Rolle, ob die alten Kacheln noch in Ordnung waren oder nicht.

Ist im Mietvertrag nichts Besonderes vereinbart, schuldet der Vermieter einen »allgemein üblichen« Zustand. In diesem Fall wird der »zum vertragsgemäßen Gebrauch geeignete Zustand« durch den vereinbarten Nutzungszweck bestimmt. Der Mieter kann dann den Standard erwarten, der bei vergleichbaren Objekten üblich ist. In diesem Zusammenhang spielen dann auch die zu zahlende Miete, die Lage der Wohnung, das Wohnumfeld und der Wohnort eine wichtige Rolle. In jedem Fall darf ein Mieter die gesundheitliche Unbedenklichkeit der Wohnung erwarten, so insbesondere, dass bestehende Richt- und Grenzwerte für Schadstoffe eingehalten werden. Werden diese Grenzwerte überschritten, liegt ein Sachmangel vor, unabhängig davon, ob hierdurch objektiv eine Gesundheitsgefahr besteht oder nicht.

Typische Sachmängel sind insbesondere Baumängel, Umweltmängel und Leistungsmängel:

- **Baumängel** betreffen Abweichungen des Ist- vom Sollzustand, die auf der Substanz des Gebäudes beruhen. Dies sind zum Beispiel Schallschutzmängel, feuchte Wände, undichte Fenster, Schmutzbeeinträchtigungen durch Bauarbeiten im Haus, Heizungsausfall, unzureichende Wärme- und Warmwasserversorgung, undichtes Dach, falsche Flächenangabe, wenn die Wohnung tatsächlich mehr als zehn Prozent kleiner als vereinbart ist.
- **Umweltmängel** betreffen Störungen des Mieters im vertragsgemäßen Gebrauch durch äußere Einflüsse, die auf Naturereignissen oder Handlungen Dritter beruhen. Dies sind zum Beispiel Gestank aus der Nachbarwohnung oder Lärmstörungen.
- **Leistungsmängel** sind Pflichtverletzungen im Zusammenhang mit Nebenpflichten, die der Vermieter entweder ausdrücklich oder stillschweigend neben der Überlassung und Erhaltung der Mietsache übernommen hat. Hier geht es zum Beispiel um die Hausreinigung oder um unzureichende Warmwasser- oder Wärmeversorgung.

BEISPIEL: Ein Sachmangel liegt vor, wenn die Fenster undicht sind, die Heizung defekt ist, die Aufzugsanlage ausfällt, die Mieträume übermäßig hellhörig sind oder die Wohnräume trotz voll aufgedrehter Heizkörperventile nur 18 °C warm werden.

Sachmängel können auch darin bestehen, dass der Vermieter die Wohnung modernisiert, weil die Baumaßnahmen häufig mit Lärm-, Schmutz- oder anderen Beeinträchtigungen verbunden sind.

Selbst wenn der Mieter der Modernisierungsmaßnahme zugestimmt hat, hat dies keine Bedeutung. Er kann also die Miete mindern, wenn er die Wohnung während der Modernisierungsarbeiten nicht oder nur teilweise nicht so nutzen kann, wie es vertraglich vereinbart ist, oder wenn während der Baumaßnahme erhebliche Beeinträchtigungen auftreten wie etwa Lärm, Schmutz oder ein Ausfall der Wasserversorgung. Anders ist dies aber bei einer energetischen Modernisierung, wo die Mietminderung vorübergehend ausgeschlossen ist (siehe Seite 132).

DAS IST WICHTIG: Sie können wegen eines Sachmangels die Miete nur dann mindern, wenn der Fehler erheblich ist (siehe dazu Seite 128); es muss also eine spürbare Beeinträchtigung der Nutzungsmöglichkeit der Wohnung vorliegen. Unerheblich ist ein Fehler insbesondere, wenn er leicht erkennbar und schnell mit geringen Mitteln zu beseitigen ist.

Was ist ein Rechtsmangel?

Ansprüche stehen einem Mieter auch bei einem sogenannten Rechtsmangel zu. Ein solcher Mangel liegt vor, wenn der Vermieter dem Mieter den Gebrauch der Wohnung nicht gewähren kann, weil das Recht einer dritten Person dem entgegensteht (§ 536 Abs. 3 BGB). Ein solches Recht kann beispielsweise das Eigentumsrecht oder die Ausübung des Optionsrechts durch einen Dritten sein.

- Häufiger sind die Fälle, dass der Vermieter ein und dieselbe Wohnung zur gleichen Zeit mehrmals an verschiedene Personen vermietet. Ist im Falle einer solchen Doppelvermietung eine Person bereits in die Wohnung eingezogen, kann der Vermieter dem anderen Mieter den vertragsgemäßen Gebrauch der Mietsache nicht mehr gewähren.
- Ein Rechtsmangel liegt auch vor, wenn der Vormieter die Wohnung noch zu Recht in Besitz hält, weil die Kündigung des Vermieters unwirksam war, der Vermieter aber mit dem nächsten Mieter bereits einen Mietvertrag abgeschlossen hat.

DAS IST WICHTIG: Anders als bei einem Sachmangel steht dem Mieter bei einem Rechtsmangel kein Mietminderungsrecht zu. Unter Umständen kann er vom Vermieter allerdings Schadensersatz verlangen.

Kein Rechtsmangel liegt vor, wenn der Vormieter die Wohnung nicht rechtzeitig räumt. Hier haftet der Vermieter nur bei Verschulden (OLG Frankfurt a. M., Az. 24 U 138/97).

Was ist zu tun, wenn eine vertraglich zugesicherte Eigenschaft fehlt?

Ein Wohnungsmangel liegt auch vor, wenn der Vermieter Eigenschaften der Wohnung zugesichert hat, diese aber fehlen oder später wegfallen (§ 536 Abs. 2 BGB).

Zugesichert ist eine Eigenschaft dann, wenn der Vermieter für das Vorliegen eines bestimmten Umstands garantiert. Das heißt, dass er auch dafür einstehen will, wenn dieser Umstand nicht gegeben ist. Die fraglichen Angaben müssen also Inhalt des Mietvertrags geworden sein. Dagegen stellt eine bloße Objektbeschreibung keine Zusicherung dar. Hier handelt es sich um allgemeine Angaben des Vermieters über die Lage, Größe und die Beschaffenheit der Mietsache, die nicht Vertragsinhalt werden, sondern lediglich die Mietsache näher beschreiben sollen. Vielmehr ist erforderlich, dass der Vermieter rechtlich verbindlich erklärt, dass er die Gewähr übernehmen will, dass bestimmte Eigenschaften vorhanden sind. Dazu müssen Inhalt und Umfang der Zusicherung genau erkennbar sein.

Die Zusicherung des Vermieters muss Bestandteil des Mietvertrags sein, also regelmäßig schriftlich erteilt werden. Gleichwohl kann sie grundsätzlich auch stillschweigend und vertragsändernd nach Vertragsabschluss erfolgen.

BEISPIEL: Verpflichtet sich der Vermieter beim Abschluss des Mietvertrags ausdrücklich, die vorhandenen älteren Einfachfenster innerhalb einer bestimmten Frist gegen neue Energiesparfenster auszutauschen, muss er die Fenster auch ersetzen. Keine Bedeutung hat dann, ob die alten Fenster mangelhaft oder funktionstüchtig sind.

Gegenstand der Zusicherung können sämtliche Eigenschaften der vermieteten Sache sein, also nicht nur ihre physische Beschaffenheit, sondern auch rechtliche und tatsächliche Verhältnisse (zum Beispiel die Tragfähigkeit einer Decke, behindertengerechter Ausbau der Wohnung).

Grundsätzlich keine zugesicherte Eigenschaft ist die bloße Flächenangabe der Wohnung im Mietvertrag. Ist die Wohnung allerdings mehr als zehn Prozent kleiner als im Vertrag angegeben, kommt es auf eine Zusicherung nicht an. Die Wohnung ist allein wegen der geringeren Fläche mangelhaft. Dies gilt auch dann, wenn der Vertrag eine Circa-Angabe enthält.

Sind Sie konkret im Gebrauch der Wohnung beeinträchtigt?

Grundsätzlich kann ein Mieter die Miete nur mindern, wenn er wegen des Mangels in seiner Nutzung konkret beeinträchtigt wird. Das ist der Fall, wenn Sie als Mieter faktisch an der vertragsgemäßen Nutzung der Wohnung gehindert werden, Sie also beispielsweise durch undichte Fenster, nasse Wände oder sonstige Feuchtigkeitsschäden im Gebrauch der Wohnung beeinträchtigt sind.

Nur wenn eine vom Vermieter zugesicherte Eigenschaft fehlt, kommt es im Gegensatz zum Sachmangel nicht darauf an, ob dieser Mangel erheblich ist. Im Falle des Fehlens einer zugesicherten Eigenschaft können Sie als Mieter auch bei einer unerheblichen Minderung der Gebrauchstauglichkeit der Mietsache die Mietzahlung kürzen.

Wie zeige ich einen Wohnungsmangel richtig an?

Als Teil seiner Obhutspflicht ist der Mieter verpflichtet, dem Vermieter unverzüglich anzuzeigen, wenn sich im Lauf der Mietzeit ein Mangel der Mietsache zeigt oder wenn eine Maßnahme zum Schutz der Mietsache gegen eine nicht vorhergesehene Gefahr erforderlich ist (§ 536c Abs. 1 Satz 1 BGB). Vor allem bei auftretenden Mängeln besteht für den Mieter eine **Anzeigepflicht.** Dabei ist jeder schlechte Zustand der Mietsache anzuzeigen. So kann zum Beispiel ein erstmaliges Auftreten von Feuchtigkeitsflecken an den Wänden auf die Gefahr von Schimmelbildung hindeuten. Auch Mängel an mitvermieteten Flächen oder Gemeinschaftseinrichtungen wie zum Beispiel Aufzügen, Treppenhäusern oder Garagen muss der Mieter dem Vermieter melden. Haben die vom Vermieter veranlassten Arbeiten zur Mängelbeseitigung nicht zu einem dauerhaften Erfolg geführt, muss der Mieter den Mangel regelmäßig erneut anzeigen. Das gilt grundsätzlich auch dann, wenn sich die nach Anzeige des Schadens versuchte Reparatur (zum Beispiel des Boilers) als nicht durchführbar erweist.

Voraussetzung für die Anzeigepflicht ist, dass Sie als Mieter den Mangel kennen. In diesem Zusammenhang obliegen Ihnen aber keine besonderen Überprüfungs- und Nachforschungspflichten. Sie müssen also insbesondere nicht in regelmäßigen Abständen Anlagen und Einrichtungen daraufhin überprüfen, ob sie funktionstüchtig und betriebsbereit sind.

DAS IST WICHTIG: Wenn Sie als Mieter Schäden an der Mietsache nicht rechtzeitig anzeigen, verlieren Sie Ihre Gewährleistungsrechte (§ 536c Abs. 2 Satz 2 BGB). Sie dürfen dann die Miete nicht mindern. Und außerdem laufen Sie Gefahr, sich schadensersatzpflichtig zu machen (§ 536c Abs. 2 Satz 1 BGB).

Absender und Adressat

Die Mängelanzeige muss vom Mieter abgegeben werden. Er kann sich dabei vertreten lassen. Wenn mehrere Personen Mieter sind (zum Beispiel bei einer Wohngemeinschaft), reicht es aus, wenn nur eine Person den Mangel anzeigt.

Die Anzeige muss gegenüber dem Vermieter oder einem seiner Bevollmächtigten (zum Beispiel dem Hausmeister) abgegeben werden. Einem Dritten gegenüber (zum Beispiel einem Handwerker) genügt die Mitteilung nicht.

Frist

Die Anzeige eines Mangels muss unverzüglich, also ohne schuldhaftes Zögern erfolgen. Die Dringlichkeit richtet sich nach den Umständen des Einzelfalls und dem Gegenstand der Anzeige.

Der Mieter sollte möglichst schnell reagieren, weil er anderenfalls fahrlässig handeln und dem Vermieter gegenüber haften kann. Bei kleinen abgeschlossenen Schäden ist ein Zuwarten von ein bis zwei Wochen noch unschädlich.

Form

Eine besondere Form ist für die Mängelanzeige des Mieters nicht vorgeschrieben. Sie kann schriftlich, per Fax, mündlich, telefonisch oder per E-Mail erfolgen. Weil Sie allerdings gegebenenfalls nachweisen müssen, dass dem Vermieter Ihre Mängelanzeige zugegangen ist, sollten Sie Mängel möglichst schriftlich anzeigen und Ihren Brief per Einschreiben mit Rückschein übersenden. Sie können aber auch die Anzeige beim Vermieter oder Verwalter abgeben und sich den Empfang auf einer Kopie bestätigen lassen oder die Anzeige in den Briefkasten des Vermieters oder Verwalters werfen und einen Zeugen hinzuziehen, der den Inhalt Ihres Schreibens kennt.

SO MACHEN SIE ES RICHTIG: Mängelanzeige und Mietminderung

Sehr geehrte/-r ______,
gemäß § 535 BGB sind Sie verpflichtet, Ihre an mich vermietete Wohnung in einem vertragsgemäßen Zustand zu halten. In meiner Wohnung ist folgender Mangel aufgetreten: ______ [konkrete Beschreibung des Wohnungsmangels]. Damit ist der Wohnwert erheblich gemindert. Deshalb werde ich bis zur Beseitigung des Mangels monatlich vorläufig ______ % der Miete (= ______ Euro) einbehalten. Den Minderbetrag für die Zeit seit meiner Anzeige des Mangels (also für die Monate ______ bis ______ = ______ Euro) werde ich von der übernächsten Miete abziehen.
Ich bitte Sie, den Mangel bis spätestens zum ______ zu beseitigen. Sollten Sie den Mangel nicht fristgemäß beheben, werde ich die Mängelbeseitigung auf Ihre Kosten vornehmen lassen.
Mit freundlichen Grüßen

Unterschrift

Inhalt

In der Mängelanzeige muss der Mieter die Art und den Umfang des Mangels so beschreiben, dass der Vermieter in der Lage ist zu erkennen, an welchen Teilen der Mietsache ein Mangel aufgetreten ist, sodass er Abhilfe schaffen kann. Es reicht also beispielsweise nicht der Hinweis aus, dass im Keller Feuchtigkeit aufgetreten ist. Der Mieter muss vielmehr angeben, wo im Keller Feuchtigkeit von außen oder aus Leitungen auftritt. Bei der Anzeige einer Lärmstörung durch andere Mitmieter reicht es aber aus, wenn der Mieter die Lage der Wohnung im Haus bezeichnet. Den Namen des störenden Mitmieters muss er nicht benennen (AG Erfurt, Az. 5 C 3235/03).

In welchem Fall können Sie auf eine Mängelanzeige verzichten?

Nur in Ausnahmefällen kann der Mieter die Miete mindern, obwohl er dem Vermieter den Mangel nicht angezeigt hat. Das ist unter anderem der Fall, wenn

- der im Haus wohnende Vermieter den Mangel bereits kennt oder ihn kennen muss (zum Beispiel, wenn der Fahrstuhl nicht funktioniert),
- der Vermieter den Mangel selbst nicht beseitigen kann (zum Beispiel die Lärmbeeinträchtigung durch eine Baustelle in der Nachbarschaft).

Der Mieter darf die Miete grundsätzlich erst ab dem Zeitpunkt mindern, in dem er den Mangel angezeigt hat. Eine rückwirkende Mietminderung kommt also grundsätzlich nicht in Betracht. Ausnahmsweise darf die Miete rückwirkend gekürzt werden, wenn der Mieter anfangs den Mangel gar nicht kennt.

BEISPIEL: Die Miete darf rückwirkend gemindert werden, wenn der Mieter erst später erfährt, dass die im Mietvertrag angegebene Wohnfläche mehr als zehn Prozent geringer ist als die im Vertrag angegebene.

Wann ist eine Mietminderung nicht möglich?

Der Mieter darf die Miete nur so lange mindern, wie der Wohnungsmangel tatsächlich besteht. Daneben gibt es aber auch eine Reihe gesetzlicher Regelungen, die den Mieter trotz eines bestehenden Wohnungsmangels nicht zur Kürzung der Miete berechtigen.

DAS IST WICHTIG: Das Recht des Mieters, wegen eines Wohnungsmangels die Miete zu mindern, kann nicht durch den Mietvertrag ausgeschlossen oder erschwert werden. So ist eine Klausel im Mietvertrag unwirksam, nach der der Vermieter eine Minderung für von ihm nicht verschuldete Mängel ausschließt. Gleiches gilt für eine Mietvertragsklausel, die die Mietminderung von der Einhaltung einer bestimmten Frist abhängig macht.

Bei unerheblicher Beeinträchtigung

Wegen einer unerheblichen Beeinträchtigung kann die Miete nicht gemindert werden (§ 536 Abs. 1 Satz 3 BGB). Ob ein Mangel unerheblich ist, kann nicht an einer bestimmten Minderungsquote festgemacht werden. Entscheidend sind vielmehr die Art des Mangels und die Auswirkung auf die Mietsache. Es soll nicht jede »Kleinigkeit« zu einer Reduzierung der monatlichen Mietzahlungen führen können. Die Minderung ist daher nur bei spürbaren Nutzungsbeeinträchtigungen der Wohnung möglich.

Als **»unerheblich«** ist ein Mangel insbesondere dann anzusehen, wenn er leicht erkennbar ist und schnell und mit geringen Kosten beseitigt werden kann. Von Bedeutung sind in diesem Zusammenhang im Rahmen einer Gesamtbetrachtung, die Art, die Häufigkeit, der Grad und die Dauer der Gebrauchsbeeinträchtigung.

BEISPIELE: Um unerhebliche Mängel handelt es sich, wenn optische Beeinträchtigungen durch Risse leicht durch Spachteln und Überkleben behoben werden können, ein abgetrockneter Wasserfleck sich mit wenigen Pinselstrichen beseitigen lässt, Blumenkastenhalterungen auf dem Balkon im Rahmen von Sanie-

rungsarbeiten entfernt wurden, eine geringe Lärmbelästigung durch Mitmieter vorliegt (etwa beim Betätigen der Wasserspülung) oder im Hausflur eine Glühbirne defekt ist.

Mehrere unerhebliche Mängel können vom Mieter nicht zu einem »erheblichen« Wohnungsmangel aufaddiert werden. Auch in diesem Fall kann der Mieter also die Miete nicht mindern.

Ob der Wohnwert erheblich oder unerheblich beeinträchtigt wird, hat dann keine Bedeutung, wenn dem Mieter eine bestimmte Eigenschaft zugesichert wurde und diese fehlt. In diesem Fall begründet allein das Fehlen dieser Eigenschaft, dass die Miete gekürzt werden kann.

DAS IST WICHTIG: Bei einem unerheblichen Mangel kann der Mieter zwar nicht die Miete mindern, unabhängig davon kann er aber selbstverständlich die Beseitigung des Mangels verlangen (siehe dazu Seite 142).

Wenn Sie den Mangel schon bei Vertragsabschluss kannten

Die Mietminderung ist ausgeschlossen, wenn ein Mieter bei Vertragsschluss den Mangel der Mietsache kennt. Ist ihm der Mangel wegen grober Fahrlässigkeit unbekannt geblieben, so steht ihm das Minderungsrecht nur zu, wenn der Vermieter den Mangel arglistig verschwiegen hat (§ 536b Sätze 1 und 2 BGB).

Das Minderungsrecht und die anderen Gewährleistungsrechte stehen dem Mieter nicht zu, wenn er den Mangel der Mietsache bei Abschluss des Mietvertrags kannte. Die Kenntnis des Mangels setzt voraus, dass der Mieter nicht nur das äußere Erscheinungsbild, sondern auch die tatsächlichen Ursachen und konkreten Auswirkungen des Mangels auf die Gebrauchstauglichkeit der Wohnung kennen muss. Bei mehreren Mietern ist es ausreichend, dass ein Mieter den Mangel kennt. Dass der Mieter den Mangel bei Vertragsschluss kannte, muss im Streitfall der Vermieter beweisen.

BEISPIEL: Weiß der Mieter bei Vertragsabschluss, dass im selben Haus ein Wäschereibetrieb eingerichtet wird, so kann er wegen der von dem Betrieb ausgehenden Lärmbelästigungen nicht die Miete mindern, wenn er bei Vertragsabschluss keinen entsprechenden Vorbehalt gemacht hat.

SO ENTSCHIEDEN DIE GERICHTE: Insbesondere dann, wenn Mängel (ohne Vorbehalt) bereits in einem Übergabeprotokoll vermerkt sind, ist grundsätzlich davon auszugehen, dass der Mieter die Mängel kennt. Der Mieter kann jedoch dann die Miete mindern, wenn der Vermieter ankündigt, die vermerkten Mängel zu beseitigen, er dann jedoch die Mängelbeseitigung unterlässt (AG München, Az. 452 C 11 234/03).

Die gesetzlichen Gewährleistungsrechte stehen dem Mieter auch dann nicht zu, wenn ihm bei Abschluss des Mietvertrags wegen grober Fahrlässigkeit unbekannt geblieben ist, dass ein Mangel vorhanden ist, es sei denn, dass der Vermieter den Mangel arglistig verschwiegen hat (§ 536b Satz 2 BGB).

§ **SO ENTSCHIEDEN DIE GERICHTE:** Grobe Fahrlässigkeit liegt vor, wenn der Mieter dasjenige unbeachtet lässt, was jedem hätte einleuchten müssen (BGH, Az. VIII ZR 302/78) oder bei einer Besichtigung ohne Weiteres auffällt. Allerdings ist der Mieter nicht verpflichtet, die Wohnung sorgfältig auf Mängel zu untersuchen, wenn keine offensichtlichen Umstände auf einen Mangel hindeuten.
Auf Mängel, die der Mieter hätte erkennen müssen, kann er allerdings später seine Mietminderung nicht mehr stützen.
Von grober Fahrlässigkeit ist in der Regel auszugehen, wenn der Mieter die Wohnung ohne vorherige Besichtigung angemietet hat (LG Berlin, Az. 64 S 189/94).

Nur wenn der Wohnungsmangel vom Vermieter arglistig verschwiegen wurde, schadet selbst grob fahrlässige Unkenntnis vom Mangel dem Mieter nicht. Arglistig handelt der Vermieter, wenn ihm bewusst ist, dass er unvollständige Angaben macht und er damit rechnet, dass der Mieter bei wahrheitsgemäßen Angaben den Mietvertrag nicht oder nur zu anderen Bedingungen abgeschlossen hätte. Dass arglistiges Verschweigen des Vermieters vorliegt, muss im Streitfall der Mieter beweisen.

Bei vorbehaltloser Annahme der Mietsache

Die gesetzlichen Gewährleistungsrechte stehen dem Mieter auch dann nicht zu, wenn er eine mangelhafte Mietsache annimmt, obwohl er den Mangel kennt, ohne sich seine Rechte wegen des Mangels vorzubehalten (§ 536b Satz 3 BGB).

§ **SO ENTSCHIEDEN DIE GERICHTE:** In seinem Vorbehalt muss der Mieter einen bestimmten Mangel bezeichnen und der Vermieter muss erkennen können, dass der Mieter nicht auf seine Rechte verzichten will (OLG Hamburg, Az. 4 U 162/04).
Ein allgemeiner Vorbehalt, ohne dass einzelne Mängel angegeben werden, reicht nicht aus.

Der Vorbehalt des Mieters bedarf keiner Form. In jedem Fall aber sollte ein Wohnungsmangel im Übergabeprotokoll festgehalten werden, das unbedingt bei der Wohnungsübergabe erstellt werden sollte. Den Vorbehalt seiner Rechte muss im Streitfall der Mieter beweisen.

DAS IST WICHTIG: Verspricht der Vermieter bei der Übergabe der Wohnung, einen Mangel zu beseitigen und nimmt deshalb der Mieter die mangelhafte Mietsache an, ist ein Vorbehalt entbehrlich (BGH, Az. VIII ZR 113/74). Beweisen muss die Zusage der Mängelbeseitigung der Mieter.

Bei vorbehaltloser Zahlung der Miete

Zahlen Sie trotz eventueller Mängelanzeige über einen längeren Zeitraum die Miete in voller Höhe weiter und kann der Vermieter deshalb davon ausgehen, dass Sie auch künftig Ihr Minderungsrecht nicht mehr ausüben werden, so ist Ihr Recht zur Mietminderung für den verstrichenen Zeitraum ausgeschlossen. Die vorbehaltlose Zahlung der ungekürzten Miete in Kenntnis des Mangels führt dazu, dass Sie Ihr Minderungsrecht für die Vergangenheit verlieren. Das Recht, für die Zukunft die Miete wegen des Mangels zu kürzen, bleibt Ihnen aber erhalten.

DAS IST WICHTIG: Sie können die nächsten vollen Mietzahlungen auch unter Vorbehalt vornehmen und dies zusammen mit der Mängelanzeige erklären. Achten Sie in diesem Fall aber darauf, dass Sie innerhalb angemessener Zeit auch Ihren »Vorbehalt« umsetzen, wenn der Mangel nicht behoben wird, und die Mietminderung mit der laufenden Miete verrechnen.

Bei einer verspäteten Mängelanzeige

Informiert der Mieter den Vermieter nicht über vorhandene Mängel oder zeigt er einen Wohnungsmangel zu spät an, ist eine Mietminderung ausgeschlossen. Erst vom Zeitpunkt der Mängelanzeige an darf ein Mieter die Miete dann mindern oder andere Gewährleistungsrechte geltend machen. Eine rückwirkende Mietminderung ist jedoch ausgeschlossen.

DAS IST WICHTIG: Ein Mieter ist nicht verpflichtet, bei der Beseitigung des Mangels mitzuwirken, also beispielsweise im Vorfeld der Arbeiten die Möbel abzubauen oder beiseitezuräumen. Er muss allerdings jede Behinderung der Arbeiten unterlassen.

Wenn Sie die Mängelbeseitigung verhindern oder erschweren

Zeigt der Mieter dem Vermieter den Mangel zwar an, verhindert er dann aber eine vom Vermieter beabsichtigte geeignete Reparatur, verliert er sein Minderungsrecht. Das Gleiche gilt, wenn der Mieter eine ihm zumutbare Besichtigung der Wohnung durch den Vermieter ablehnt oder er einen Handwerker nicht in die Wohnung lässt.

§ **SO ENTSCHIEDEN DIE GERICHTE:** Ist jedoch ein vom Mieter verursachter Schaden (zum Beispiel ein Wohnungsbrand) durch eine vom Vermieter abgeschlossene und vom Mieter über die Betriebskosten bezahlte Sachversicherung (zum Beispiel durch dessen Wohngebäudeversicherung) gedeckt und hat der Mieter den Schaden nur durch einfache Fahrlässigkeit verursacht, bleibt der Vermieter zur Beseitigung des Schadens verpflichtet. Der Mieter ist weiter befugt, die Miete zu mindern (BGH, Az. VIII ZR 191/13).

Wenn Sie den Mangel verschuldet haben

Das Mietminderungsrecht des Mieters entfällt auch dann, wenn er den Mangel selbst verschuldet hat. Das ist beispielsweise der Fall, wenn bei Feuchtigkeitsschäden und Schimmelpilz in der Wohnung durch einen Sachverständigen festgestellt worden ist, dass diese nachgewiesenermaßen auf falschem Heiz- und Lüftungsverhalten des Mieters beruhen.

Wenn Mietminderung bei energetischer Modernisierung ausgeschlossen ist

Das Mietminderungsrecht des Mieters ist bei einer energetischen Modernisierung für drei Monate ausgeschlossen (§ 536 Abs. 1a BGB). Eine energetische Modernisierung umfasst alle Maßnahmen, die Endenergie in Bezug auf die Mietsache einsparen.

Dazu gehören beispielsweise Maßnahmen zur wesentlichen Verbesserung der Wärmedämmung von Fenstern, Außentüren, Außenwänden, Dächern, Kellerdecken und obersten Geschossdecken oder zur wesentlichen Veränderung des Energieverlustes und des Energieverbrauchs der zentralen Heizungs- und Warmwasseranlagen. Kommt es bei diesen Modernisierungsmaßnahmen zu Beeinträchtigungen (zum Beispiel durch Schmutz oder Lärm), muss der Mieter in den ersten drei Monaten die volle Miete zahlen.

Um wie viel darf ich die Miete mindern?

Welchen Umfang die Mietminderung haben sollte, ist nach den Umständen des Einzelfalls zu bemessen. Wird wegen des Mangels die Tauglichkeit der Mietsache zum vereinbarten Gebrauch völlig aufgehoben, also ist die Wohnung völlig unbewohnbar, so wird der Mieter für die Zeit, in der der Mangel besteht, von der Entrichtung der Miete befreit. Wird wegen des Mangels die Tauglichkeit der Mietsache lediglich gemindert, so hat der Mieter nur eine »angemessen herabgesetzte« Miete zu entrichten (§ 536 Abs. 1 BGB).

Auf welcher Grundlage wird die Höhe der Mietminderung bestimmt?

Die Höhe der Mietminderung richtet sich danach, wie sehr der vertragsgemäße Gebrauch der Mietwohnung durch den Mangel beeinträchtigt ist. Je einschneidender sich der Mangel auswirkt, je höher die Beeinträchtigung, desto mehr darf die Miete gekürzt werden. In diesem Zusammenhang ist insbesondere von Bedeutung,

- in welchem Verhältnis die jetzt durch den Mangel geschmälerte Leistung des Vermieters zur Höhe der vereinbarten Miete steht,
- für welche Dauer der vertragsgemäße Gebrauch beeinträchtigt wird (fällt zum Beispiel das Wasser im Juni fünf Tage lang aus, so kann die Miete nur für ein Sechstel des Monats gemindert werden) und
- ob sich der Mangel auf die gesamte Wohnung oder nur auf einzelne Räume (zum Beispiel nur auf die Küche oder das Bad) auswirkt.

Um den Umfang der Nutzungseinschränkung in eine prozentuale Beeinträchtigung »umzurechnen«, gibt es folgende Richtschnur:

- keine beziehungsweise unerhebliche Beeinträchtigung: 0 Prozent
- fast keine Beeinträchtigung: 10 Prozent
- noch leichte, geringe Beeinträchtigung: 20 Prozent
- mäßige Beeinträchtigung: 30 Prozent
- deutliche, schon etwas stärkere Beeinträchtigung: 40 Prozent
- starke Beeinträchtigung: 50 Prozent
- sehr starke Beeinträchtigung: 60 Prozent
- schwere Beeinträchtigung: 70 Prozent
- sehr schwere Beeinträchtigung: 80 Prozent
- massive Beeinträchtigung: 90 Prozent
- völlige Aufhebung der Gebrauchstauglichkeit: 100 Prozent

Nur wenn wegen des Mangels die Tauglichkeit der Mietsache zum vertragsgemäßen Gebrauch völlig aufgehoben wird, ist der Mieter für die Zeit, in der der Mangel besteht, vollständig von der Miete befreit (§ 536 Abs. 1 Satz 1 BGB). Solche Fälle dürften jedoch die Ausnahme sein (zum Beispiel bei einer Asbestbelastung der Wohnung mit sichtbarem Asbeststaub oder bei einem vollständigen Heizungsausfall im Winter).

Wird dagegen die Tauglichkeit der Mietsache zum vertragsgemäßen Gebrauch lediglich gemindert, so hat der Mieter nur eine »angemessen« herabgesetzte Miete zu entrichten (§ 536 Abs. 1 Satz 2 BGB). Einfach ist in diesem Fall die Berechnung der Minderung nur dann, wenn die vereinbarte und die tatsächliche Wohnfläche über zehn Prozent voneinander abweichen und damit ein Wohnungsmangel vorliegt und der Minderungsbetrag leicht errechnet werden kann. Bei allen anderen Wohnungsmängeln, die die vertragsgemäße Nutzung der Wohnung nur zum Teil beeinträchtigen, ist die Bemessung der Minderungsquote schwierig.

Vor allem, wenn sich der Mangel nur auf einzelne Wohnräume (zum Beispiel Wasserschaden in der Küche) auswirkt, sind bei der Mietminderung in erster Linie diese Wohnungsteile zu berücksichtigen. Nach der »Hamburger Tabelle« wird jedem Wohnraum ein bestimmter Wohnwert zugeteilt. Und je nachdem, in welchem Maße die einzelnen Räume von dem Mangel beeinträchtigt sind, lässt sich dann der jeweilige Minderungsanteil ermitteln.

- Wohnzimmer: 28 Prozent
- Arbeitszimmer: 20 Prozent
- Schlafzimmer: 12 Prozent
- Küche: 10 Prozent
- Bad: 10 Prozent
- Abstellraum: 7 Prozent
- Gäste-WC: 3 Prozent
- Balkon: 10 Prozent

BEISPIEL: Die monatliche Miete für die Wohnung beträgt 400 Euro. Wegen eines Mangels im Wohnzimmer kann die Miete um 50 Prozent gemindert werden. Der Mietanteil für das Wohnzimmer beträgt 112 Euro. Damit ergibt sich für das Wohnzimmer, aber auch insgesamt für die komplette Wohnung ein Minderwert von 56 Euro. Dieser Betrag wird ins Verhältnis zur Gesamtmiete gesetzt. Bei 56 Euro wären dies 14 Prozent. Um diesen Betrag kann die Miete herabgesetzt werden.

Bei der Anwendung der Hamburger Tabelle ist es allerdings nicht ausreichend, wenn nur die Minderungsquoten der einzelnen Räume zusammengerechnet werden. Vielmehr ist eine Gesamtbewertung des Wohnverhältnisses erforderlich. Das geschieht durch eine gewisse Auf- oder Abrundung der Minderungsquote. Dadurch wird berücksichtigt, inwieweit sich der Mangel auch auf den Wohnwert der nicht unmittelbar betroffenen übrigen Wohnräume auswirkt.

Bruttomiete als Berechnungsgrundlage

Gemindert wird stets die Gesamtmiete oder auch Bruttomiete, inklusive etwaiger Anteile für kalte Betriebskosten, Warmwasser und Heizkosten (BGH, Az. XII ZR 225/03). Ob die Betriebskostenanteile als Vorauszahlung oder Pauschale zu zahlen oder im Mietvertrag nicht gesondert ausgewiesen sind, spielt dabei keine Rolle.

§ **SO ENTSCHIEDEN DIE GERICHTE:** Auch bei der Abrechnung der Betriebskosten muss der Vermieter die Minderung berücksichtigen, denn die Minderung bezieht sich auf die Gesamtmiete einschließlich aller Nebenkosten. Daher kann erst aufgrund der Betriebskostenabrechnung abschließend ermittelt werden, ob hinsichtlich der Gesamtmiete unter Berücksichtigung der gerechtfertigten Minderung noch eine Nachforderung des Vermieters oder ein Guthaben des Mieters besteht (BGH, Az. VIII ZR 223/10).

BEISPIEL: Die Grundmiete beträgt 700 Euro, die monatlichen Betriebskosten- und Heizkostenvorauszahlungen betragen jeweils 100 Euro. Wenn die Minderungsquote 20 Prozent beträgt, kann der Mieter die Miete um 180 Euro (20 Prozent von 900 Euro) kürzen.

Gerichtliche Einzelentscheidungen als Orientierungshilfe

Um wie viel Prozent Sie die Miete bei einem Wohnungsmangel mindern dürfen, lässt sich nicht allgemein sagen. Maßgebend sind immer die konkreten Umstände im Einzelfall. Es gibt keine Gesetze oder Richtlinien, aber eine Fülle von Gerichtsurteilen, die für den konkreten Einzelfall einen bestimmten Prozentsatz als zulässig bewertet haben.

Die nachfolgende Übersicht gibt Ihnen einen Überblick darüber, welche Mietminderungsquoten von den Gerichten bei einzelnen Wohnungsmängeln zuerkannt wurden.

§ **SO ENTSCHIEDEN DIE GERICHTE:**

Wohnungsmängel durch Feuchtigkeit oder Wasser

Erhebliche Feuchtigkeitsschäden im EG durch aus dem Boden aufsteigende Feuchtigkeit: 60 Prozent (AG Bad Vilbel, Az. 3b C 52/96)

Feuchtigkeitsschäden nach Modernisierung der Fenster: 30 Prozent (AG Erkelenz, Az. 14 C 157/95)

Feuchter, unbenutzbarer Keller nach einem Wasserrohreinbruch: 30 Prozent (LG Berlin, Az. 64 S 193/06)

Schimmelbildung, Feuchtigkeitsschäden und ein aufgebrochener Fußboden aufgrund eines Wasserschadens: 33 Prozent (AG Schöneberg, Az. 109 C 256/07)

Wasserschäden an der Decke wegen mangelhafter Isolierung der Wände: 25 Prozent (AG Osnabrück, Az. 14 C 231/94)

Feuchtigkeit beziehungsweise Schimmelbildung im Schlafzimmer: 20 Prozent (LG Konstanz, Az. 61 S 21/12 A)

5

Schimmelpilzbildung an mehreren Wänden: 20 Prozent (AG Königs Wusterhausen, Az. 9 C 174/07)

Schimmel hinterm Kleiderschrank, der an der Außenwand steht: 15 Prozent (LG Lübeck, Az. 1 S 106/13)

Schäden an Tapete und Fußboden nach einem Wassereinbruch: 10 Prozent (BGH, Az. XII ZR 225/03)

Dauerhafte Durchfeuchtung einer Schlafzimmeraußenwand durch aufsteigende Feuchtigkeit aus dem Mauerwerk: 5 Prozent (AG Münster, Az. 3 C 5500/06)

Wohnungsmängel bei schadhaften Fenstern:
Verringerter Lichteinfall aufgrund von verkleinerten Fensterflächen nach Modernisierung: 3 Prozent pro Fenster (LG Berlin, Az. 67 S 502/11)

Nicht ordnungsgemäße Dichtungen an Fenstern und Außentüren führen zu Zugluft und nicht nur zu zumutbarem Luftaustausch: 20 Prozent (LG Kassel, Az. 1 S 274/84)

Undichte Fenster: 15 Prozent (AG Villingen-Schwenningen, Az. 11 C 243/14)

Zugluft durch Fugen am Fenster/im Fußboden von November bis März: 150 Prozent (AG Brandenburg a. d. Havel, Az. 31 C 279/11)

Nicht verschließbare Fenster erlauben Zutritt zum Haus: 10 Prozent (AG Bergisch Gladbach, Az. 16 C 696/76)

Verfaultes Fenster im Schlafzimmer: 5 Prozent (AG Wuppertal, Az. 92 C 338/86)

Wasserschäden bei Schlagregen aufgrund undichter Fenster: 5 Prozent (LG Berlin, Az. 61 S 437/81)

Zugluft durch Fugen am Fenster/im Fußboden von April bis Oktober: 5 Prozent (AG Brandenburg a. d. Havel, Az. 31 C 279/11)

Trübung einer Isolierglasscheibe im Wohnzimmer: 1 Prozent (AG Miesbach, Az. 3 C 585/84)

Trübung einer Isolierglasscheibe in der Küche: 0,5 Prozent (AG Miesbach, Az. 3 C 585/84)

Wohnungsmängel durch Lärm
Lärmbelästigung durch zwei Gaststätten: 40 Prozent (LG Berlin, Az. 67 S 342/01)

Nicht ausreichender Trittschallschutz: 20 Prozent (BGH, Az. VIII ZR 355/03)

Trittschall- und Sanitärgeräusche aus Nachbarwohnung: 13 Prozent (AG Hamburg, Az. 43b C 1068/94)

Nächtliche Lärmstörung durch einen im Dachbereich lebenden Marder: 10 Prozent (AG Augsburg, Az. 72 C 2081/16)

Ständige Lärmstörungen in Form von Streiten, Schreien, Poltern, Trampeln und Türknallen: 10 Prozent (LG Berlin, Az. 63 S 236/14)

Unzureichender Schallschutz: 10 Prozent (LG Berlin, Az. 64 S 77/05)

Knackgeräusche in der Heizung: 10 Prozent (LG Hannover, Az. 9 S 211/93)

Urinstrahlgeräusche im Wohnzimmer durch nachbarlichen Stehpinkler: 10 Prozent (LG Berlin, Az. 67 S 335/08)

Wohnungsmängel durch Geruchsbelästigung

Unzumutbare Gerüche wegen Tierhaltung (Frettchen) aus der Nachbarwohnung: 45 Prozent (AG Köln, Az. 201 C 457/87)

Essens- und Nikotingerüche aus der Nachbarwohnung: 20 Prozent (LG Stuttgart, Az. 5 S 421/97)

Heizölgeruch in den Wohn- und Arbeitsräumen: 15 Prozent (AG Augsburg, Az. 73 C 2442/01)

Geruchsbelästigung durch Abluft eines Wäschetrockners: 10 Prozent (LG Köln, Az. 10 S 201/89)

Gestank aus der Nachbarwohnung wegen nicht tiergerechter Haltung: 10 Prozent (AG Bergisch Gladbach, Az. 23 C 280/90)

Muffiger Abwassergeruch in der Wohnung: 10 Prozent (BGH, Az. VIII ZR 100/18)

Regelmäßige Geruchsbelästigung durch defektes Küchenrohr: 10 Prozent (LG Berlin, Az. 67 S 342/17)

Unangenehme Gerüche aus der Küche der Nachbarwohnung: 8 Prozent (AG Suhl, Az. 1 C 419/11)

Fleisch- und Wurstgerüche aus Metzgerei im Wohnhaus: 5 Prozent (AG Pankow-Weißensee, Az. 3 C 71/03)

Geruchsbelästigung im Treppenhaus: 4 Prozent (AG Gießen, Az. 48 C 48/15)

Wohnungsmängel durch Heizungsmängel

Ausfall der Heizungsanlage von Oktober bis Anfang November: 70 Prozent (AG Charlottenburg, Az. 216 C 7/13)

Nicht funktionierende Heizung außerhalb der Heizperiode: 50 Prozent (AG Villingen-Schwenningen, Az. 11 C 243/14)

Keine Heizung, Warmwasserversorgung und Kochmöglichkeit wegen Ausfalls der Gasversorgung: 85 Prozent in Winter, 60 Prozent in Sommermonaten (AG Nürnberg, Az. 16 C 127/16)

Heizungsausfall an Weihnachten: 25 Prozent (AG Frankfurt a. M., Az. 33 C 588/11–76)

Mangelnde Beheizbarkeit und fehlende Regulierbarkeit der Heizung: 20 Prozent (AG Köln, Az. 201 C 481/10)

Nichtbeheizbarkeit des Schlafzimmers im Februar: 20 Prozent (LG Hannover, Az. 11 S 296/79)

Klopfgeräusche der Heizung: 12 Prozent (LG Münster, Az. 8 S 167/00)

Unzureichende Beheizbarkeit (Raumtemperatur erreicht regelmäßig nur 18 Grad): 15 Prozent (LG Frankfurt a. M., Az. 2/17 S 315/99)

Übermäßiger Kaltwasservorlauf bei Entnahme von Warmwasser: 10 Prozent (AG Berlin-Köpenick, Az. 12 C 214/00)

Unzureichende Beheizbarkeit (Raumtemperatur erreicht regelmäßig nur 19 Grad): 5 Prozent (LG Berlin, Az. 63 S 423/11)

So mindern Sie Ihre Miete rechtssicher

Schließlich dürfen Sie die Miete bei einem Wohnungsmangel, wie oben erläutert, nur dann mindern, wenn Sie als Mieter dem Vermieter den Mangel zunächst angezeigt haben. Dann tritt die Minderung der Miete kraft Gesetzes ein, das heißt, der Mieter muss die Minderung gegenüber dem Vermieter nicht besonders geltend machen. Das bedeutet auch, dass die Minderung ab dem Zeitpunkt des Wohnungsmangels eintritt.

§ **SO ENTSCHIEDEN DIE GERICHTE:** Grundsätzlich ist eine rückwirkende Mietminderung nicht möglich. Erst ab der Anzeige des Wohnungsmangels an den Vermieter darf die Miete gekürzt werden. Das gilt allerdings nicht, wenn der Mieter den Mangel anfangs gar nicht kennt. Erfährt er erst ein Jahr nach seinem Einzug, dass die Wohnung mehr als zehn Prozent kleiner ist als im Vertrag angegeben, darf er auch für die Vergangenheit die Miete mindern und den zu viel gezahlten Betrag zurückverlangen (BGH, Az. VIII ZR 133/03).

Wenn die gesetzlichen Voraussetzungen für die Mietminderung vorliegen, können Sie die Miete für die Zeit, in der die Wohnung mit Mängeln behaftet ist, entsprechend kürzen. Sie sind dann nur zur Zahlung der herabgesetzten Miete verpflichtet. Mit der Mietminderung wird also kraft Gesetzes eine neue Miete wirksam, die so lange gilt, bis der Mangel behoben ist.

Das Minderungsrecht muss nicht beim Vermieter »beantragt« werden und ist auch nicht von der Erlaubnis des Vermieters abhängig. Die Mietminderung sollten Sie aber in jedem Fall dem Vermieter schriftlich mitteilen.

Probleme können entstehen, wenn Sie die fällige Miete bereits bezahlt haben und Sie zur Mietminderung berechtigt sind.

- Wurde die Miete vom Vermieter per Lastschrift eingezogen, können Sie der Lastschrift gegenüber Ihrer Bank widersprechen und danach die herabgesetzte Miete zahlen.
- Wurde die Miete per Dauerauftrag oder Einzelüberweisung gezahlt, können Sie die zu viel gezahlte Miete vom Vermieter zurückfordern. Sie können aber auch den Minderungsbetrag einfach mit der nächsten fälligen Miete verrechnen.

Vorsicht, Falle: Unberechtigte oder überhöhte Mietminderung

In welchem Umfang die Miete wegen eines Wohnungsmangels gemindert werden kann, entscheidet letztlich häufig das Gericht unter Berücksichtigung der Umstände des konkreten Einzelfalls. Nicht selten überschätzen Mieter das ihnen zustehende Mietminderungsrecht, weil sie den Wohnungsmangel subjektiv beurteilen. Maßgebend für den Umfang der Mietminderung ist dagegen allein der objektiv beeinträchtigte Wohnwert – und nicht etwa der persönliche Leidensdruck des Mieters bei einer Lärmbelästigung, dass er nicht ungestört schlafen kann.

Hält der Vermieter eine vom Mieter vorgenommene Mietminderung für nicht zulässig oder die angesetzte Minderungsquote für zu hoch, kann er die ausstehende Miete einklagen. Und der Vermieter kann das Mietverhältnis fristlos kündigen, wenn der Mieter für zwei aufeinanderfolgende Termine mit mehr als einer Monatsmiete oder über einen längeren Zeitraum mit einem Gesamtbetrag in Höhe von zwei Monatsmieten in Rückstand ist (§ 543 Abs. 2 Nr. 3 BGB).

Voraussetzung ist allerdings, dass der Mieter schuldhaft die Miete nicht gezahlt hat. Für die Annahme eines Verschuldens reicht Fahrlässigkeit, das heißt die Außerachtlassung der im Verkehr erforderlichen Sorgfalt, aus. Bei der Beurteilung der Minderung muss der Mieter auch die Möglichkeit einer abweichenden Beurteilung durch die Gerichte in Betracht ziehen.

DAS IST WICHTIG: Setzen Sie den Minderungsbetrag eher zurückhaltend an oder holen Sie sich rechtlichen Rat beim örtlichen Mieterverein oder einem fachkundigen Anwalt ein. Kommt es über die Höhe der Mietminderung zum Streit mit dem Vermieter, so tragen Sie die Beweislast dafür, in welchem Umfang und für welche Zeit die Wohnungsmängel bestanden haben.

Er trägt also das Risiko, die Sach- und Rechtslage fehlerhaft eingeschätzt zu haben. Ein fehlendes Verschulden kann dann vorliegen, wenn die Höhe der jeweiligen Minderungsbeträge von den Gerichten unterschiedlich beurteilt wurde und das vom Mieter ausgeübte Kürzungsrecht nicht außer Verhältnis zu den vorliegenden Mängeln steht, die vom Mieter vorgenommene Mietminderung also nicht völlig überzogen ist (AG Tempelhof-Kreuzberg, Az. 9 C 554/02).

Wenn ein konkreter Minderungsbetrag noch nicht zweifelsfrei feststeht, kann es sinnvoll sein, die Miete in vollem Umfang zu zahlen, jedoch »unter dem Vorbehalt eines späteren Mietabzugs«. In diesem Fall laufen Sie nicht Gefahr, in einen zur Kündigung berechtigenden Rückstand zu geraten.

Ist der Vermieter bereit, den Wohnungsmangel zu beseitigen und ist man sich auch über die Höhe der Mietminderung einig, kann eine **schriftliche Vereinbarung** über den Minderungsbetrag einem möglichen Konflikt vorbeugen. Anderenfalls kann auf Rückzahlung der unter Vorbehalt gezahlten Miete geklagt werden. Im Prozess wird dann auch die Berechtigung der Mietminderung geprüft.

Welche sonstigen Rechte hat ein Mieter bei Wohnungsmängeln?

Reagiert der Vermieter auf eine Mängelanzeige des Mieters nicht oder weigert der Vermieter sich, den Wohnungsmangel zu beseitigen, stehen dem Mieter neben der Mietminderung weitere Rechte zu. Diese Rechte bestehen neben dem Anspruch auf Mietminderung.

Der Erfüllungsanspruch

Der Mieter hat Anspruch auf die vertragsgemäße Mietsache, das heißt auf eine fehlerfreie Wohnung (§ 535 BGB). Daraus folgt für den Vermieter, dass er Mängel beseitigen oder Defekte an technischen Geräten oder Anlagen reparieren muss. Dabei spielt es keine Rolle, ob der Mangel zu einer erheblichen Beeinträchtigung führt oder ob er nur geringfügige Auswirkungen hat. Ohne Bedeutung ist auch, wann der Mangel eingetreten ist und ob der Vermieter ihn zu vertreten hat oder nicht.

Das Zurückbehaltungsrecht

Unabhängig vom Mietminderungsanspruch kann der Mieter vom Vermieter verlangen, dass er die Mieträume in einem vertragsgemäßen Zustand erhält und Wohnungsmängel beseitigt.

Um diesem Anspruch Nachdruck zu verleihen, darf der Mieter Mietzahlungen zurückbehalten (§ 320 BGB). Das Zurückbehaltungsrecht des Mieters setzt voraus, dass er den Mangel zuvor dem Vermieter angezeigt hat oder der Mangel sonst dem Vermieter bekannt ist. Nicht zulässig ist es, dass der Mieter das Zurückbehaltungsrecht rückwirkend geltend macht.

Das Zurückbehaltungsrecht des Mieters besteht nicht unbeschränkt, sondern ist betragsmäßig begrenzt. Entscheidend sind die Umstände des jeweiligen Einzelfalls. Der Betrag muss in seiner Relation zur Bedeutung des Mangels stehen.

Im Unterschied zur Mietminderung darf der Mieter aber die zurückgehaltene Mietzahlung nicht behalten. Er muss das Geld sofort nachzahlen, wenn der Vermieter den Wohnungsmangel beseitigt hat oder wenn der Mietvertrag endet.

Die Mängelbeseitigung

Der Mieter kann den Wohnungsmangel selbst beseitigen und Ersatz der erforderlichen Aufwendungen verlangen, wenn

- der Vermieter mit der Beseitigung des Mangels in Verzug ist oder
- die umgehende Beseitigung des Mangels zur Erhaltung oder Wiederherstellung des Bestands der Mietsache notwendig ist (§ 536a Abs. 2 BGB).

Voraussetzung für das Selbstbeseitigungsrecht des Mieters ist, dass er den Vermieter zur Beseitigung des Mangels aufgefordert und ihm eine Frist für die Beseitigung des Mangels gesetzt hat. Nur ausnahmsweise kann auf die Fristsetzung verzichtet werden, wenn zum Beispiel ein Rohrbruch die Substanz des Hauses gefährdet oder zerstörte Gebäudeteile wiederhergestellt werden müssen.

DAS IST WICHTIG: Das dem Mieter gesetzlich eingeräumte Selbstbeseitigungsrecht ist einigermaßen kompliziert und letztlich auch riskant. Sinnvoll ist es deshalb, sich zuerst vom örtlichen Mieterverein beraten zu lassen.

Wenn die Voraussetzungen für das Selbstbeseitigungsrecht gegeben sind, kann der Mieter entweder den Mangel selbst beseitigen oder einen Dritten damit beauftragen. Er kann vom Vermieter die ihm im Rahmen der Mängelbeseitigung entstandenen Aufwendungen verlangen.

Der Anspruch umfasst die Kosten, die für Handwerker und Material aufgewendet werden müssen. Auch Eigenleistungen des Mieters sind erstattungsfähig.

Aufwendungsersatz bei Mängelbeseitigung durch den Vermieter

Die Beseitigung von Wohnungsmängeln durch den Vermieter kann für den Mieter mit Aufwendungen und auch Kosten verbunden sein. So muss zum Beispiel der Mieter nach den Maßnahmen die Wohnung oder einzelne Einrichtungsgegenstände reinigen lassen oder er muss während der Maßnahmen vorübergehend in ein Hotel ziehen.

Aufwendungen, die dem Mieter im Zusammenhang mit der Mängelbeseitigung durch den Vermieter entstehen, hat ihm dieser zu ersetzen. Erstattungsfähig sind auch Aufwendungen des Mieters für das Entfernen von Einrichtungen, mit denen er die Mietsache versehen hat.

Auf Verlangen hat der Vermieter einen Vorschuss zu leisten. Leistet der Vermieter auf Verlangen des Mieters keinen angemessenen Vorschuss, braucht der Mieter die Erhaltungsmaßnahmen nicht zu dulden.

Ihr Anspruch auf Schadensersatz

Wenn ein Wohnungsmangel dem Mieter einen weiteren Schaden zufügt, kann dieser unter Umständen Schadensersatz verlangen (§ 536a Abs. 1 BGB). Dieses Recht besteht neben seinem Anspruch auf Mietminderung. Der Mieter kann also bei einem Wohnungsmangel sowohl die Miete mindern als auch unter den gesetzlichen Voraussetzungen Schadensersatz geltend machen.

DAS IST WICHTIG: Häufig enthalten Formularmietverträge Klauseln, wonach die Haftung des Vermieters für Sachschäden, die der Mieter wegen eines Wohnungsmangels erleidet, auf Vorsatz und grobe Fahrlässigkeit beschränkt ist. Solche Klauseln sind unwirksam. Der Vermieter kann seine Haftung nicht durch allgemeine Geschäftsbedingungen für leichte Fahrlässigkeit ausschließen.

Der Mieter kann in den folgenden Fällen vom Vermieter Schadensersatz verlangen:

- Wenn die Mietsache schon bei Vertragsschluss mangelhaft ist, haftet der Vermieter, ohne dass ein Verschulden vorliegen muss. Denn mit Abschluss des Mietvertrags »garantiert« der Vermieter, dass die Wohnung frei von Mängeln ist. Schuldunabhängig haftet der Vermieter auch dann, wenn sich die Auswirkungen des Mangels erst später zeigen. Auch für verborgene Mängel gilt die sogenannte Garantiehaftung.
- Für nach dem Abschluss des Mietvertrags entstandene Mängel steht dem Mieter nur dann Schadensersatz zu, wenn den Vermieter hieran ein Verschulden trifft. Schuldhaft handelt der Vermieter etwa, wenn er technische Anlagen und Einrichtungen nicht regelmäßig auf ihre Sicherheit und Funktionstüchtigkeit überprüft oder überprüfen lässt.
- Der Vermieter ist auch dann zum Schadensersatz verpflichtet, wenn er mit der Beseitigung eines Mangels in Verzug ist. Verzug setzt neben einer Mahnung durch den Mieter voraus, dass der Vermieter die Beseitigung des Mangels schuldhaft versäumt. Eine Mahnung ist allerdings entbehrlich, wenn für die Leistung eine bestimmte Zeit vereinbart ist.

ZUSAMMENGEFASST – DAS IST WICHTIG

Wann ist es ein Wohnungsmangel? Ein Wohnungsmangel liegt insbesondere vor, wenn der tatsächliche Zustand der Wohnung von dem vertraglich vorausgesetzten Zustand abweicht.

Was ist der erste Schritt, wenn ein Wohnungsmangel aufgetreten ist? Als Teil seiner Obhutspflicht ist der Mieter verpflichtet, dem Vermieter unverzüglich schriftlich anzuzeigen, wenn sich im Lauf der Mietzeit ein Mangel der Mietsache zeigt.

Um wie viel kann die Miete gemindert werden? Liegt ein Wohnungsmangel vor, ist der Mieter grundsätzlich berechtigt, die Miete zu mindern. Die Höhe der Mietminderung richtet sich danach, wie stark der vertragsgemäße Gebrauch der Mietwohnung durch den Mangel beeinträchtigt ist. Je stärker sich der Mangel auswirkt, desto mehr darf die Miete gekürzt werden.

Hat der Mieter dem Vermieter den Wohnungsmangel angezeigt, so tritt die Minderung der Miete kraft Gesetzes ein. Das Minderungsrecht muss nicht beim Vermieter »beantragt« werden und ist auch nicht von der Erlaubnis des Vermieters abhängig. Die Mietminderung sollte in jedem Fall dem Vermieter schriftlich mitgeteilt werden.

Wenn ein konkreter Minderungsbetrag noch nicht zweifelsfrei feststeht, kann es sinnvoll sein, die Miete in vollem Umfang zu zahlen, jedoch »unter dem Vorbehalt eines späteren Mietabzugs«.

Sie als Mieter haben die Beweispflicht. Dass ein Wohnungsmangel vorliegt, muss im Streitfall der Mieter beweisen. Er muss vortragen, in welcher Hinsicht seiner Meinung nach ein Mangel vorliegt und wieso dadurch die Gebrauchstauglichkeit der Mietsache für ihn entgegen dem Mietvertrag beeinträchtigt wird.

Neben der Mietminderung stehen dem Mieter bei einem Wohnungsmangel weitere Rechte zu. Er kann insbesondere Mietzahlungen zurückbehalten, den Schaden selbst beseitigen und Ersatz seiner Aufwendungen verlangen oder unter Umständen sogar Schadensersatz geltend machen.

6 Was Sie bei einer Mieterhöhung tun können

Simone und Sven Kovic bewohnen eine Dreizimmerwohnung. Drei Jahre nach Abschluss des Mietvertrags teilt ihnen der Vermieter schriftlich mit, dass er die Miete erhöhen will. Er beruft sich dabei allgemein darauf, dass die Mieten in der Stadt seit Beginn des Mietverhältnisses deutlich gestiegen sind. Die neue, höhere Miete soll ab dem nächsten Monat fällig werden. Müssen sie die Mieterhöhung akzeptieren? Mehr dazu siehe Seite 146.

IN DIESEM KAPITEL ERFAHREN SIE,

Welche Voraussetzungen muss eine rechtmäßige Mieterhöhung erfüllen?

Der Vermieter kann vom Mieter die Zustimmung zur Mieterhöhung auf die ortsübliche Vergleichsmiete verlangen, wenn folgende Voraussetzungen erfüllt sind:

- Die geforderte Miete darf die ortsübliche Vergleichsmiete nicht übersteigen.
- Der Vermieter muss bei der Mieterhöhung eine Wartefrist und eine Sperrfrist einhalten.
- Die Miete darf sich innerhalb von drei Jahren nicht um mehr als 20 beziehungsweise 15 Prozent erhöhen.
- Das Mieterhöhungsverlangen muss vom richtigen Vermieter an den richtigen Mieter gerichtet sein.
- Die Mieterhöhung muss in Textform begründet werden.
- Der Mieter muss der Mieterhöhung zustimmen oder gerichtlich zur Zustimmung verurteilt werden.

Nicht zulässig ist die Mieterhöhung im laufenden Mietverhältnis, wenn sie durch eine Vereinbarung zwischen dem Vermieter und dem Mieter ausgeschlossen wird (§ 557 Abs. 3 BGB). Haben die Mietvertragsparteien keine ausdrückliche Regelung über den Ausschuss künftiger Mieterhöhungen getroffen, kann sich ein solcher auch aus den Umständen ergeben. Das kann beispielsweise der Fall sein, wenn der Mieter durch eine entsprechende Regelung im Mietvertrag oder in einer Modernisierungsvereinbarung berechtigt ist, seine Modernisierungsinvestitionen zu den entsprechenden Vertragskonditionen abzuwohnen. Ebenfalls ausgeschlossen ist eine Mieterhöhung im Rahmen der ortsüblichen Vergleichsmiete, wenn Vermieter und Mieter eine Staffel- oder Indexmiete vereinbart haben.

Die maximale Erhöhung der Miete bis zur »ortsüblichen Vergleichsmiete«

Der Vermieter darf maximal eine Erhöhung bis zur ortsüblichen Vergleichsmiete verlangen (§ 558 Abs. 1 Satz 1 BGB). Das ist die Miete, die in der betreffenden Gemeinde oder einer vergleichbaren Gemeinde für Wohnungen vergleichbarer Art, Größe, Ausstattung, Beschaffenheit und Lage einschließlich der energetischen Ausstattung und Beschaffenheit in den vergangenen sechs Jahren üblicherweise verlangt wurde. Ausgenommen ist Wohnraum, bei dem die Miethöhe durch Gesetz oder im Zusammenhang mit einer Förderzusage festgelegt worden ist (§ 558 Abs. 2 BGB).

Die behauptete ortsübliche Vergleichsmiete muss der Vermieter ordnungsgemäß begründen. Dafür stehen ihm nur die gesetzlich vorgegebenen Begründungsmittel zur Verfügung (siehe dazu Seite 151).

DAS IST WICHTIG: Bei der Ermittlung der ortsüblichen Vergleichsmiete dürfen nur die Mieten berücksichtigt werden, die in den letzten sechs Jahren vereinbart oder geändert worden sind. Der Zeitraum von sechs Jahren ist vom Zeitpunkt des Zugangs des Mieterhöhungsverlangens beim Mieter zurückzurechnen.

Folgende Wohnwertmerkmale spielen bei der Ermittlung der ortsüblichen Vergleichsmiete eine Rolle, wobei Einrichtungen des Mieters, die den Wohnwert der Mietsache erhöht haben, dabei grundsätzlich nicht zu berücksichtigen sind:

Vergleichbare Art der Wohnung: Gemeint sind die Bauart und die Zuordnung der Wohnung zum Haus und Grundstück (zum Beispiel Steinhaus, Holzhaus, Hochhaus, Bungalow, alleinstehendes Haus, Hochhaus, Altbau, Neubau, modernisierter Altbau, Dachgeschosswohnung, Ein-, Zwei- oder Mehrfamilienhaus).

Vergleichbare Größe der Wohnung: Gemeint ist die Wohnfläche, daneben auch die Anzahl der Zimmer. Die Wohnungsgröße ist insofern von Bedeutung, als bei Wohnungen mit großer Grundfläche der auf den Quadratmeter bezogene Mietpreis regelmäßig niedriger liegt als bei kleineren Wohnungen, die in den sonstigen Vergleichsmerkmalen übereinstimmen.

Vergleichbare Ausstattung der Wohnung: Bei der Ausstattung der Wohnung kommt es in erster Linie auf die vorhandene Sanitär-, Heizungs-, Elektro- und Kücheninstallation an. Und zwar nicht nur auf das Vorhandensein und die Zahl der Badezimmer oder Duschen, sondern auch auf deren Art (zum Beispiel Elektro-, Gas-, Ölbetrieb, Armaturen, Fußbodenheizung). Daneben kommen auch andere Ausstattungsmerkmale in Betracht (zum Beispiel Bodenbeläge, Fahrstuhl). Vom Vermieter berücksichtigt werden dürfen allerdings nur die von ihm zur Verfügung gestellten Wohnungseinrichtungen und nicht jene, mit denen der Mieter die Mietsache versehen hat, es sei denn, der Vermieter hat dem Mieter die verauslagten Kosten erstattet. Einrichtungen des Mieters, die den Wohnwert der Mietsache erhöht haben, dürfen also bei der Ermittlung der Vergleichsmiete nicht berücksichtigt werden.

Vergleichbare Beschaffenheit der Wohnung: Die Beschaffenheit der Wohnung betrifft qualitative Werte wie Zuschnitt, Nebenräume und bauliche Qualität. Insoweit kommt es zum Beispiel auch auf die Art von Türen, Fenstern oder Fußböden sowie auf die Bandbreite von technischem Gerät an. Auch Besonderheiten wie zum Beispiel Einbauschränke oder Einbauküchen sind von Bedeutung.

DAS IST WICHTIG: Von Bedeutung ist auch der energetische Zustand des Hauses (zum Beispiel Wärmedämmung von Fenstern und Außenwänden).

Vergleichbare Lage der Wohnung: Bei der Lage sind die äußere Lage (zum Beispiel Stadtteil, Erreichbarkeit mit Verkehrsmitteln, Lärmimmissionen, Baudichte, Frei- und Grünflächen, landschaftlicher Charakter) sowie die Lage im Gebäude selbst (Stockwerkslage, Orientierung der Wohnräume zu den Himmelsrichtungen) von Bedeutung.

Selbst wenn die Wohnungen nach den oben genannten Wohnwertmerkmalen miteinander vergleichbar sind, dürfen nur bestimmte Mieten in die Ermittlung der ortsüblichen Vergleichsmiete einfließen:

- Zum einen richtet sich die ortsübliche Vergleichsmiete nach den Entgelten, die in derselben Gemeinde gezahlt werden. Nur wenn in derselben Gemeinde keine vergleichbaren Wohnungen zu finden sind, kann auf vergleichbare Wohnungen in Nachbargemeinden zurückgegriffen werden. Und auch nur dann, wenn die Wohnungsmärkte dieser Gemeinden im Wesentlichen dieselben Merkmale aufweisen (OLG Stuttgart, Az. 8 RE-Miet 4/81).
- Stützt also der Vermieter sein Erhöhungsverlangen auf einen Mietspiegel, muss er zunächst den für die Gemeinde, in der die Wohnung liegt, existierenden Mietspiegel heranziehen. Nur wenn ein solcher nicht vorhanden ist, kann er auf einen Mietspiegel einer vergleichbaren Gemeinde zurückgreifen.
- Zudem dürfen bei der Ermittlung der ortsüblichen Vergleichsmiete nur solche Mieten berücksichtigt werden, die in den letzten sechs Jahren vereinbart oder geändert worden sind.

Was bedeutet Sperrfrist, was Wartefrist?

Im Zusammenhang mit dem Mieterhöhungsverlangen sind vom Vermieter die Sperrfrist und die Wartefrist zu beachten.

Die Sperrfrist

Das Mieterhöhungsverlangen kann **frühestens ein Jahr** nach der letzten Mieterhöhung geltend gemacht werden (§ 558 Abs. 1 Satz 2 BGB). Zwischen zwei Mieterhöhungen haben Sie als Mieter also mindestens ein Jahr Ruhe. Das nächste Erhöhungsschreiben darf erst ein Jahr nach dem Wirksamwerden der letzten Mieterhöhung bei Ihnen eintreffen.

Die Jahresfrist wird von dem Zeitpunkt ab gerechnet, zu dem die Miete zum letzten Mal verändert wurde, also entweder vom Zeitpunkt des Abschlusses des Mietvertrags, sofern die Miete seitdem nicht verändert wurde, oder sonst von der erstmaligen Fälligkeit der letzten Mieterhöhung.

Die Jahressperrfrist gilt für Mieterhöhungen im Rahmen der ortsüblichen Vergleichsmiete, für einvernehmliche Mieterhöhungen und die letzte Erhöhung einer Staffelmiete.

Mieterhöhungen wegen Modernisierung und wegen Veränderung der Betriebskostenpauschale werden dagegen beim Lauf der Frist nicht berücksichtigt (§ 558 Abs. 1 Satz 3 BGB). Hat also der Vermieter innerhalb des letzten Jahres die Miete wegen einer Modernisierungsmaßnahme erhöht, hindert ihn das nicht daran, vom Mieter die Zustimmung zur Erhöhung der Miete auf die ortsübliche Vergleichsmiete zu verlangen.

DAS IST WICHTIG: Schickt Ihnen der Vermieter bereits vor Ablauf der Jahresfrist das Erhöhungsschreiben, ist die Mieterhöhung unwirksam (BGH, Az. III AZR 2/93). Der Vermieter kann Ihnen dann nur nach Ablauf der Sperrfrist ein neues Erhöhungsverlangen zukommen lassen. Er darf aber nicht lediglich auf das vorzeitig zugegangene Schreiben Bezug nehmen.

Die Wartefrist

Die Zustimmung zur Mieterhöhung kann vom Vermieter frühestens zu einem Zeitpunkt verlangt werden, in dem die Miete seit mindestens 15 Monaten unverändert ist (§ 558 Abs. 1 Satz 1 BGB).

Diese Wartefrist muss zu dem Zeitpunkt abgelaufen sein, in dem die höhere Miete erstmals fällig wird (siehe dazu Seite 160). Die Wartefrist muss also nicht bereits bei der Abgabe des Mieterhöhungsverlangens verstrichen sein. Die Wartefrist beginnt mit dem Zeitpunkt an zu laufen, zu dem die bisherige Miete zur Zahlung fällig war.

Was ist eine »Kappungsgrenze«?

Die Miete darf innerhalb eines Zeitraums von drei Jahren nur um 20 Prozent steigen. Nur bis zur sogenannten **Kappungsgrenze** muss der Mieter dem Mieterhöhungsverlangen des Vermieters zustimmen. Die Bundesländer können durch Rechtsverordnung für Gebiete mit angespanntem Wohnungsmarkt die Kappungsgrenze für Mieterhöhungen von 20 auf 15 Prozent absenken (§ 558 Abs. 3 BGB). Von dieser Möglichkeit haben zahlreiche Länder Gebrauch gemacht.

DAS IST WICHTIG:
Ob eine abgesenkte Kappungsgrenze für Ihre Gemeinde gilt, können Sie beim Deutschen Mieterbund unter
www.mieterbund.de
Suchwort: Kappungsgrenze
erfahren.

Die Kappungsgrenze wird von der Ausgangsmiete berechnet. Das ist die Miete, die der Mieter drei Jahre vor Wirksamwerden der neuen Mieterhöhung gezahlt hat, allerdings ohne die im Umlageverfahren erhobenen Betriebskosten. Das heißt, dass Berechnungsgrundlage in der Regel die Nettokaltmiete ist. Ist im Mietvertrag eine Bruttomiete vereinbart, ist dies die Ausgangsmiete. Unberücksichtigt bleibt bei der Ausgangsmiete eine etwaige Mietminderung.

Die Ausgangsmiete darf im Rahmen der Anpassung an die ortsübliche Vergleichsmiete höchstens um 20 beziehungsweise 15 Prozent steigen, selbst wenn im Einzelfall die ortsübliche Vergleichsmiete eine höhere Miete zuließe. Mieterhöhungen, die aufgrund von Modernisierungen oder Betriebskostenanpassungen erfolgten, bleiben dabei außer Betracht. Dies gilt auch dann, wenn solche Erhöhungen nicht einseitig durch den Vermieter, sondern durch Vereinbarung mit dem Mieter erfolgten (BGH, Az. VIII ZR 185/03).

BEISPIEL: Die Ausgangsmiete beträgt 5,00 Euro pro Quadratmeter, die ortsübliche Vergleichsmiete nachweislich 6,30 Euro pro Quadratmeter. Die Kappungsgrenze liegt bei 6,00 Euro pro Quadratmeter (5,00 Euro + 20 Prozent). Die darüber hinausgehende Miete wird »gekappt«. Der Vermieter kann also höchstens eine Mieterhöhung auf 6,00 Euro pro Quadratmeter durchsetzen.

Schöpft der Vermieter mit seiner Mieterhöhung die 20- beziehungsweise 15-prozentige Kappungsgrenze voll aus, muss er drei Jahre warten, bis er von Ihnen die nächste Anpassung an die ortsübliche Vergleichsmiete verlangen kann.

Hat der Vermieter bei seiner ansonsten ordnungsgemäß begründeten Mieterhöhung die Kappungsgrenze nicht berücksichtigt oder falsch berechnet, hat das nicht zur Folge, dass das Mieterhöhungsverlangen unwirksam ist. Vielmehr reduzierte sich die angestrebte Miete auf das zulässige Maß. Als Mieter müssen Sie also der Mieterhöhung nur bis zu dem Erhöhungsbetrag zustimmen, der sich bei korrekter Anwendung der Kappungsgrenze errechnet.

Welche Form und Begründung muss ein Mieterhöhungsverlangen haben?

Der Vermieter kann vom Mieter nur dann die Zustimmung zur Mieterhöhung bis zur ortsüblichen Vergleichsmiete verlangen, wenn er sein Verlangen in Textform erklärt und begründet (§ 558a Abs. 1 BGB).

Form

Das Mieterhöhungsverlangen des Vermieters bedarf der Textform. Die mündliche Erklärung genügt also nicht den gesetzlichen Anforderungen. Der Vermieter kann seine Erklärung schriftlich, aber auch als Kopie, Fax oder Computer-Fax abgeben. Der Textform bedarf allerdings nur das eigentliche Erhöhungsverlangen, nicht jedoch die der Erklärung lediglich als Anlage beigefügten Begründungsmittel wie zum Beispiel eine Liste mit Vergleichsmieten (Kammergericht Berlin, Az. 8 W RE-Miet 194/84).

Inhalt

Das Mieterhöhungsverlangen muss die Höhe der neuen Miete oder den Erhöhungsbetrag bezeichnen, eine Begründung und die Aufforderung an den Mieter enthalten, der Mieterhöhung zuzustimmen. Die Angabe des Zeitpunkts, ab dem die neue Miete fällig wird, ist nicht erforderlich, weil sich dieser aus dem Gesetz ergibt (siehe dazu Seite 159)

Die Mieterhöhung auf die ortsübliche Vergleichsmiete kann nur im Rahmen einer Vereinbarung erfolgen. Deshalb ist die Zustimmung des Mieters erforderlich. Vonseiten des Vermieters muss diese Zustimmung ausdrücklich eingefordert werden (zum Beispiel: »Ich bitte Sie, einer Mieterhöhung von bisher ... Euro monatlich auf ... Euro im Monat zuzustimmen.«). Anderenfalls liegt kein wirksames Mieterhöhungsverlangen vor (AG Wesel, Az. 4 C 566/92). Nicht ausreichend ist es, wenn der Vermieter in seiner Erklärung lediglich den Eindruck erweckt, als bestünde für den Mieter ohne Weiteres eine Zahlungspflicht (zum Beispiel: »Hiermit erhöhe ich die Miete von ... Euro monatlich auf ... Euro im Monat.«).

Begründung

Das Mieterhöhungsverlangen muss vom Vermieter in Textform begründet werden. So soll ein Mieter die Möglichkeit haben, zu überprüfen, ob das Verlangen berechtigt ist oder nicht. Deshalb muss der Vermieter dem Mieter auch alle Umstände mitteilen, wie er die neue Miete ermittelt hat. Das erfordert insbesondere zunächst die Darlegung der ortsüblichen Vergleichsmiete. Auch die Berechnung der neuen Miete muss dem Mieter nachvollziehbar erläutert werden, anderenfalls ist das Mieterhöhungsverlangen unwirksam (LG Berlin, Az. 65 S 210/99).

DAS IST WICHTIG: Auf Mietpreisübersichten oder Mietwerttabellen, die die Anforderungen an einen Mietspiegel nicht erfüllen (vgl. dazu unten), kann der Vermieter sein Mieterhöhungsverlangen nicht stützen. Keine Mietspiegel sind zum Beispiel der »RDM-Immobilienpreisspiegel« oder der »VDM-Preisspiegel für Wohn- und Anlage-Immobilien«.

Im Zusammenhang mit der Darlegung der Vergleichsmiete kann der Vermieter vor allem auf die folgenden gesetzlichen Begründungsmittel Bezug nehmen (§ 558a Abs. 2 BGB).

Der allgemeine Mietspiegel

Die Bezugnahme auf einen Mietspiegel ist für den Vermieter die einfachste und preisgünstigste Art, die Erhöhung der Miete auf die ortsübliche Vergleichsmiete zu begründen. Ein Mietspiegel ist eine Übersicht über die ortsübliche Vergleichsmiete, soweit die Übersicht von der Gemeinde oder von Interessenvertretern der Vermieter und der Mieter gemeinsam erstellt oder anerkannt worden ist.

Mietspiegel können für das Gebiet einer Gemeinde oder mehrerer Gemeinden oder für Teile von Gemeinden erstellt werden (§ 558c Abs. 1 und 2 BGB).

6

§ **SO ENTSCHIEDEN DIE GERICHTE:** Wenn es in einer Gemeinde keinen Mietspiegel gibt, darf der Vermieter den Mietspiegel einer Nachbargemeinde verwenden, wenn diese hinsichtlich des Mietniveaus vergleichbar ist (BGH, Az. VIII ZR 99/09).
Kriterien für die Vergleichbarkeit sind insbesondere
- die jeweilige Einwohnerzahl
- die Erreichbarkeit der infrastrukturellen Einrichtungen wie Schulen und Krankenhäuser
- das Wirtschaftsangebot und
- Kultureinrichtungen wie Theater oder Kinos.

Die verbreitetste Art des Mietspiegels ist der sogenannte Tabellenmietspiegel, in dem für die einzelnen gesetzlichen Wohnwertmerkmale (zum Beispiel Ausstattung, Größe, Lage der Wohnung) Rasterfelder ausgewiesen sind, die den jeweiligen Mietbereich für die dort aufgeführten Wohnungen ausweisen.

Typisch für einen Mietspiegel ist, dass die ortsübliche Miete nicht durch die Angabe eines Durchschnittswerts, sondern in der Regel in Form von Mietpreisspannen wiedergegeben wird. Dabei reicht es aus, wenn die verlangte Miete innerhalb der Spanne liegt (§ 558a Abs. 4 Satz 1 BGB). Für die Wirksamkeit des Mieterhöhungsverlangens ist es nicht Voraussetzung, dass die Einordnung der verlangten höheren Miete in die jeweilige Spanne begründet wird.

Der Vermieter kann ohne Weiteres bis zur Obergrenze der Mietpreisspanne gehen. Das betrifft allerdings nur die formelle Wirksamkeit des Mieterhöhungsverlangens. Ob die Mieterhöhung materiell zulässig ist, ob also die vom Vermieter verlangte höhere Miete der ortsüblichen Vergleichsmiete entspricht, muss im Streitfall das Gericht ermitteln, indem es die konkrete Wohnung innerhalb der Spanne einordnet.

DAS IST WICHTIG: Verlangt der Vermieter innerhalb einer Mietspanne den Höchstwert, können Sie der Mieterhöhung auch nur bis zum Mittelwert des Mietspiegels zustimmen. In diesem Fall muss dann der Vermieter darlegen und beweisen, warum für die Wohnung eine höhere Miete ortsüblich sein soll. Nur wenn die Wohnung überdurchschnittlich gut ist (zum Beispiel weil sie einen überdurchschnittlich guten energetischen Zustand aufweist), sollten Sie einer Miete oberhalb des Mittelwerts (bis hin zum Oberwert) zustimmen.

Bei einem Mietspiegel in Tabellenform ist es ausreichend, wenn der Vermieter in seinem Mieterhöhungsverlangen seine Wohnung anhand der Unterscheidungsmerkmale des Mietspiegels so genau beschreibt, dass der Mieter die betreffende Gruppe und Untergruppe des Mietspiegels auf Anhieb finden und daraus ablesen kann, ob das Erhöhungsverlangen des Vermieters gerechtfertigt ist oder nicht.

SO ENTSCHIEDEN DIE GERICHTE: Enthält der Mietspiegel keine Angaben zu bestimmten Gebäuden und Wohnungstypen, kann das Mieterhöhungsverlangen nicht auf den Mietspiegel gestützt werden. Von diesem Grundsatz gibt es allerdings eine Ausnahme: Möchte der Vermieter die Miete für sein Einfamilienhaus erhöhen, und enthält der örtliche Mietspiegel jedoch keine Angaben zu Einfamilienhäusern, kann er sein Mieterhöhungsverlangen jedenfalls dann auf den Mietspiegel stützen, wenn die geforderte Miete innerhalb der Mietpreisspanne für Wohnungen in Mehrfamilienhäusern liegt (BGH, Az. VIII ZR 58/08).

Mietspiegel sollen im Abstand von zwei Jahren der Marktentwicklung angepasst werden (§ 558c Abs. 3 BGB). Besteht zum Zeitpunkt der Mieterhöhungserklärung kein Mietspiegel, der im Abstand von zwei Jahren fortgeschrieben wurde, kann der Vermieter auch einen anderen, insbesondere einen veralteten Mietspiegel verwenden (§ 558a Abs. 4 Satz 2 BGB).

SO ENTSCHIEDEN DIE GERICHTE: Begründet der Vermieter die Mieterhöhung mit einem alten Mietspiegel, obwohl bereits ein neuer Mietspiegel vorliegt, ist die Mieterhöhung deshalb nicht unwirksam. Vielmehr ist im gerichtlichen Verfahren die Mieterhöhung nach dem neuen Mietspiegel zu ermitteln (BGH, Az. VIII ZR 337/10). Unzulässig ist allerdings ein pauschaler Zuschlag auf veraltete Mietspiegel durch den Vermieter (OLG Stuttgart, Az. 8 RE-Miet 4/81).
Der Vermieter muss seinem Erhöhungsverlangen den Mietspiegel beifügen, wenn dieser nicht allgemein zugänglich ist. Allgemein zugänglich ist der Mietspiegel zum Beispiel, wenn er im Amtsblatt veröffentlich wurde (BGH, Az. VIII ZR 11/07) oder im Kundencenter des Vermieters eingesehen werden kann (BGH, Az. VIII ZR 74/08). Aber auch, wenn der Mietspiegel gegen eine geringe Schutzgebühr beim örtlichen Mieter- oder Grundbesitzerverein bezogen werden kann oder wenn er im Internet verfügbar ist, muss er dem Mieterhöhungsverlangen nicht beigefügt werden (BGH, Az. VIII ZB 7/08).

6

Der qualifizierte Mietspiegel

Ein qualifizierter Mietspiegel ist ein Mietspiegel, der nach anerkannten wissenschaftlichen Grundsätzen erstellt und von der Gemeinde oder von Interessenvertretern der Vermieter und der Mieter anerkannt worden ist. Er muss im Abstand von zwei Jahren der Marktentwicklung angepasst werden. Nach vier Jahren ist der qualifizierte Mietspiegel neu zu erstellen (§ 558d Abs. 1 und 2 BGB).

DAS IST WICHTIG: Am 1. Juli 2022 tritt das sogenannte Mietspiegelreformgesetz in Kraft. Ziel ist es, dass künftig in möglichst vielen Gemeinden qualitativ hochwertige Mietspiegel zum Einsatz kommen. Gemeinden mit mehr als 50.000 Einwohnern sind künftig verpflichtet, Mietspiegel zu erstellen. Für Gemeinden dieser Größe, die deshalb erstmalig einen Mietspiegel erstellen müssen, muss dieser bis spätestens 1. Januar 2023 vorliegen und veröffentlicht sein. Wird ein qualifizierter Mietspiegel erstellt, muss dieser bis spätestens 1. Januar 2024 vorliegen. Künftig gelten einheitliche Vorgaben zur Erstellung qualifizierter Mietspiegel, um eine rechtssichere und zuverlässige Abbildung der ortsüblichen Vergleichsmiete zu gewährleisten. Ferner sind Mieter und Vermieter künftig verpflichtet, Auskunft über ihr Mietverhältnis und die Merkmale ihrer Wohnung zu erteilen.

Der qualifizierte Mietspiegel unterscheidet sich vom einfachen Mietspiegel durch eine erhöhte Gewähr der Richtigkeit und Aktualität der Angaben zur ortsüblichen Vergleichsmiete. Damit sind bestimmte Rechtsfolgen verbunden:

- Enthält ein qualifizierter Mietspiegel Angaben über die Wohnung, so hat der Vermieter in seinem Mieterhöhungsverlangen diese Angaben auch dann dem Mieter mitzuteilen, wenn er die Mieterhöhung auf ein anderes Begründungsmittel (zum Beispiel auf ein Sachverständigengutachten) stützt (§ 558a Abs. 3 BGB). Anderenfalls ist die Mieterhöhung schon aus formalen Gründen unwirksam.
- Von einem aktuellen qualifizierten Mietspiegel wird vermutet, dass die in ihm bezeichneten Mieten die ortsübliche Vergleichsmiete wiedergeben (§ 558d Abs. 3 BGB). Das bedeutet, dass im Streitfall der Vermieter beweisen muss, dass die im Mietspiegel ausgewiesenen Werte falsch sind, wenn er eine höhere als die im Mietspiegel ausgewiesene Miete verlangen will. Umgekehrt muss der Mieter beweisen, dass die Werte falsch sind, wenn er nur eine niedrigere als die vom Vermieter verlangte und im qualifizierten Mietspiegel ausgewiesene Miete zahlen will.

Eine Mietdatenbank

Als weiteres Begründungsmittel für eine Erhöhung der Miete bis zur Höhe der ortsüblichen Vergleichsmiete kommt eine Auskunft einer Mietdatenbank in Betracht. Eine Mietdatenbank ist eine zur Ermittlung der ortsüblichen Vergleichsmiete fortlaufend geführte Sammlung von Mieten, die von der Gemeinde oder Interessenvertretern der Vermieter und der Mieter gemeinsam geführt oder anerkannt wird und aus der Auskünfte gegeben werden, die für einzelne Wohnungen einen Schluss auf die ortsübliche Vergleichsmiete zulassen (§ 558e BGB). Die Mietdatenbank soll rasch und spontan aktuelle Mietdaten zur Verfügung stellen, um möglichst schnell ein Mieterhöhungsverlangen durchzusetzen.

Ein Sachverständigengutachten

Zur Begründung des Mieterhöhungsverlangens kann der Vermieter auf ein mit Gründen versehenes Gutachten eines öffentlich bestellten und vereidigten Sachverständigen Bezug nehmen (§ 558a Abs. 2 Nr. 3 BGB). Der vom Vermieter beauftragte Sachverständige muss für ein Sachgebiet öffentlich bestellt und vereidigt sein, in dem er sich zumindest auch mit der Mietpreisbewertung befassen muss.

DAS IST WICHTIG: Nur ein aktuelles Sachverständigengutachten kommt als Begründungsmittel für eine Mieterhöhung in Betracht. Dabei ist davon auszugehen, dass ein Gutachten, das älter als zwei Jahre ist, nicht mehr den formellen Anforderungen entspricht (LG Berlin, Az. 63 S 364/97).

Er muss nicht speziell für das Gebiet der Mietpreisermittlung bestellt sein. Eine Berufung auf einem verwandten Gebiet wie zum Beispiel der Ermittlung von Grundstücks- und Gebäudewerten ist ausreichend (BGH, Az. VIII AZR 2/82).

Das Gutachten muss begründet sein und zwar so, dass der Mieter es logisch nachvollziehen kann. Dazu muss der Sachverständige eine Aussage über die tatsächliche ortsübliche Vergleichsmiete treffen und die Wohnung des Mieters in das örtliche Mietpreisgefüge einordnen (BGH, Az. VIII ZR 122/09). Ausreichend ist es, wenn die Begründung dem Mieter in einer für ihn nachvollziehbaren Weise Aufschluss über die Vergleichsmiete vermittelt, sodass es ihm möglich ist, die Berechtigung des Mieterhöhungsverlangens zu überprüfen. Unzureichend ist es allerdings, wenn der Makler seinem Gutachten lediglich die Daten eines Maklerpreisspiegels zugrunde legt (LG Kiel, Az. 7 S 68/13).

DAS IST WICHTIG: Der Vermieter muss das Sachverständigengutachten seiner Mieterhöhungserklärung in vollem Wortlaut beifügen; anderenfalls ist das Mieterhöhungsverlangen unwirksam.

6

Vergleichswohnungen

Der Vermieter darf sein Mieterhöhungsverlangen auch damit begründen, dass er mindestens drei vergleichbare Wohnungen benennt (§ 558a Abs. 2 Nr. 4 BGB). In diesem Fall muss der Vermieter diese Wohnungen im Mieterhöhungsschreiben so genau bezeichnen, dass der Mieter sie ohne nennenswerte Schwierigkeiten auffinden kann. Die angegebenen Vergleichswohnungen müssen also genau beschrieben und der Quadratmeterpreis angegeben werden.

Ausreichend ist es im Regelfall, wenn neben dem Quadratmeterpreis die Adresse und das Geschoss angegeben werden. Nur wenn es sich um ein Mehrfamilienhaus mit mehreren Wohnungen auf derselben Ebene handelt, sind zusätzliche Angaben über den Namen des Mieters, über die Wohnungsnummer oder über die genaue Lage der Vergleichswohnung auf der betreffenden Ebene erforderlich, damit ein Mieter in der Lage ist, die Angaben des Vermieters zu überprüfen (BGH, Az. VIII ARZ 1/82).

DAS IST WICHTIG: Sind die Wohnungen nicht identifizierbar, weil sich in den angegebenen Geschossen mehrere Wohnungen befinden, und hat der Vermieter nicht die Lage im Geschoss bezeichnet, ist die Mieterhöhung unwirksam (BGH, Az. VIII ZR 72/02).

§ **SO ENTSCHIEDEN DIE GERICHTE:** Der Vermieter muss zur Begründung seiner Mieterhöhung mindestens drei Vergleichswohnungen benennen. Eine Obergrenze besteht dagegen nicht. Der Vermieter darf die Vergleichswohnungen auch aus seinem eigenen Bestand benennen (BVerfG, Az. 1 BvR 137/92). Die Vergleichswohnungen können sogar im selben Haus liegen (OLG Karlsruhe, Az. 3 RE-Miet 1/84) und es können drei Vergleichswohnungen eines einzigen anderen Vermieters benannt werden (BGH, Az. VIII ARZ 1/82).

Die vom Mieter benannten Vergleichswohnungen müssen nach Art, Größe, Ausstattung, Beschaffenheit und Lage in etwa der Wohnung des Mieters entsprechen.

Ausreichend ist es, wenn die vom Vermieter benannten Wohnungen im Großen und Ganzen, also ungefähr vergleichbar sind, weil sie zum selben Teilmarkt gehören. Die wesentlichen Wohnwertmerkmale der Vergleichswohnungen sollten mit der Bezugswohnung übereinstimmen.

§ **SO ENTSCHIEDEN DIE GERICHTE:** Hat der Vermieter mehr als drei Vergleichswohnungen benannt, müssen mindestens drei davon diesen Voraussetzungen entsprechen (BGH, Az. VIII ZR 79/11). Der Größenunterschied zwischen den Wohnungen sollte nicht mehr als 30 Prozent betragen.

Vergleichbar sind zum Beispiel Einfamilienhäuser und Doppelhaushälften, weil sie zum selben Markt gehören, nicht dagegen Wohnungen mit mehreren Zimmern und Einzelzimmer-Appartements. Nicht vergleichbar sind Neubauwohnungen gegenüber einer nicht grundlegend sanierten Altbauwohnung, ebenso normale Wohnungen und Dachgeschosswohnungen mit Schrägen, Wohnungen in guter und in ganz schlechter Lage oder Wohnungen mit Bad und Heizung und solche ohne beides.

Suchen
bezahlbare Wohnung

§ **SO ENTSCHIEDEN DIE GERICHTE:** Maßgeblich für die ortsübliche Vergleichsmiete ist nicht der Mietpreis, der dem Durchschnittswert der Vergleichsmieten entspricht, sondern die Miete, die für die günstigste der vom Mieter benannten Vergleichswohnungen gezahlt wird (OLG Karlsruhe, Az. 9 RE-Miet 2/83). Nicht zulässig ist es, einen Durchschnittswert für die benannten Vergleichswohnungen zu bilden.

Absender und Adressat

Nur wenn der Vermieter, der im Mietvertrag als solcher angegeben ist, das Mieterhöhungsverlangen erklärt, ist es wirksam. Handelt es sich dabei um eine Mehrheit von Personen (zum Beispiel ein Ehepaar oder eine Erbengemeinschaft) müssen alle Personen als Absender auftreten und das Mieterhöhungsverlangen unterschreiben.

Das Mieterhöhungsverlangen kann auch von einem Vertreter abgegeben werden (zum Beispiel dem Hausverwalter). In diesem Fall muss eine Vertretungsbefugnis gegeben sein. Der Vertreter muss seine Vertretungsmacht durch Vorlage einer Vollmacht offenlegen, sofern sich nicht bereits aus dem Mietvertrag eine entsprechende Bevollmächtigung ergibt. Fehlt die notwendige Vollmacht, wird die Mieterhöhung unwirksam, wenn der Mieter diesen Mangel unverzüglich beanstandet und die Mieterhöhung wegen Fehlens der Vollmacht zurückweist (§ 174 BGB).

Das Mieterhöhungsverlangen muss der Vermieter an den im Mietvertrag bezeichneten Mieter richten. Haben mehrere Personen den Mietvertrag unterzeichnet, muss die Zustimmung zur Mieterhöhung von allen Mietern verlangt werden.

Wurde die Wohnung also beispielsweise an ein Ehepaar oder eine Wohngemeinschaft vermietet und haben beide Eheleute beziehungsweise alle Mitbewohner den Mietvertrag unterzeichnet, muss das Mieterhöhungsverlangen an alle Mieter gerichtet sein. Allerdings reicht es aus, dass die an alle Mieter gerichtete Erklärung gegenüber einem Mieter abgegeben wird, wenn der Mietvertrag eine entsprechende gegenseitige Bevollmächtigung enthält.

Welche Fristen müssen eingehalten werden?

Durch ein wirksames Mieterhöhungsverlangen des Vermieters werden verschiedene Fristen in Gang gesetzt, die zwingend eingehalten werden müssen. Diese betreffen die vom Mieter zu beachtende Zustimmungsfrist und die für den Vermieter geltende Klagefrist.

Zustimmungsfrist für den Mieter

Dem Mieter steht eine Überlegungsfrist zu, innerhalb derer er sich entscheiden kann, ob er dem Mieterhöhungsverlangen des Vermieters zustimmt. Die Frist beginnt mit dem Zugang des Mieterhöhungsverlangens und endet mit dem Ablauf des zweiten Kalendermonats, der auf den Zugang folgt (§ 558b Abs. 2 Satz 1 BGB). Unter Umständen kann die Überlegungsfrist drei Monate betragen, sofern dem Mieter das Mieterhöhungsverlangen schon zu Beginn eines Monats zugegangen ist; die Mindestdauer beträgt aber in jedem Fall zwei volle Kalendermonate, wenn dem Mieter das Erhöhungsverlangen am letzten Tag eines Monats zugeht.

BEISPIEL: Das Mieterhöhungsschreiben des Vermieters geht beim Mieter am 2. August ein. Die Zustimmungsfrist läuft dann bis 31. Oktober.

Klagefrist für den Vermieter

Verweigert der Mieter die Zustimmung zur Mieterhöhung oder gibt er keine Erklärung ab, muss der Vermieter innerhalb von drei weiteren Monaten ab dem Ende der Zustimmungsfrist Klage auf Zustimmung erheben (§ 558b Abs. 2 BGB).

Eine nach Fristablauf erhobene Klage ist unzulässig. In diesem Fall muss der Vermieter ein neues Mieterhöhungsverlangen mit entsprechend neuen Zustimmungs- und Klagefristen stellen.

BEISPIEL: Das Mieterhöhungsschreiben des Vermieters geht beim Mieter im Januar ein. Die Überlegungsfrist läuft dann bis 31. März. Die Klagefrist läuft am 30. Juni ab.

Ist der Klage ein Mieterhöhungsverlangen des Vermieters vorausgegangen, das nicht den gesetzlichen Anforderungen entspricht, so kann es der Vermieter im Rechtsstreit nachholen oder die Mängel des Erhöhungsverlangens beheben. Auch in diesem Fall steht dem Mieter die gesetzliche Zustimmungsfrist zu (§ 558b Abs. 3 BGB).

Wie können Sie als Mieter auf ein Mieterhöhungsverlangen reagieren?

Wenn Sie ein Mieterhöhungsverlangen des Vermieters erhalten, haben Sie mehrere Möglichkeiten, darauf zu reagieren.

Zustimmung zur Mieterhöhung

Sie können der Mieterhöhung zustimmen. In diesem Fall nehmen Sie das in dem Erhöhungsverlangen des Vermieters enthaltene Angebot auf Abschluss eines Änderungsvertrags in Bezug auf die vereinbarte Miete an.

Dann schulden Sie dem Vermieter die neue Miete **mit Beginn des dritten Kalendermonats** nach dem Zugang des Mieterhöhungsverlangens (§ 558b Abs. 1 BGB).

Die Zustimmung des Mieters zur Mieterhöhung bedarf keiner besonderen Form. Sie kann also auch mündlich erklärt werden. Keine Zustimmung ist es aber, wenn der Mieter auf das Erhöhungsverlangen überhaupt nicht reagiert und schweigt.

Stillschweigende Zustimmung nennt man es, wenn der Mieter auf das Mieterhöhungsverlangen zwar schweigt, aber die höhere Miete zahlt. Wenn der Mieter zwei oder drei Mal diese höhere Miete zahlt, stimmt er dem Erhöhungsverlangen des Vermieters unwiderruflich zu. Manche Gerichte sehen bereits bei einer einmaligen Zahlung der höheren Miete eine Zustimmung.

Verweigerung der Zustimmung

Sie können die Zustimmung zur Mieterhöhung verweigern (zum Beispiel, weil der Vermieter die Mieterhöhung nicht ordnungsgemäß begründet oder die Wartefrist nicht eingehalten hat) und damit die vom Vermieter angebotene Vertragsänderung ablehnen. In diesem Fall kann der Vermieter die Mieterhöhung nur durchsetzen, wenn er Sie innerhalb

Fristenplan für die Mieterhöhung

Zugang der Mieterhöhung im Laufe des Monats	Ablauf der Zustimmungsfrist	Ablauf der Klagefrist	Beginn der Mieterhöhung
Januar	31. März	30. Juni	1. April
Februar	30. April	31. Juli	1. Mai
März	31. Mai	31. August	1. Juni
April	30. Juni	30. September	1. Juli
Mai	31. Juli	31. Oktober	1. August
Juni	31. August	30. November	1. September
Juli	30. September	31. Dezember	1. Oktober
August	31. Oktober	31. Januar	1. November
September	30. November	28. (29.) Februar	1. Dezember
Oktober	31. Dezember	31. März	1. Januar
November	31. Januar	30. April	1. Februar
Dezember	28. (29.) Februar	31. Mai	1. März

von drei Monaten nach Ablauf der gesetzlichen Überlegungsfrist auf Zustimmung verklagt (§ 558b Abs. 2 BGB). Das Gericht prüft, ob das Mieterhöhungsschreiben den rechtlichen Anforderungen entspricht und ob die Mieterhöhung gerechtfertigt ist. Je nach Ergebnis der Prüfung wird entweder die Klage des Vermieters abgewiesen oder der Mieter ganz oder teilweise zur Zustimmung verurteilt. Versäumt der Vermieter die Klagefrist, muss er Ihnen wieder ein neues Mieterhöhungsschreiben schicken. Dann steht Ihnen wieder die volle Überlegungsfrist zu.

DAS IST WICHTIG: Allein deshalb, weil Sie der verlangten Mieterhöhung nicht zustimmen, können Sie nicht gekündigt werden. Nur wenn Sie vom Gericht rechtskräftig verurteilt wurden, die höhere Miete zu zahlen, und sich weigern, kommt eine Kündigung durch den Vermieter in Betracht.

Teilweise Zustimmung

Sie können der Mieterhöhung auch nur teilweise zustimmen, weil zum Beispiel die ortsübliche Vergleichsmiete geringer ist oder die Kappungsgrenze den Erhöhungsbetrag begrenzt.

Die Miete erhöht sich dann nur um den Teilbetrag, ohne dass der Vermieter dem zustimmen muss. Will der Vermieter eine höhere Miete, muss er hinsichtlich des Restbetrags fristgerecht klagen.

SO MACHEN SIE ES RICHTIG:

Teilweise Zustimmung zur Mieterhöhung auf die ortsübliche Vergleichsmiete

Sehr geehrte/-r ___,
mit Schreiben vom ___ verlangen Sie meine Zustimmung zu einer Erhöhung der monatlichen Miete von ___ Euro auf ___ Euro. Dieser Mieterhöhung kann ich vorerst nicht vollständig, sondern nur in Höhe eines Steigerungsbetrags von ___ Euro zustimmen. Die neue Miete beträgt damit ___ Euro monatlich ab ___.
Ihre Berechnung der ortsüblichen Vergleichsmiete ist fehlerhaft. Die von Ihnen zur Begründung der Mieterhöhung genannten drei Vergleichswohnungen entsprechen nicht meiner Wohnung.
Sie haben folgende wertmindernden Merkmale unberücksichtigt gelassen: ___ [Beschreibung der wertmindernden Merkmale].
Aus dem Mietspiegel für ___ [Bezeichnung der Gemeinde] ergibt sich eine Vergleichsmiete von ___ Euro/qm. Meine Zustimmung zur Mieterhöhung entspricht der danach vorgesehenen Vergleichsmiete.
Mit freundlichen Grüßen

Unterschrift

Die außerordentliche Kündigung durch den Mieter

Wenn der Vermieter eine Mieterhöhung auf die ortsübliche Vergleichsmiete verlangt, steht Ihnen gesetzlich ein Sonderkündigungsrecht zu. Sie können das Mietverhältnis bis zum Ende des zweiten Monats nach Zugang des Mieterhöhungsverlangens für das Ende des übernächsten Monats kündigen (§ 561 Abs. 1 BGB).

Das Sonderkündigungsrecht steht Ihnen auch dann zu, wenn ein befristetes Mietverhältnis abgeschlossen oder im Mietvertrag die Kündigung für eine bestimmte Zeit ausgeschlossen wurde.

ZUSAMMENGEFASST – DAS IST WICHTIG

Prüfen Sie, wie hoch vergleichbare Mieten sind: Der Vermieter darf maximal eine Erhöhung bis zur ortsüblichen Vergleichsmiete verlangen. Das ist die Miete, die in der betreffenden oder einer vergleichbaren Gemeinde für Wohnungen vergleichbarer Art, Größe, Ausstattung, Beschaffenheit und Lage einschließlich der energetischen Ausstattung in den vergangenen sechs Jahren üblicherweise verlangt wurde.

Ist genügend Zeit seit der letzten Erhöhung vergangen? Der Vermieter kann die Zustimmung zu einer Erhöhung der Miete bis zur ortsüblichen Vergleichsmiete verlangen, wenn die Miete in dem Zeitpunkt, zu dem die Erhöhung eintreten soll, seit 15 Monaten unverändert ist. Das Mieterhöhungsverlangen kann frühestens ein Jahr nach der letzten Mieterhöhung geltend gemacht werden.

Die Miete darf innerhalb von drei Jahren grundsätzlich nur um 20 Prozent steigen, wenn die Vergleichsmiete derartige Mietpreissteigerungen zulässt. Diese Grenze muss der Vermieter auch dann einhalten, wenn die ortsübliche Vergleichsmiete eine höhere Miete zulassen würde.

Hat der Vermieter formal alles richtig gemacht? Das Mieterhöhungsverlangen muss die Höhe der neuen Miete oder den Erhöhungsbetrag bezeichnen, eine Begründung und die Aufforderung an den Mieter enthalten, der Mieterhöhung zuzustimmen.

Nehmen Sie Ihre Frist in Anspruch! Dem Mieter steht eine Überlegungsfrist zu, innerhalb derer er sich entscheiden kann, ob er dem Mieterhöhungsverlangen des Vermieters zustimmt. Die Frist beginnt mit dem Zugang des Mieterhöhungsverlangens und endet mit dem Ablauf des zweiten Kalendermonats, der auf den Zugang folgt.

Zahlen Sie die erhöhte Miete nicht zu früh! Stimmt der Mieter dem Erhöhungsverlangen zu, schuldet er die neue Miete mit Beginn des dritten Kalendermonats nach dem Zugang des Mieterhöhungsverlangens. Verweigert er die Zustimmung, wird das Erhöhungsverlangen unwirksam, wenn der Vermieter nicht innerhalb von drei Monaten auf Zustimmung klagt.

7

Was Sie bei einer Modernisierungsmieterhöhung tun können

Das Ehepaar Fuchs bewohnt eine Dreizimmerwohnung, beide beziehen eine Altersrente. In einem Schreiben kündigt der Vermieter an, die vorhandenen zweifachverglasten Fenster durch Dreifachglasfenster zu ersetzen. Gleichzeitig wird den Mietern der Betrag der zu erwartenden Mieterhöhung mitgeteilt. Die Mieter befürchten, dass Sie die erhöhte Miete mit ihrer Rente nicht mehr finanzieren können. Wie können sie sich gegen die Mieterhöhung wehren? Mehr dazu siehe Seite 175.

IN DIESEM KAPITEL ERFAHREN SIE,

Welche Voraussetzungen benötigt eine Modernisierungsmieterhöhung?

Modernisierungsmaßnahmen des Vermieters muss ein Mieter grundsätzlich dulden (§ 555d Abs. 1 BGB). Nach einer Modernisierung wird der Vermieter regelmäßig die Miete erhöhen wollen. Dazu kann er für bestimmte Modernisierungsmaßnahmen auf Grundlage der ihm entstandenen Kosten einen Modernisierungszuschlag zur Miete erheben. Unzulässig ist die Mieterhöhung jedoch, wenn sie für den Mieter nicht zumutbar ist.

Was sind umlagefähige Modernisierungsmaßnahmen?

Der Vermieter kann bei bestimmten Modernisierungsmaßnahmen die Miete durch eine einseitige Erklärung, das heißt, sie ist auch ohne Ihre Zustimmung als Mieter wirksam, den aufgewendeten Kosten entsprechend erhöhen. Eine solche Mieterhöhung ist möglich bei Maßnahmen

- durch die in Bezug auf die Mietsache Endenergie nachhaltig eingespart wird (energetische Modernisierung),
- durch die der Wasserverbrauch nachhaltig reduziert wird,
- durch die der Gebrauchswert der Wohnung nachhaltig erhöht wird,
- durch die die Mietsache erstmals mittels Glasfaser an ein öffentliches Netz mit sehr hoher Kapazität im Sinne des Telekommunikationsgesetzes angeschlossen wird,
- durch die die allgemeinen Wohnverhältnisse auf Dauer verbessert werden,
- die aufgrund von Umständen durchgeführt werden, die der Vermieter nicht zu vertreten hat, und die keine Erhaltungsmaßnahmen sind (§ 559 Abs. 1 BGB).

DAS IST WICHTIG: Keine Mieterhöhung ist möglich, wenn durch die baulichen Maßnahmen nicht erneuerbare Primärenergie eingespart oder das Klima nachhaltig geschützt wird (zum Beispiel die Umstellung der Heizung von Heizöl auf Beheizung mit Holzpellets) oder wenn neuer Wohnraum geschaffen wird (zum Beispiel der Ausbau des Dachgeschosses oder die Aufstockung des Gebäudes).

Energetische Modernisierung: Dazu zählen alle Maßnahmen, die zur Einsparung von Endenergie in Bezug auf die Mietsache beitragen. Endenergie ist dabei die Energiemenge, die in einem Gebäude zur Deckung des Energiebedarfs des Mieters tatsächlich benötigt wird. Bauliche Maßnahmen, die nachhaltig Einsparungen von Heizenergie bewirken, sind unter anderem Maßnahmen zur wesentlichen Verbesserung der Wärmedämmung von Fenstern, Außenwänden, Dächern oder Kellerdecken, zur wesentlichen Veränderung des Energieverlusts und des Energieverbrauchs der zentralen Heizungs- und Warmwasseranlagen, zur Rückgewinnung von Wärme oder die Nutzung von Energie durch Wärmepumpen- und Solaranlagen.

Wassereinsparung: Modernisierungsmaßnahmen zur Wassereinsparung dienen der nachhaltigen Reduzierung des Verbrauchs und dessen Kontrolle. Es ist dabei nicht wichtig, ob der Gebrauchswert erhöht wird oder weitergehende Vorteile mit der Maßnahme verbunden sind. Letztlich muss lediglich eine Wassereinsparung festzustellen sein. Zu den Wasser sparenden Maßnahmen gehören zum Beispiel der Einbau von Durchlaufbegrenzern, die Installation von Wasser reduzierenden Toilettenspülkästen anstelle der bisherigen Druckspüler, die Anschaffung spezieller Armaturen mit Wassermengenbegrenzung oder der Einbau von Spartasten.

Erhöhung des Gebrauchswerts der Wohnung: Ein erhöhter Gebrauchswert der Mietsache ist anzunehmen, wenn der dem Mieter zustehende Mietgebrauch durch die bauliche Änderung hinsichtlich der eigentlichen Mieträume oder der mitvermieteten Haus- und Grundstücksteile erleichtert, verbessert oder vermehrt wird. Beispiele sind hierfür die Installation einer Zentralheizung, der Einbau von neuen Toiletten, Duschen oder Bädern, der Wechsel von Einzelöfen auf Nachtspeicher oder der Einbau von Schallschutzfenstern.

DAS IST WICHTIG: Keine Erhöhung des Gebrauchswerts liegt bei bloßen Verschönerungsmaßnahmen oder bei einer Luxusmodernisierung (zum Beispiel dem Einbau eines Schwimmbades) vor.

Verbesserung der allgemeinen Wohnverhältnisse: Bauliche Veränderungen, durch die die allgemeinen Wohnverhältnisse auf Dauer verbessert werden, sind Maßnahmen, die sich auf das gesamte Haus beziehen und das Umfeld der konkreten Wohnung verbessern. Die allgemeinen Wohnverhältnisse werden beispielsweise verbessert, wenn Gemeinschaftseinrichtungen auf dem Grundstück (zum Beispiel Grünanlagen, Stellplätze, Kinderspielplätze) geschaffen oder ausgebaut werden, eine Satellitenempfangsanlage installiert wird, der Anschluss an das Kabelnetz erfolgt oder in das Haus ein Aufzug eingebaut wird.

Vom Vermieter nicht zu vertretende Umstände: Auch Maßnahmen, die der Vermieter aufgrund von Umständen durchführen muss, die er nicht zu vertreten hat, werden als Wohnungsmodernisierung angesehen, wenn sie keine Erhaltungsmaßnahmen sind. In Betracht kommen Maßnahmen, die der Vermieter aufgrund einer behördlichen Anordnung oder gesetzlichen Verpflichtung vorzunehmen hat (zum Beispiel den Einbau von Rauchmeldern oder von Wasserzählern, soweit gesetzlich vorgeschrieben).

Ist es eine Modernisierung – oder eine Erhaltung?

Wichtig ist es festzustellen, ob es sich um eine Modernisierungsmaßnahme oder um eine sogenannte Erhaltungsmaßnahme handelt. Die gesetzliche Erhaltungspflicht des Vermieters betrifft die Verpflichtung, die Mietsache instand zu halten und während der Vertragsdauer auftretende Mängel zu beseitigen (siehe dazu Seite 40). Während es bei Erhaltungsmaßnahmen um die Aufrechterhaltung eines ordnungs- und vertragsgemäßen Zustands der Wohnung geht, diese also vorbeugend vorgenommen werden, um Schäden zu vermeiden, fallen unter Modernisierungsmaßnahmen solche Vorhaben, die der Verbesserung der Mietsache oder der Schaffung neuen Wohnraums dienen.

Erhaltungsmaßnahmen muss der Mieter ohne Weiteres dulden, während er eine Modernisierungsmaßnahme nicht hinnehmen muss, wenn bestimmte Härtegründe vorliegen. Für reine Instandhaltungsmaßnahmen, zu denen der Vermieter verpflichtet ist, kann dieser die Miete nicht erhöhen, wohl aber für Modernisierungsmaßnahmen.

BEISPIEL: Ersetzt der Vermieter alte, morsche, wasser- und winddurchlässige Fenster, ist der Austausch eine Reparatur. Der Vermieter darf die Miete nicht erhöhen. Werden dagegen intakte Fenster gegen Schallschutzfenster ausgetauscht, liegt eine Wohnwertverbesserung oder eine Energiesparmaßnahme und damit eine Modernisierung vor. Der Vermieter darf einen Modernisierungszuschlag auf die Miete erheben.

Eine Maßnahme des Vermieters kann gleichzeitig der Erhaltung als auch der Verbesserung der Mieträume dienen. Wenn beispielsweise morsche, einfach verglaste Holzfenster gegen doppelt verglaste Kunststofffenster ausgewechselt werden, handelt es sich sowohl um eine Reparatur als auch um eine Modernisierung. Für eine solche »Instandsetzungsmodernisierung« gelten hinsichtlich der umlagefähigen Kosten besondere gesetzliche Regelungen (siehe dazu Seite 170).

Wann ist eine Mieterhöhung ausgeschlossen?

Ein Vermieter darf die Miete nicht erhöhen, wenn er sich bereits bei Abschluss des Mietvertrags verpflichtet hat, die Wohnung zu modernisieren, und der Mieter nur unter dieser Bedingung den Mietvertrag unterschrieben hat. Eine Mieterhöhung wegen Modernisierung ist auch dann ausgeschlossen, wenn die Modernisierung im Mietvertrag ausdrücklich so vereinbart ist.

Der Vermieter darf die Miete auch dann nicht erhöhen, wenn eine Staffel- oder Indexmiete vereinbart wurde. Bei der Indexmiete darf der Vermieter die Miete nur dann erhöhen, wenn bauliche Maßnahmen aufgrund von Umständen erforderlich werden, die der Vermieter nicht zu vertreten hat (zum Beispiel aufgrund öffentlich-rechtlicher Vorschriften oder behördlicher Anordnung).

Hat der Vermieter modernisiert, ohne den Mieter vorher zu informieren, ist die Mieterhöhung ausgeschlossen, wenn der Mieter den Arbeiten nicht zugestimmt hat und er auch nicht zur Zustimmung verpflichtet war, weil er sich auf einen Härtegrund berufen kann. Damit der Mieter prüfen kann, ob er die geplanten Arbeiten dulden muss, benötigt er Informationen vom Vermieter. Dieser muss dem Mieter mindestens drei Monate vor Beginn der Maßnahmen deren Art und deren voraussichtlichen Umfang in wesentlichen Zügen, den voraussichtlichen Beginn und die voraussichtliche Dauer sowie den Betrag der zu erwartenden Mieterhöhung mitteilen und die voraussichtlichen künftigen Betriebskosten in Textform mitteilen. Will der Vermieter die Mieterhöhung im vereinfachten Verfahren geltend machen (siehe dazu Seite 178), muss er darauf schon in seiner Ankündigung hinweisen. Der Mieter muss eine Modernisierungsmaßnahme nicht dulden, wenn die Maßnahme für ihn, seine Familie oder einen anderen Angehörigen seines Haushalts eine Härte bedeutet, die auch unter Würdigung der berechtigten Interessen des Vermieters und anderer Mieter im Haus sowie von Belangen der Energieeinsparung und des Klimaschutzes nicht zu rechtfertigen ist (§ 555d Abs. 2 Satz 1 BGB). Solche Härtegründe kommen beispielsweise im Zusammenhang mit den konkret durchzuführenden Modernisierungsmaßnahmen in Betracht.

- So kann etwa eine Modernisierungsmaßnahme für einen älteren oder körperlich behinderten Mieter wegen der Schmutz- und Lärmbelastung unzumutbar sein.
- Auch die baulichen Folgen können für den Mieter unzumutbar sein.
- Eine Härte stellen solche Modernisierungsmaßnahmen dar, bei denen wesentlichen Nachteilen nur geringe Vorteile gegenüberstehen.

Liegt ein Härtegrund vor, muss eine Abwägung mit den berechtigten Interessen des Vermieters und anderer Mieter im Haus stattfinden. Zusätzlich werden auch die Belange des Klimaschutzes und der Energieeinsparung in die Abwägung einbezogen. Eine zu erwartende Mieterhöhung sowie die voraussichtlichen künftigen Betriebskosten werden bei der Abwägung im Rahmen der Duldungspflicht nicht berücksichtigt. Sie sind erst bei einer Mieterhöhung von Bedeutung (siehe dazu Seite 175).

Umstände, die eine Härte im Hinblick auf die Duldung oder der Mieterhöhung begründen, muss der Mieter dem Vermieter bis zum Ablauf des Monats, der auf den Zugang der Modernisierungsankündigung folgt, in Textform (zum Beispiel schriftlich, per Fax oder E-Mail) mitteilen (§ 555d Abs. 3 BGB).

Wie hoch darf eine Modernisierungsmieterhöhung sein?

Der Vermieter darf die Miete wegen einer Modernisierungsmaßnahme nur innerhalb der gesetzlichen Grenzen erhöhen.

Wie berechnet sich die Höhe der neuen Miete?

Durch eine Modernisierungsmieterhöhung kann die jährliche Miete um acht Prozent der für die Wohnung aufgewendeten Kosten erhöht werden (§ 559 Abs. 1 BGB). Ein Zwölftel davon errechnet sich dann als die monatliche Mieterhöhung zur zuletzt gezahlten monatlichen Miete. Sind die baulichen Maßnahmen für mehrere Wohnungen durchgeführt worden, so sind die Kosten angemessen auf die einzelnen Wohnungen aufzuteilen (§ 559 Abs. 3 BGB).

DAS IST WICHTIG: Bei einer Modernisierungsmieterhöhung besteht eine Kappungsgrenze: Danach darf die Miete innerhalb von sechs Jahren um nicht mehr als drei Euro pro Quadratmeter Wohnfläche steigen. Beträgt die monatliche Miete vor der Mieterhöhung weniger als sieben Euro pro Quadratmeter, darf der Vermieter sie sogar nur um maximal zwei Euro je Quadratmeter erhöhen (§ 559 Abs. 3a BGB).

Die Mieterhöhung wegen Modernisierung berührt nicht die Möglichkeit des Vermieters, die Miete im Rahmen der ortsüblichen Vergleichsmiete zu erhöhen. Liegt die um den Modernisierungszuschlag erhöhte Miete unter der ortsüblichen Vergleichsmiete, so kann der Vermieter zusätzlich zur Mieterhöhung wegen Modernisierung auch noch eine Mieterhöhung bis zur ortsüblichen Vergleichsmiete durchführen. Ebenso kann vor einer Mieterhöhung wegen Modernisierung die Miete im Rahmen der ortsüblichen Vergleichsmiete erhöht werden, sofern die Vergleichsmiete für die unmodernisierte Wohnung höher ist als die aktuelle Miete.

Welche Kosten darf der Vermieter berücksichtigen?

Die Mieterhöhung ist grundsätzlich nach den Kosten zu berechnen, die vom Vermieter für die Wohnung aufgewendet worden sind.

Zu den berücksichtigungsfähigen Kosten gehören in erster Linie die Baukosten, also Material- und Handwerkerkosten. Als Kosten darf der Vermieter in diesem Zusammenhang auch die Kosten seiner Eigenleistungen ansetzen, also diejenigen, die er sonst einem Handwerker hätte zahlen müssen. Voraussetzung ist allerdings, dass seine Handwerkerleistungen zumindest durchschnittlicher Qualität entsprechen. Neben den Baukosten darf der Vermieter auch die sogenannten Nebenkosten umlegen; das sind die Kosten, die in einem ursächlichen Zusammenhang mit der Modernisierungsmaßnahme entstehen (zum

Beispiel Architektenleistungen, Reinigungskosten). Nicht als Baunebenkosten umlegbar sind allerdings reine Verwaltungsleistungen wie die Koordinierung und die Überwachung der Arbeiten, Mietminderungen aufgrund der mit der baulichen Maßnahme verbundenen Lärm- und Schmutzbeeinträchtigungen von anderen Mietern und die Kosten für die Finanzierung der Modernisierungsmaßnahme (zum Beispiel Zinsen für aufgenommene Kredite).

DAS IST WICHTIG: Nur diejenigen Modernisierungskosten sind im Rahmen der Mieterhöhung ansatzfähig, die tatsächlich notwendig sind. Unnötige, unzweckmäßige oder überhöhte Aufwendungen dürfen nicht angesetzt werden (BGH, Az. VIII ZR 41/08).

Was gilt bei einer modernisierenden Instandsetzung?

Kosten für reine Instandhaltungs- und Instandsetzungsmaßnahmen darf der Vermieter nicht auf die Miete umlegen. Schließlich dienen diese Kosten nur dazu, den Gebrauchswert der Wohnung zu erhalten. Die entsprechenden Kosten hat deshalb allein der Vermieter zu tragen. Von der reinen Instandsetzung ist eine Modernisierungsmaßnahme zu unterscheiden, durch die eine notwendige Instandsetzung erspart wird (sogenannte modernisierende Instandsetzung). In diesem Fall sind die hypothetischen Instandsetzungskosten von den tatsächlichen Modernisierungskosten abzuziehen. Soweit erforderlich, sind diese Kosten durch Schätzung zu ermitteln (§ 559 Abs. 2 BGB).

BEISPIEL: A zahlt 300 Euro monatlich Miete. Der Vermieter ersetzt die morschen Holzfenster durch Isolierglasfenster. Seine Kosten belaufen sich auf 5.000 Euro. Darin enthalten sind fiktive Reparaturkosten von 600 Euro. Mithin belaufen sich die Modernisierungskosten auf 4.400 Euro. Davon kann der Vermieter acht Prozent, also 352 Euro auf die Miete aufschlagen. Die monatliche Mieterhöhung beträgt 29,33 Euro, die neue Miete 329,33 Euro monatlich.

In der Praxis ist es allerdings häufig schwer, Reparaturarbeiten von Modernisierungsmaßnahmen zu unterscheiden. Wenn der Vermieter zum Beispiel morsche, einfach verglaste Holzfenster durch einfach verglaste Kunststofffenster ersetzt, liegt lediglich eine Instandsetzung vor, die den Vermieter nicht zur Mieterhöhung wegen Modernisierung berechtigt. Eine Modernisierungsmaßnahme liegt aber dann vor, wenn der Vermieter einfach verglaste Holzfenster gegen doppelt verglaste Kunststofffenster ersetzt. Und wenn morsche, einfach verglaste Holzfenster gegen doppelt verglaste Kunststofffenster ausgewechselt werden, handelt es sich sowohl um eine Reparatur als auch um eine Modernisierung. Deshalb muss der Vermieter die Kosten, die er durch die Reparatur der morschen Holzfenster gespart hat, von den ihm entstandenen Kosten abziehen. Umlagefähig sind in diesem Fall also lediglich die Mehrkosten der doppelt verglasten Kunststofffenster gegenüber jenen für einfach verglaste Fenster. Waren dagegen die alten Fenster nicht reparaturbedürftig, kann der Vermieter die gesamten Modernisierungskosten ansetzen. Soweit erforderlich, sind die Kosten, die für Erhaltungsmaßnahmen erforderlich gewesen wären, durch Schätzung zu ermitteln.

§ **SO ENTSCHIEDEN DIE GERICHTE:** Der Vermieter muss auch fiktive Instandhaltungskosten von Bauteilen, die zwar noch funktionsfähig sind, bei denen aber ein nicht unerheblicher Teil ihrer Nutzungsdauer bereits verstrichen ist, von den Modernisierungskosten abziehen. Auch in diesem Fall ist ein Abzug anteiliger ersparter Instandhaltungskosten geboten, der durch Schätzung ermittelt werden muss (BGH, Az. VIII ZR 81/19).

Wie dürfen Drittmittel angerechnet werden?

Kosten, die vom Mieter oder für diesen von einem Dritten übernommen oder die mit Zuschüssen aus öffentlichen Haushalten gedeckt werden, gehören nicht zu den für die Modernisierung aufgewendeten und damit umlagefähigen Kosten (§ 559a Abs. 1 BGB). Anrechnungspflichtig sind in erster Linie Zuschüsse aus öffentlichen Haushalten, die dem Vermieter gerade zu dem Zweck gewährt werden, die Kosten der Modernisierungsmaßnahmen ganz oder teilweise zu decken.

Werden die Kosten für die Modernisierungsmaßnahmen ganz oder teilweise durch zinsverbilligte oder zinslose Darlehen aus öffentlichen Haushalten gedeckt, so verringert sich der Erhöhungsbetrag um den Jahresbetrag der Zinsermäßigung. Dieser errechnet sich aus dem Unterschied zwischen dem ermäßigten Zinssatz und dem marktüblichen Zinssatz für den Ursprungsbetrag des Darlehens (§ 559a Abs. 2 BGB).

DAS IST WICHTIG: Der Vermieter ist nicht verpflichtet, eine mögliche finanzielle Förderung in Anspruch zu nehmen. Wenn er es aber tut, muss er die finanziellen Vorteile an den Mieter weitergeben und vom Bauaufwand Kosten, die mit Zuschüssen aus öffentlichen Mitteln gedeckt worden sind, abziehen.

Das Einsichtsrecht des Mieters

Der Mieter hat grundsätzlich das Recht, die Originalunterlagen, die der Mieterhöhung zugrunde liegen, einzusehen. Er kann also zum Beispiel vom Vermieter verlangen, dass er ihm die Handwerkerrechnungen oder die Materialrechnungen vorlegt. In diesem Zusammenhang hat der Mieter dann auch Gelegenheit zu prüfen, ob es sich bei den durchgeführten baulichen Maßnahmen um Modernisierungsmaßnahmen handelt, die den Vermieter zur

Erhöhung der Miete berechtigen, oder ob es sich möglicherweise um eine Reparatur, also eine Instandsetzungsmaßnahme handelt, für die allein der Vermieter aufkommen muss.

Form, Inhalt und Zeitpunkt des Mieterhöhungsverlangens

Will der Vermieter wegen einer Modernisierungsmaßnahme die Miete erhöhen, muss sein Erhöhungsverlangen bestimmten formalen sowie auch inhaltlichen Anforderungen genügen.

Form

Der Vermieter muss dem Mieter die Mieterhöhung in Textform erklären (§ 559b Abs. 1 Satz 1 BGB). Die Erklärung kann also insbesondere in Schriftform, per Fax oder E-Mail erfolgen. Eine mündliche Mieterhöhungserklärung ist unwirksam (§ 125 BGB).

Die gesamte Mieterhöhungserklärung, also sowohl die Berechnung als auch die Erläuterungen, muss die gesetzlich vorgeschriebene Form haben. Sie ist unwirksam, wenn der Vermieter auf andere Schriftstücke, insbesondere auf die Ankündigung der Modernisierungsmaßnahme, Bezug nimmt.

Absender und Adressat

Absender und Adressat des Mieterhöhungsverlangens müssen die im Mietvertrag bezeichneten Mieter sein. Bei einer Mehrheit von Beteiligten muss die Erklärung von allen Vermietern abgegeben werden und sämtlichen Mietern in der vorgeschriebenen Form zugehen. Zulässig ist es, dass einem Mieter (zum Beispiel durch den Mietvertrag) Empfangsvollmacht erteilt wird. In diesem Fall genügt es, wenn gegenüber diesem Mieter die Mieterhöhung erklärt wird.

Inhaltliche Anforderungen

In der Mieterhöhungserklärung muss der Vermieter den Erhöhungsbetrag und dessen Berechnung nachvollziehbar darlegen und erläutern (§ 559b Abs. 1 Satz 2 BGB). Damit soll der Mieter in die Lage versetzt werden, nachzuvollziehen, wofür und in welchem Umfang er die Mieterhöhung zahlen soll. Vom Vermieter sind anzugeben

- der Gesamtbetrag der Baukosten,
- gegebenenfalls die Kürzung durch Drittmittel,
- die Kosten der einzelnen Maßnahmen, unter Umständen auch die Aufteilung nach Gewerken innerhalb der einzelnen Maßnahmen,
- bei mehreren Wohnungen der Verteilerschlüssel und der auf die Wohnung des Mieters entfallende Betrag und
- die konkrete Mieterhöhung pro Monat.

Die Mieterhöhungserklärung ist nur wirksam, wenn die verlangte Erhöhung der Miete aufgrund der tatsächlich entstandenen Bau- und Baunebenkosten berechnet wird. Wurden zusammen mit der Modernisierungsmaßnahme gleichzeitig auch Instandsetzungsmaßnahmen durchgeführt, muss der Anteil der nicht umlagefähigen Instandsetzungskosten angegeben und erläutert werden. Es reicht also nicht aus, einen pauschalen Betrag abzuziehen. Der Abzug muss sich auf die einzelnen Maßnahmen und Gewerke beziehen.

Die Einzelmaßnahmen müssen im Mieterhöhungsverlangen auch dahin gehend ausführlich erläutert werden, was die Instandsetzungsarbeiten gekostet hätten.

Bestehen die Modernisierungsmaßnahmen aus unterschiedlichen Gewerken (zum Beispiel Maurer- und Installationsarbeiten), müssen die Kosten auf die einzelnen Gewerke aufgeteilt werden. Ausreichend ist es, wenn die Gesamtkosten der einzelnen Gewerke angegeben werden.

Die Mieterhöhung ist nur wirksam, wenn sie eingehend erläutert ist. Aus der Erläuterung muss der Mieter erkennen können, ob die einzelnen Maßnahmen überhaupt Modernisierungsmaßnahmen im Sinne des Gesetzes sind, die eine Mieterhöhung rechtfertigen. Ausreichend ist eine Beschreibung, aufgrund derer der Mieter beurteilen kann, ob eine auf die Miete umlegungsfähige Modernisierungsmaßnahme vorliegt. Eine gesonderte Erläuterung ist nicht erforderlich, wenn sich bereits aus der Berechnung die Rechtsnatur der betreffenden Baumaßnahme ergibt.

§ **SO ENTSCHIEDEN DIE GERICHTE:** Ein Vermieter ersetzt vorhandene Isolierglasfenster durch neue Fenster. Dann kann er die Miete aufgrund dieser Maßnahme nur dann erhöhen, wenn er in der Erläuterung der Mieterhöhung nicht nur die Beschaffenheit der neuen Fenster (etwa durch Angabe des Wärmedurchgangskoeffizienten) beschreibt, sondern auch den Zustand der alten Fenster so genau angibt, dass der Mieter einen entsprechenden Vergleich anstellen und den vom Vermieter in der Mieterhöhungserklärung aufgezeigten Energiespareffekt beurteilen kann. Dies gilt jedenfalls dann, wenn der Mieter keine weiteren Erkenntnisse über die Qualität der alten Fenster hat (BGH, Az. VIII ZR 47/05). In der Mieterhöhungserklärung nach der Modernisierung müssen die fiktiven Instandsetzungskosten nachvollziehbar aus den Gesamtkosten ausgegliedert sein. So muss beispielsweise die durch die eingebaute Toilettenspülung erzielbare Wassereinsparung dargelegt werden (LG Berlin, Az. 64 S 170/02).

DAS IST WICHTIG: Wenn der Vermieter gegen die genannten gesetzlichen Vorgaben verstößt, ist die Mieterhöhung unwirksam. Allerdings kann er die Modernisierungsmieterhöhung jederzeit in verbesserter Form wiederholen. In diesem Fall muss der Vermieter die Mieterhöhung

vollständig neu vornehmen. Eine nachträgliche Heilung der Unwirksamkeit (zum Beispiel, indem der Vermieter Informationen nachreicht) ist nicht möglich.

Entbehrlich ist die Angabe des Zeitpunkts, zu dem die Mieterhöhung wirksam wird, weil sich dieser bereits aus dem Gesetz ergibt.

Der Mieter hat jedoch keinen Anspruch darauf, dass der Mieterhöhungserklärung die Rechnungen und Belege beigefügt oder vom Vermieter vorgelegt werden. Allerdings kann der Mieter Einsicht in die Unterlagen verlangen (siehe dazu Seite 172).

§ **SO ENTSCHIEDEN DIE GERICHTE:** In jedem Fall müssen die Gesamtkosten für die Modernisierungsmaßnahmen feststehen, bevor gegenüber dem Mieter die Mieterhöhung erklärt wird. Unzulässig ist eine auf vorläufige Kosten gestützte Mieterhöhung. Nicht erforderlich ist allerdings, dass schon sämtliche Gewerke bezahlt sind; es reicht aus, wenn dem Vermieter die Rechnungen über die durchgeführten Arbeiten vorliegen (BGH, Az. VIII ZR 294/11).

Zeitpunkt

Die Mieterhöhungserklärung des Vermieters darf dem Mieter erst nach vollständiger Durchführung der Modernisierungsmaßnahmen zugehen. Eine vorher abgegebene Erhöhungserklärung ist unwirksam, sie kann aber jederzeit nach Abschluss der Maßnahmen wiederholt werden.

Der Einwand des Mieters wegen unzumutbarer (finanzieller) Härte

Eine modernisierungsbedingte Erhöhung der Miete ist ausgeschlossen, wenn sie auch unter Berücksichtigung der voraussichtlichen künftigen Betriebskosten für den Mieter zu einer finanziellen Härte führt, die auch unter Würdigung der berechtigten Interessen des Vermieters nicht zu rechtfertigen ist (§ 559 Abs. 4 Satz 1 BGB). Abzuwägen sind also die Interessen des Vermieters und des Mieters. Das berechtigte Interesse des Vermieters besteht darin, seine Aufwendungen für die Modernisierungsmaßnahmen durch die Mieterhöhung zu refinanzieren.

DAS IST WICHTIG: Dass eine finanzielle Härte vorliegt, muss im Streitfall vor Gericht der Mieter durch Offenlegung seiner Einkommensverhältnisse nachweisen. Den Einwand der finanziellen Härte muss er innerhalb der gesetzlichen Frist, das heißt bis zum Ablauf des Monats, der auf den Zugang der Ankündigung der Modernisierung folgt, in Textform mitteilen.

Bei der Frage, ob die Mieterhöhung für den Mieter zumutbar ist, kommt es auf dessen finanzielle Leistungsfähigkeit an. Um dies zu beurteilen, ist das monatliche Nettoeinkommen des Mieters von wesentlicher Bedeutung. Neben dem Arbeitseinkommen sind auch sonstige Einkünfte (zum Beispiel Rentenzahlungen) zu berücksichtigen. Eine Mieterhöhung nach Modernisierung ist dann für den Mieter eine unzumutbare Härte, wenn sie unter Berücksichtigung seiner Einkommensverhältnisse die individuelle Belastungsgrenze übersteigt.

Die Prüfung, ob für den Mieter eine finanzielle Härte vorliegt, entfällt (§ 559 Abs. 4 Satz 2 BGB), wenn

- die Mietsache lediglich in einen Zustand versetzt wurde, der allgemein üblich ist. Der Vermieter darf also die Wohnung durch eine Modernisierung in einen gängigen Standard versetzen, und zwar selbst dann, wenn damit eine erhebliche Mieterhöhung verbunden ist, die für den Mieter nicht mehr tragbar ist. In den allgemein üblichen Zustand werden die gemieteten Räume versetzt, wenn dieser Zustand bei der überwiegenden Mehrzahl von Mieträumen – mindestens zwei Drittel – in Gebäuden gleichen Alters innerhalb der Region angetroffen wird (BGH, Az. VIII ARZ 5/91).

§ **SO ENTSCHIEDEN DIE GERICHTE:** Bei der Bestimmung dieser Belastbarkeitsgrenze ist entscheidend, ob einem Mieter von seinem Einkommen so viel verbleibt, dass er im Wesentlichen an seiner bisherigen Lebensführung festhalten kann (LG Berlin, Az. 65 S 285/09). Teilweise wurden von den Gerichten objektive Grenzen für die monatliche Belastung eines Mieters entwickelt. Dabei wird überwiegend dann von einer unzumutbaren Härte ausgegangen, wenn die Miete 25 bis 30 Prozent des monatlichen Nettoeinkommens übersteigt. Als tragbar wird noch eine Mietbelastung von 20 Prozent des Einkommens angesehen. Von einer unzumutbaren Härte ist auszugehen, wenn die aufgrund der Mieterhöhung begehrte Bruttokaltmiete im Zeitpunkt der Mieterhöhungserklärung 34,6 Prozent des dem Mieter zur Verfügung stehenden Haushaltsnettoeinkommens beträgt (LG Berlin, Az. 66 S 250/19). Teilweise wird die Grenze der Zumutbarkeit bei 40 Prozent des Nettoeinkommens angenommen (LG Hamburg, Az. 40B C 42/09). Entscheidend sind jedoch letztlich immer die Umstände des Einzelfalls (zum Beispiel Einkommen, Wohngeld, Verhältnis von Kosten und Nutzen) und damit die jeweilige individuelle wirtschaftliche Situation des Mieters bei Abwägung aller Umstände. Ein Härtefall liegt auch vor, wenn durch die Mieterhöhung der Verlust der Wohnung droht, weil etwa die Behörden im Rahmen von Arbeitslosengeld II die Wohnkosten nicht mehr übernehmen (BGH, Az. VIII 21/19).

- die Modernisierungsmaßnahme aufgrund von Umständen durchgeführt wurde, die der Vermieter nicht zu vertreten hatte. Dazu gehören bauliche Maßnahmen, die der Vermieter aufgrund technischer Änderungen oder unerwarteter gesetzlicher oder behördlicher Maßnahmen durchführen muss (§ 559 Abs. 4 Satz 2 BGB).

Wann ist die erhöhte Miete fällig?

Hat der Vermieter sein Mieterhöhungsverlangen formell und inhaltlich wirksam erklärt, schuldet der Mieter die erhöhte Miete mit Beginn des dritten Monats nach Zugang der Erklärung (§ 559 Abs. 2 Satz 1 BGB).

SO MACHEN SIE ES RICHTIG:

Mieterhöhung wegen Modernisierung

Sehr geehrte/-r ,
hiermit bestätige ich den Eingang Ihres Schreibens, mit dem Sie wegen der von Ihnen durchgeführten Modernisierungsmaßnahme die monatliche Miete von bisher Euro auf Euro zuzüglich Betriebskostenvorauszahlungen erhöhen wollen. Eine Mieterhöhung in diesem Umfang stellt für mich und meine Familie allerdings eine nicht zu rechtfertigende Härte dar.
Bereits in Ihrer Modernisierungsankündigung vom haben Sie mir mitgeteilt, dass Sie die Miete nach Abschluss der Bauarbeiten voraussichtlich um Euro monatlich erhöhen wollen. Die angekündigte Mieterhöhung war für mich finanziell gerade noch tragbar, sodass ich darauf verzichtet habe, mich auf eine unzumutbare Härte zu berufen. Die von Ihnen jetzt angekündigte Mieterhöhung stellt für mich allerdings eine Härte dar, die auch unter Berücksichtigung Ihrer berechtigten Interessen an der Refinanzierung Ihrer Aufwendungen für die Modernisierungsmaßnahme nicht zu rechtfertigen ist.
Ich bin verheiratet und habe zwei Kinder. Mein Nettoeinkommen beträgt Euro. Die neue Miete würde 40 Prozent meines Nettoeinkommens betragen. Die zusätzliche finanzielle Belastung hätte zur Folge, dass ich unseren Lebensunterhalt nicht mehr finanzieren könnte. Einsparungen in der Haushaltsführung sind nicht mehr möglich. Mein Antrag auf Wohngeld wurde abgelehnt.
Wie oben dargelegt, ist die von Ihnen zunächst angekündigte Mieterhöhung von Euro monatlich für mich finanziell noch tragbar. Deshalb erkläre ich mich bereit, in diesem Umfang eine höhere Miete zu zahlen.
Mit freundlichen Grüßen

Unterschrift

BEISPIEL: Die Modernisierungsmaßnahme wurde am 15. Juli abgeschlossen. Dem Mieter geht das Mieterhöhungsschreiben am 17. Juli zu. Die neue Miete ist dann ab Oktober zu entrichten.

Diese Frist verlängert sich um sechs weitere Monate, wenn der Vermieter die Modernisierungsmaßnahme nicht ordnungsgemäß angekündigt hat (siehe dazu Seite 175). Entsprechendes gilt, wenn die tatsächliche Mieterhöhung die angekündigte um mehr als zehn Prozent übersteigt (§ 559b Abs. 2 BGB).

BEISPIEL: Der Vermieter hat vergessen, den Mieter vor Beginn der Modernisierungsmaßnahme über die voraussichtliche Mieterhöhung zu informieren. Dieses Versäumnis holt er erst nach Abschluss der Maßnahme zusammen mit der Mieterhöhungserklärung nach. Wenn dem Mieter dieses Schreiben im September zugestellt wird, ist die neue Miete erst ab Juni des nächsten Jahres zu entrichten.

Mieterhöhung im vereinfachten Verfahren

Modernisierungsmaßnahmen bis zu einem Betrag von 10.000 Euro kann der Vermieter in einem vereinfachten Verfahren ankündigen und berechnen. In diesem Fall gelten einige Besonderheiten (§ 559c BGB).

Die Modernisierungskosten dürfen dabei 10.000 Euro pro Wohnung nicht übersteigen. In jedem Fall müssen 30 Prozent davon als Instandhaltungspauschale abgezogen werden, und zwar auch dann, wenn überhaupt keine Instandhaltungen in der Maßnahme enthalten sind. Wenn die Kosten dafür ganz oder teilweise durch zinsverbilligte oder zinslose Darlehen aus öffentlichen Haushalten gedeckt werden, muss dies – anders als im »normalen« Modernisierungsverfahren – nicht mietsenkend berücksichtigt werden. Maximal ist damit eine monatliche Mieterhöhung von 46,67 Euro zulässig (10.000 Euro – 30 Prozent Instandhaltungspauschale: 12 x 8 Prozent).

Ebenfalls anders als im normalen Verfahren einer Modernisierungsmieterhöhung kann sich der Mieter nicht auf das Vorliegen einer finanziellen Härte berufen.

Hat der Vermieter eine Mieterhöhung im vereinfachten Verfahren geltend gemacht, so kann er innerhalb von fünf Jahren nach Zugang der Mieterhöhungserklärung beim Mieter keine Mieterhöhungen wegen Modernisierung im normalen Verfahren geltend machen. Von dieser fünfjährigen Mieterhöhungssperre gibt es aber zwei Ausnahmen: So können Modernisierungen, die dem Vermieter gesetzlich vorgeschrieben werden, eine Mieterhöhung zur Folge haben, auch wenn die Kostengrenze von 10.000 Euro dadurch vor Ablauf von fünf Jahren überschritten wird. Und das Gleiche gilt für Maßnahmen, die auf dem Beschluss einer Wohnungseigentümergemeinschaft beruhen, der frühestens zwei Jahre nach Zugang der Mieterhöhungserklärung im vereinfachten Verfahren gefasst wurde.

ZUSAMMENGEFASST – DAS IST WICHTIG

Ist es eine Modernisierung – oder eine Instandhaltung? Der Vermieter darf bei bestimmten Modernisierungsmaßnahmen die Miete erhöhen. Reine Instandhaltungs- und Instandsetzungsmaßnahmen fallen allerdings nicht unter Modernisierung.

Nicht mehr als acht Prozent! Durch eine Modernisierungsmieterhöhung kann die jährliche Miete um acht Prozent der für die Wohnung aufgewendeten Kosten erhöht werden.

Nur Baukosten und Nebenkosten dürfen berücksichtigt werden. Zu den berücksichtigungsfähigen Kosten gehören in erster Linie die Baukosten. Umlegungsfähig sind auch die sogenannten Nebenkosten, also die Kosten, die in einem ursächlichen Zusammenhang mit der Modernisierungsmaßnahme entstehen (zum Beispiel Architektenleistungen, Reinigungskosten).

Achtung bei einer »modernisierenden Instandsetzung«! Die Kosten für reine Instandhaltungs- und Instandsetzungsmaßnahmen darf der Vermieter nicht auf die Miete umlegen. Bei einer sogenannten modernisierenden Instandsetzung müssen die hypothetischen Instandsetzungskosten von den tatsächlichen Modernisierungskosten abgezogen werden.

Wurde die vorgeschriebene Form eingehalten? Der Vermieter muss dem Mieter die Mieterhöhung in Textform erklären. In der Erklärung müssen der Erhöhungsbetrag und dessen Berechnung nachvollziehbar darlegt und erläutert werden.

Wer eine unzumutbare Härte nachweist, muss nicht zahlen. Die Mieterhöhung wegen Modernisierung ist ausgeschlossen, wenn sie für den Mieter in wirtschaftlicher Hinsicht, auch unter Einbeziehung der zu erwartenden Betriebskosten, eine unzumutbare Härte bedeuten würde.

Zahlen Sie nicht zu früh! Der Mieter schuldet die erhöhte Miete mit Beginn des dritten Monats nach dem Zugang der Erhöhungserklärung des Vermieters.

Anhang

Adressen

Verbraucherzentrale Baden-Württemberg e. V.
Paulinenstraße 47
70178 Stuttgart
Telefon: 07 11/ 66 91-10
Fax: 07 11/66 91-50
www.verbraucherzentrale-bawue.de

Verbraucherzentrale Bayern e. V.
Mozartstraße 9
80336 München
Telefon: 0 89/5 52 79 4-0
Fax. 0 89/53 75 53
www.verbraucherzentrale-bayern.de

Verbraucherzentrale Berlin e. V.
Ordensmeisterstraße 15-16
12099 Berlin
Telefon: 0 30/2 14 85-0
Fax: 0 30/2 11 72 01
www.verbraucherzentrale-berlin.de

Verbraucherzentrale Brandenburg e. V.
Babelsberger Straße 12
14473 Potsdam
Telefon: 03 31/2 98 71-0
Fax: 03 31/2 98 71-77
www.verbraucherzentrale-brandenburg.de

Verbraucherzentrale Bremen e. V.
Altenweg 4
28195 Bremen
Telefon: 04 21/1 60 77-7
Fax: 04 21/1 60 77 80
www.verbraucherzentrale-bremen.de

Verbraucherzentrale Hamburg e. V.
Kirchenallee 22
20099 Hamburg
Telefon: 0 40/2 48 32-0
Fax: 0 40/2 48 32-290
www.vzhh.de

Verbraucherzentrale Hessen e. V.
Große Friedberger Straße 13–17
60313 Frankfurt/Main
Telefon: 0 69/97 20 10-900
Fax: 0 69/97 20 10-40
www.verbraucherzentrale-hessen.de

Verbraucherzentrale Mecklenburg-Vorpommern e. V.
Strandstraße 98
18055 Rostock
Telefon: 03 81/2 08 70-50
Fax: 03 81/2 08 70-30
www.verbraucherzentrale-mv.eu

Verbraucherzentrale Niedersachsen e. V.
Herrenstraße 14
30159 Hannover
Telefon: 05 11/9 11 96-0
Fax: 05 11/9 11 96-10
www.verbraucherzentrale-niedersachsen.de

Verbraucherzentrale Nordrhein-Westfalen e. V.
Mintropstraße 27
40215 Düsseldorf
Telefon: 02 11/38 09-0
Fax: 02 11/38 09-216
www.verbraucherzentrale.nrw

Verbraucherzentrale Rheinland-Pfalz e. V.
Seppel-Glückert-Passage 10
55116 Mainz
Telefon: 0 61 31/28 48-0
Fax: 0 61 31/28 48-66
www.verbraucherzentrale-rlp.de

Verbraucherzentrale Saarland e. V.
Trierer Straße 22
66111 Saarbrücken
Telefon: 06 81/5 00 89-0
Fax: 06 81/5 00 89-22
www.verbraucherzentrale-saarland.de

Verbraucherzentrale Sachsen e. V.
Katharinenstraße 17
04109 Leipzig
Telefon: 0341/69 62 90
Fax: 03 41/6 89 28 26
www.verbraucherzentrale-sachsen.de

Verbraucherzentrale Sachsen-Anhalt e. V.
Steinbockgasse 1
06108 Halle
Telefon: 03 45/2 98 03-29
Fax: 03 45/2 98 03-26
www.verbraucherzentrale-sachsen-anhalt.de

Verbraucherzentrale Schleswig-Holstein e. V.
Hopfenstr. 29
24103 Kiel
Telefon: 04 31/5 90 99-0
Fax: 04 31/5 90 99-77
www.verbraucherzentrale.sh

Verbraucherzentrale Thüringen e. V.
Eugen-Richter-Straße 45
99085 Erfurt
Telefon: 03 61/5 55 14-0
Fax: 03 61/5 55 14-40
www.vzth.de

Verbraucherzentrale Bundesverband e. V.
Rudi-Dutschke-Str. 17
10969 Berlin
Telefon: 0 30/2 58 00-0
Fax: 0 30/2 58 00-518
www.vzbv.de

Mietrechtsberatung

Die konkrete Rechtsberatung in allen wohnungs- und mietrechtlichen Fragen führen die örtlichen Mietervereine des Deutschen Mieterbundes (DMB) durch. Die persönlichen Beratungsgespräche sind für Mitglieder der Mietervereine kostenlos, genauso wie die Telefon- oder Online-Beratung der Mietervereine. Der Mitgliedsbeitrag bei den über 300 DMB-Mietervereinen liegt zwischen 50 und 100 Euro im Jahr.

Die Adresse Ihres örtlichen Mietervereins finden Sie unter:
www.mieterbund.de

Sie können sich auch direkt an den Dachverband, Deutscher Mieterbund e. V. (DMB), wenden, wenn Sie die Anschrift Ihres örtlichen Mietervereins suchen.

Deutscher Mieterbund (DMB)
Littenstraße 10
10179 Berlin
Telefon: 030 / 2 23 23–0
Fax: 030 / 2 23 23–100
E-Mail: info@mieterbund.de

Bundesweite DMB-Erstberatung
Sieben Tage in der Woche, zwischen 10 und 20 Uhr: Telefon-Hotline unter 0900 / 12 000 12 auch für Nichtmitglieder. Kosten: 2,– Euro pro Minute aus dem deutschen Festnetz, auch für Mitglieder von Mietervereinen. Ab der zweiten Minute sekundengenaue Abrechnung. Bei Anrufen über Mobilfunknetze können höhere Kosten entstehen.

Online-Beratung
Antworten wochentags innerhalb von sechs Stunden, unter:
www.mieterbund24.de
Kosten: 25,– Euro

Stichwortverzeichnis

C, D

E

F

G

H

I, J

K

L

M

N

O, P

Q, R

S

T, U

V

W

Z

1. Auflage, Mai 2022

ISBN 978-3-86336-163-1

Printed in Germany

Bildnachweis

Umschlagfotos: istockphoto/George Manga, istockphoto/pop_jop, istockphoto/bubaone, istockphoto/Ankudi, istockphoto/Fourleaflover, istockphoto/LueratSatichob

Innen:
Adobe Stock:
urbazon S. 6
macgyverhh S. 20
Joachim B. Albers S. 29
Halfpoint S. 36
Stadtratte S. 62
vicnt S. 120
Stadtratte S. 144
studio v-zwoelf S. 157
Dumebi S. 162
sevdastancheva S. 164
istock:
fizkes S. 13
Prostock-Studio S. 18
LightFieldStudios S. 131

Impressum

Herausgeber
Verbraucherzentrale Nordrhein-Westfalen e. V.
Mintropstraße 27, 40215 Düsseldorf
Telefon 02 11/38 09-555
Fax 02 11/38 09-235
ratgeber@verbraucherzentrale.nrw
www.verbraucherzentrale.nrw

DMB-Verlag – Verlags- und Verwertungsgesellschaft des Deutschen Mieterbundes mbh
Littenstraße 10, 10179 Berlin
Telefon 030/2 23 23-0
Fax 030/2 23 23-100
info@mieterbund.de
www.mieterbund.de

Text
Dr. Otto Bretzinger, Baden-Baden (Kapitel 1 bis 3, 5 bis 7)
Ulrich Ropertz, Berlin (Kapitel 4)

Koordination
Dr. Mechthild Winkelmann

Lektorat
Christina Seitz, Düsseldorf
www.christina-seitz.de

Layout und Satz
pagina GmbH, Tübingen
www.pagina.gmbh

Gestaltungskonzept
Grazyna Rojek, Essen
www.grazynarojek.de

Umschlaggestaltung
Ute Lübbeke, Köln
www.LNT-design.de

Druck
AZ Druck und Datentechnik GmbH, Kempten

Dieses Buch wurde auf Recyclingpapier aus 100 Prozent Altpapier gedruckt. Druck und Weiterverarbeitung erfolgen in Deutschland. So schonen wir Ressourcen und begrenzen die CO_2-Emissionen durch kurze Transportwege.

Redaktionsschluss: April 2022